학자 특유의 집요한 사고방식과 목회자 특유의 따스한 감성이 돋보이는 이 책은 근래에 보기 드문 보물 같은 책이다. 이 책은 사람들이 기독교에 관해 품고 있는 대표적인 의문들에 대해 정직하고 진지하게 답해준다. 그러나 이 책이 같은 주제를 다룬 다른 책들과 비교해 두드러지는 점은 두 저자가 신앙생활 그리고 영적 성장에 필요한 신앙 훈련과 연결되도록 하나님을 친밀하게 아는 법과 초자연적 세계에 대한 설명을 통합해 알려주는 부분이다. 나는 이 책이 참 좋다. 우리는 이 책의 공저자인 두 아놀드에게 큰 빚을 졌다.

J. P. 모어랜드(J. P. Moreland), 바이올라 대학교 탈봇 신학교 철학과 교수,
『이렇게 대답하라』(새물결플러스 역간),
『인식론』, 『논리학·윤리학』(이상 CLC 역간) 등의 저자

성경에 왜 서로 모순되는 내용이 있는지 혹은 과학과 신앙이 어떻게 양립할 수 있는지, 예수님은 천국에 갈 수 있는 유일한 길이 분명한지 의문을 품고 있던 사람이라면 이 책에서 그 답을 찾을 수 있다. 신앙생활과 관련한 긴요한 질문들을 실제적이고 이해하기 쉽게 답해준다.

짐 데일리(Jim Daly), 포커스 온 더 패밀리(Focus on the Family) 회장

오늘날 우리 문화에서 두드러지는 두 흐름을 보면 우려를 금할 수 없다. 옛날과 달리 그리스도인들의 성경 문맹률은 심각할 정도이다. 또한 지난 10년 동안 일어난 거대한 변화로 한때 당연히 여겼던 문제들을 다시 살펴보고 답을 정리하는 작업이 시급하다. 일반 대중이 쉽게 이해할 수 있는 언어로 신학적인 질문들에 대한 답변을 저술해주신 나의 은사 클린턴 아놀드 박사님과 더불어 제프 아놀드 선생님께도 깊은 감사를 드린다. 이 책은 기독교계 안팎에서 크게 기여할 것이다.

브라이언 로리츠(Bryan Loritts), 뉴욕 시티 트리니티 은혜교회 설교 및
선교 담당 목사, 『견고한 삶』(Indestructible Life)의 저자

기독교 신앙에 대한
난감한 질문 명쾌한 대답

Short Answers to Big Questions about God, the Bible and Christianity
© 2015 by Clinton E. Arnold, Jeff Arnold
Originally published in English under the title *Short Answers to Big Questions about God, the Bible and Christianity* by Baker Books, a division of Baker Publishing Group, Grand Rapids, MI 49516, USA.
All rights reserved.

This Korean translation edition © 2018 by Timothy Publishing House, Inc., Seoul, Republic of Korea
Translated and used by permission of Baker Books, a division of Baker Publishing Group, Michigan, USA.

이 한국어판의 저작권은 Baker Publishing Group과 독점 계약한 (주)도서출판 디모데에 있습니다.
신 저작권법에 의하여 한국 내에서 보호받는 저작물이므로 무단 전재와 무단 복제를 금합니다.

기독교 신앙에 대한 난감한 질문 명쾌한 대답

1쇄 발행 2018년 7월 16일
2쇄 발행 2023년 7월 25일

지은이 클린턴 E. 아놀드 · 제프 아놀드
옮긴이 김진선
펴낸이 고종율

펴낸곳 주) 도서출판 디모데 〈파이디온선교회 출판 사역 기관〉
등록 2005년 6월 16일 제 319-2005-24호
주소 서울특별시 서초구 서초대로 141-25(방배동, 세일빌딩)
전화 마케팅실 070) 4018-4141
팩스 마케팅실 2) 6919-2381
홈페이지 www.timothybook.com

값 17,000원
ISBN 978-89-388-1635-1   03230
ⓒ 주) 도서출판 디모데 2018 〈Printed in Korea〉

누구나 한 번쯤 품었을 의문에 대한 성경의 대답

기독교 신앙에 대한
난감한 질문 명쾌한 대답

클린턴 E. 아놀드 · 제프 아놀드 지음 | 김진선 옮김

차례

추천의 글   11
들어가는 글   14

1장 | 기독교란 무엇인가? _ 기독교 신앙 개요   17

성경

2장 | 성경은 오류가 있는가? _ 성경의 무오성   27

3장 | 성경은 하나님이 쓰신 것인가,
인간이 쓴 것인가? _ 영감된 성경   35

4장 | 시간이 흐르면서 성경의 내용이 달라졌는가?
_ 성경의 신뢰성과 전승 문제   42

5장 | 성경에 모순되는 내용이 있는가?
_ 성경의 내적 일관성과 신뢰성   49

6장 | 어떤 책들이 성경으로 확정되지 못한 이유는
무엇인가? _ 성경 정경   56

7장 | 구약 율법 중 우리가 순종해야 할 것은
무엇인가? _ 구약 율법의 상관성   63

8장 | 어떻게 해야 성경을 제대로 읽을 수 있는가?
_ 성경을 이해하기   69

신앙의 난제들

9장 | 하나님은 의로운 사람들에게 왜 불행한 일을 허락하시는가? _ 악의 문제 **79**

10장 | 과학과 신앙은 충돌하는가? _ 과학과 신앙의 관계 **87**

11장 | 기독교에 대한 의심이 생길 때 대처하는 법
_ 의심의 문제 **94**

12장 | 믿음은 맹목적인 비약인가? _ 성경이 말하는 믿음 **101**

13장 | 교회에 위선자가 있는 이유 _ 교회에 존재하는 위선 **108**

초자연적 영역

14장 | 천사와 귀신은 정말 존재하는가? _ 초자연적 세계 **117**

15장 | 그리스도인이 귀신에게 사로잡힐 수 있는가?
_ 악령이 그리스도인의 삶에 미치는 영향 **124**

16장 | 기적이 정말 일어날 수 있는가?
_ 하나님의 초자연적 사역 **132**

죽음 이후의 삶

17장 | 그리스도인도 하나님의 심판을 받는가?
_ 하나님의 최후 심판 **141**

18장 | 지옥은 실제로 있는가? _ 지옥 교리 **147**

19장 | 천국은 어떤 곳인가? _ 천국 교리 **154**

20장 | 우리는 죽음을 두려워해야 하는가?
_ 죽음 그리고 죽음 이후의 삶 **161**

하나님

21장 | 하나님은 어떤 분인가? _ 하나님의 인격적 속성　　171

22장 | 하나님이 삼위일체라는 말은 무슨 뜻인가?
_ 하나님의 삼위일체적 본성　　178

23장 | 하나님이 존재하심을 증명할 수 있는가? `1부`
_ 우주론적 증명　　186

24장 | 하나님이 살아계심을 증명할 수 있는가? `2부`
_ 미세 조정 논증　　193

25장 | 하나님께 결점이 있는가?
_ 하나님의 도덕적 완전성(하나님의 거룩하심)　　200

26장 | 하나님은 우리 일상에 적극적으로 개입하시는가?
_ 하나님의 섭리　　207

예수님과 성령

27장 | 예수님은 정말 하나님이셨는가?
_ 그리스도의 신성　　217

28장 | 예수님은 정말 죽으셨다 다시 살아나셨는가?
_ 부활의 역사적 증거　　225

29장 | 성령은 누구시며 어떤 일을 하시는가?
_ 성령의 정체성과 사역　　232

30장 | 예수님은 다시 오시는가?
_ 그리스도의 재림　　239

하나님을 아는 방법

31장 | 나는 천국에 갈 수 있는 착한 사람인가?
_ 죄의 문제   249

32장 | 어떻게 해야 구원을 받는가?
_ 복음, 구원의 해결책   256

33장 | 하나님께 용납받기 위한 조건 _ 칭의   263

34장 | 예수님은 왜 죽으셔야 했는가? _ 속죄   271

35장 | 죄에서 참된 자유를 얻을 수 있는가? _ 구속   278

36장 | 예수님은 천국에 가는 유일한 길인가?
_ 기독교의 배타성   285

37장 | 하나님은 왜 멀리 계시는 것처럼 보이는가?
_ 신앙생활에서 감정의 역할   292

신앙생활

38장 | 하나님은 내가 행복하기를 원하시는가?
_ 기쁨의 목적   301

39장 | 내 인생의 목적은 무엇인가?
_ 그리스도인의 삶의 목적   308

40장 | 그리스도와 교제한다는 것은 무슨 의미인가?
_ 그리스도 안에서 누리는 새로운 신분   315

41장 | 영적 은사란 무엇인가? 내게 영적 은사가 있는가?
_ 각 성도에게 주시는 하나님의 특별한 은혜와 역할   323

42장 | 하나님은 성(性)을 미워하시는가?
_ 성경이 말하는 성   330

	43장	교회가 돈을 추구해도 되는가? _ 하나님과 돈	337
	44장	세상에 있지만 세상에 속하지 않는다는 말은 무슨 뜻인가? _ 어둠 속에서 빛이 되기	345
	45장	완전해야 진정한 그리스도인인가? _ 성화	352

신앙 훈련

46장	눈에 보이지 않는 하나님과 어떻게 소통할 수 있는가? _ 기도	361
47장	하나님은 왜 기도에 응답하시지 않는가? _ 응답받지 못한 기도	368
48장	그리스도인이라면 반드시 교회에 다녀야 하는가? _ 교회의 존립 목적	376
49장	세례를 받아야 천국에 가는가? _ 세례의 역할	383
50장	성찬에 참여해야 죄를 용서받는가? _ 성찬의 역할	390

나오는 글	397
더 읽어볼 만한 책들	399
주	403

추천의 글

모든 그리스도인은 예수님이 첫 제자들에게 하신 진격 명령 아래 살고 있다. "그러므로 너희는 가서 모든 민족을 제자로 삼아 아버지와 아들과 성령의 이름으로 세례를 베풀고 내가 너희에게 분부한 모든 것을 가르쳐 지키게 하라 볼지어다 내가 세상 끝날까지 너희와 항상 함께 있으리라"(마 28:19-20). 한 친구는 오래전 이 명령을 '가서 학생 삼으라'로 바꾸어 책 제목으로 사용했다. 일리 있는 제목이었다. 학생은 가르침을 주업으로 삼는 교사가 있어야 존재할 수 있다. 내가 예전에 참석한 어느 세미나에서 강사가 이렇게 말했다. "목회할 때 지켜야 할 세 가지 우선순위가 있습니다. 첫째는 가르치는 것이고, 둘째도 가르치는 것이며, 셋째도 가르치는 것입니다. 가르치는 일을 결코 멈추어서는 안 됩니다." 그때 내가 받은 신선한 충격은 지금까지 생생하다. 자리에서 벌떡 일어나 그를 안아 주고 싶을 정도였다. 성경의 기준에 완벽히 들어맞는 말이었다. 그러나 그때까지 나는 한 번도 들어본 적이 없는 말이었다. 로마서, 고린도전서, 갈라디아서, 에베소서, 골로새서, 히브리서, 베드로전후서, 야고보서, 요한일서 그리고 바울 서신에 수없이 표현된 가르치고 또 가르치라는 권면의 북소리를 진지하게 묵상한다면 교사와 가르침이 건강한 기독교의 핵심 요소라는 사실을 누구도 의심할 수 없다.

가르침에는 교재가 필요하다. 그래서 제자 삼는 사람들은 이 필요를 채우기 위해 다양한 형태와 크기의 교재를 만들어왔다. 새로 그리스도인이 된 이들을 새 생활로 인도하기 위한 초보자용 개론서에서 방대한 분량의 주석서, 깊이 있는 가르침을 목적으로 한 상세한 내용의 주제별 분석서에 이르기까지 다양하다. 이 책은 첫 번째 범주에 해당한다.

어떤 종류의 교재를 집필하든 한편으로는 기독교 후기 세속 문화와 한편으로는 하위로 밀려난 교회 생활에 대해 독자들에게 미치는 선행 효과로 복잡한 의사소통의 문제가 발생한다. 지금은 공교육, 미디어, 연예계와 산업계가 합심해 기독교를 한물간 퇴물로 취급하고, 오직 과학과 물질적 진보와 타인의 신앙과 행위에 대한 제한 없는 관용이 세상을 변화시키는 유일한 길이라는 맹신이 판을 친다. 많은 그리스도인이 자유 종교 아니면 퇴행적 근본주의의 수중에 놀아나고 있다. 또한 교리적 배경에 대해서는 거의 무방비 상태에서 수많은 유사 교회와 성도들을 대상으로 한 대다수 설교가 개인의 회심이라는 목표에만 매달린다. 이런 상황에서 특별히 주님을 영접한 지 얼마 되지 않은 새 신자들이 그들 자신도 모르게 젖어 들었고, 이제 당장 버려야 할 해로운 습관에 사로잡혀 정신적 혼란을 느낀다 하더라도 전혀 이상하지 않다.

이 책은 신앙 훈련의 기회를 갖지 못한 독자들이 주요 대상이다. 그들은 예수 그리스도에 대한 무지, 혼란, 반기독교 성향, 의심, 불신이라는 상태에 있다. 따라서 이 책의 방향도 이 수준에서 설명할 수 있다. 이 책은 독자들이 성경에 대한 이해가 초보 수준이라는 점을 인정하고 그에 맞게 용어를 사용할 것이다. 이 책은 총 9단원 50장으로 구성된다. 단원별 주제는 아래와 같다.

1. 성경을 하나님이 주신 진리로 믿고 신약으로 통합되는 구체적인 모든 가르침을 신뢰할 수 있는가?(1–8장)
2. 어떤 환경에서도 하나님의 선하심과 지혜를 신뢰하는 삶이 의미 있는 것인가?(9–13장)
3. 초자연적 세계(천사, 악령, 기적)에 대한 성경의 가르침을 믿을 수 있는가?(14–16장)
4. 인간의 운명(죽음, 심판, 지옥, 천국)에 대한 성경의 교훈을 믿을 수 있는가?(17–20장)
5. 삼위일체가 한 팀으로 역사하신다는 성경의 설명을 믿을 수 있는가?(21–26장)
6. 예수님과 성령에 대한 성경의 설명은 타당한가?(27–30장)
7. 구원에 대한 성경의 설명은 타당한가?(31–37장)
8. 신앙생활에 대한 성경의 설명은 타당한가?(38–45장)
9. 그리스도인으로서 규칙적으로 교회에 출석하고 성례를 받아야 한다는 성경의 요구는 타당한가?(46–50장)

그리스도인을 예수님의 제자로 세우는 데 도약대 역할을 할 교재로 손색이 없는 이 책은 앞으로 두고두고 긴요하게 쓰일 것이다.

J. I. 패커(J. I. Packer)

들어가는 글

하나님이나 성경 혹은 기독교에 대해 궁금한 것이 있는가? 이 질문에 대부분 고개를 끄덕일 것이다. 정보가 부족해 생기는 의문도 있고(가령. 성경에서 천국에 대해 무어라고 말하는지 전혀 모르는 경우), 어디서 들은 말이나 자신의 경험에서 생긴 의심 때문인 것도 있다(가령. 하나님은 인간에게 왜 비극을 허용하시는가? 혹은 세월이 지나면서 성경의 내용도 달라졌는가?).

기독교에 대해 궁금한 것이 많다면 좋은 일이다! 의문을 갖는다는 것은 진심으로 이해하려고 애쓴다는 방증이다. 우리는 교회에서 이 책을 교재로 사용하면서 한 가지 원칙을 고수했다. 이 책을 읽는 당신에게도 적용되는 것인데, 그것은 나쁜 질문이나 금기하는 질문은 없다는 것이다.

이 책은 그런 질문을 하는 사람들이 없었다면 세상에 나오지 못했을 것이다. 클린턴은 탈봇 신학교에서 교수로 재직할 때뿐 아니라 교회에서 새 신자들을 가르칠 때 늘 이런 질문들을 받았다. 제프는 오랜 시간 청소년 사역에 헌신했고, 이제는 공립학교에서 영어와 논리를 가르치고 있는데, 이 책에 나오는 질문들을 지금도 수없이 받고 있다. 또한 지난 8년 동안 '언리시드(Unleashed)'라는 복음 전도 훈련 캠프를 운영하면서 그리스도인이든 비그리스도인이든 사람들이 묻는 여러 다양한 질문에 대답할 수 있도록 학생들을 준비시켰다. 누구나 궁금한 것이 있다.

친구들과 동료들에게 이 책을 집필할 계획을 밝혔을 때 기대와 우려가 섞인 반응이 나왔다.

기독교에 대해 심층적 설명을 해주기 위해 어려운 전문 서적과 씨름하고 있던 사람들은 자기들을 도와줄 책이 나온다는 생각에 흥분을 감추지 못했다. 그러나 책 한 권에 그것을 다 담을 수 있을지 반신반의하는 이들도 많았다. "책 한 권 분량으로 어떻게 그렇게 방대한 질문에 답할 수 있겠느냐?"는 사실상 불신에 가까운 말도 들렸다.

책 한 권으로 많은 말을 하는 것은 가능하다. 그리고 누구나 읽고 이해할 수 있도록 신학적 사상들을 간단명료하게 설명하는 것은 중요하다고 생각한다. 물론 단점도 있다. 그 질문들은 각 질문 하나만으로도 책 한 권을 쓸 수 있을 정도로 중요하다. 어떤 면에서는 그렇게 하는 것이 더 쉬울 것이다. 짧은 지면 때문에 정말 중요한 내용을 다 다룰 수 없는 낭패를 볼 일은 없을 것이기 때문이다. 우리 사회에서 너무 단순하다는 지적은 최악의 비난이다. 그러나 불행하게도 이런 비난을 피할 수 있는 유일한 해결책은 더 많은 지면과 더 긴 설명밖에 없다.

그러므로 이 책은 공부의 끝이 아니라 시작을 위한 것이다. 이 책을 발판 삼아 하나님을 알아가는 배움의 바다 속으로 깊이 다이빙하기를 바란다.

이 책은 어떤 교회에 필요한가? 성경을 사용하는 교회라면 다 필요하다. 특정 교회나 교파의 교리를 알리고자 하는 의도는 전혀 없다. 단지 각 주제에 대해 성경이 말하는 교훈을 알리는 데 관심을 두었다.

이 책에서 설명하는 내용은 모두 성경을 근거로 하기 때문에 반드시 성경을 지참해야 한다. 어느 번역 성경이든 상관없다. 읽고 이해하기 쉬운 것이면 된다. 이 책의 각 장 끝에는 핵심 성경 구절과 생각해볼 질문을 정리해놓았다. 이 질문들에 답할 때 기억해야 할 것은 그 대답이 개인의 의견이 아닌 하나님 말씀에 근거해야 한다는 것이다.

이 책을 가지고 공부할 때 염두에 둘 것은 기독교에 대해 배우는 것은 학교에서 학과목을 배우는 것과는 다르다는 것이다. 기독교가 진리라면 현재뿐 아니라 인생의 모든 영역에 영원히 영향을 미칠 것이다.

본론으로 들어가기 전에 당부할 말이 있다. 하나님이 답을 보여주시고 진리로 인도해주시기를 간구하라는 것이다. 사도 바울은 자신이 개척한 교회들을 위해 이렇게 기도했다. "너희 마음의 눈을 밝히사…너희로 알게 하시기를 구하노라"(엡 1:18-19).

01

기독교란 무엇인가?

기독교 신앙 개요

간단히 말해 기독교는 한 인물, 즉 예수 그리스도에 대한 신앙이며, 우리는 그 안에서 의미와 생명과 목적을 발견한다. 기독교라는 용어는 그리스도라는 그의 이름에서 기인했으며, 따라서 그가 이 기독교 신앙에 얼마나 중요한지 알 수 있다.

기독교는 예수 그리스도에 대한 신념을 이해하고 그것을 굳게 지킨다. 그러나 또한 그에게 개인적으로 충성하고, 그와 관계를 맺으며, 그가 지금 여기서 이루고자 하시는 일에 동참한다.

예수님은 기독교의 핵심 인물이기 때문에 인류 역사상 가장 격렬한 논쟁의 대상이자 주인공이었다. 그는 역사적으로 그 어떤 인물보다 시사 잡지의 단골 표지 모델로 등장했고, 다큐멘터리의 주제였다. 그와 그의 가르침을 기록한 책, 즉 성경은 이제까지 출판된 어떤 책보다 많이 판매되었다.

예수님이 기독교의 핵심 인물이므로 그가 어떤 분인지 이해하면 기독교를 이해할 수 있다. 그러므로 누구나 물어야 할 질문, 즉 "예수님은 누구신가?"라는 질문으로 시작하는 것이 가장 타당하다.

예수 그리스도는 누구신가?

오늘날 우리 사회에는 예수님에 대한 개인의 생각을 강요해서는 안 되며, 각자의 생각을 모두 존중해야 한다는 믿음이 팽배해 있다. 논리를 가르치는 교사로서 나(제프)는 이런 생각이 탐탁지 않고, 그리스도인으로서 이런 생각이 위험하다고 생각한다. 그것은 이 상황이 초래할 위험 부담이 너무 크기 때문이다. 예수님이 스스로 주장한 그분이 맞다면 이런 생각을 하는 사람들이 처할 운명은 정해져 있다. 성경이 옳다면(그리고 이 책에서 계속 보겠지만 그렇게 믿을 분명한 이유가 있다) 예수님을 어떻게 생각하는지가 그리고 그분과 맺는 관계가 세상에서 가장 중요하다.

성경은 예수님이 일개 현자나 선지자가 아니라고 분명히 말씀한다. 그는 하나님이다. 요한복음 1장 1절은 예수님에 대해 "태초에 말씀이 계시니라 이 말씀이 하나님과 함께 계셨으니 이 말씀은 곧 하나님이시니라"고 말한다. 골로새서 2장 9절은 "그 안에는 신성의 모든 충만이 육체로 거하시고"라고 증거함으로 이 사실을 확증해준다.

그러나 예수님이 하나님이라면(참고. 27장) 성부 하나님과 성령님은 어떻게 되는가? 이 세 분은 서로 대등한 한 하나님으로 흔히 삼위일체라 부른다(이해가 어려우면 22장을 참고하라). 예수님을 믿는다는 것은 어떤 면에서 삼위일체를 믿는 것이다. 이것은 그분의 정체성을 형성하는 대단히 중요한 요소이다. 하나님(삼위 하나님)은 못하는 일이 없이 능하시고(전능), 모든 것을 아시며(전지), 어디에나 계신다(무소 부재). 하나님은 만물을 통치하신다. 다시 말해 우주의 모든 것을 다스릴 권세가 있다.

예수님의 행적과 그것이 중요한 이유

예수님이 이 땅에 오신 것은 우연한 사건이 아니다. 예수님은 세상이 당면한 가장 심각한 문제를 해결하시려고 세상에 오셨다. 하나님은 자기 형상대로 인간을 창조하시고 교제하시려고 하였으나 최초의 인간인 아담부터 시작해 인간은 죄로 하나님과 분리되었다. 하나님은 완전하시며, 죄는 완전함과는 상극이다. 죄는 하나님과 우리 사이에 메울 수 없는 틈을 만들었다. 우리는 죄를 지었기에 이제는 우리 힘으로 완전해질 수 없고, 따라서 하나님 앞에 설 수 없게 되었다.

인간의 상태가 원래 이렇지는 않았다. 하나님과의 관계가 단절되면 우리는 창조된 목적을 이룰 수 없다. 하나님은 그분과 교제하도록 우리를 창조하셨다. 그분 없이 우리는 온전한 만족감을 누릴 수 없고, 인생의 진정한 목적도 가질 수 없으며, 참된 사랑을 경험할 수도 없다. 또한 그분을 떠나서는 고통스럽고 무거운 죄의 아픔과 무게를 삶으로 고스란히 겪을 수밖에 없다.

그러나 기독교는 인간이 모두 다 버려지지는 않는다고 가르친다. 예수님이 이 끔찍한 문제를 해결하러 오셨고, 자신이 직접 피 흘려 죽는 극단적인 방법을 감행하셨다. 마리아라는 처녀에게서 태어나신 예수님은 온전한 인간이 되심으로 우리와 하나가 되셨으나 그럼에도 여전히 온전한 하나님이셨다. "죄의 삯은 사망"(롬 6:23)이다. 그래서 모든 죄는 그에 상응하는 값을 지급하기 위해 피를 흘려야 한다. 완전하신 예수님만이 세상의 모든 죗값을 지급할 수 있는 희생제물로 드려질 수 있다. 그는 세상에 오셔서 완전하고 흠 없는 삶을 사시고 십자가에서 돌아가셨다. 그러나 삼 일 후 하나님 앞에서 아무 죄가 없고 또한 한낱 지혜로운 스승에 불과한 존재가 아니라는 증거대로 죽은 자 가운데서 살아나셨다. 그리고 승천하시기 전 많은 사람에게 나타나셨다.

예수님이 이 땅에 오신 목적은 우리와 하나님 사이에 벌어진 틈을 메워주시려는 것이었다. 그는 우리가 하나님과 연결될 수 있도록 길을 만들어주셨다. 예수님이 치르신 희생으로 그와 그의 십자가 사역을 믿는 자는 누구든지 그가 흘린 피로 죗값이 지급되어 죄 없는 정결한 자로 하나님 앞에 설 수 있다.

예수님을 믿는 믿음

예수님은 이 땅에 계시는 동안 많은 것을 가르치셨고, 그것은 기록으로 남겨져 신약의 기초가 되었다. 신약과 구약(예수님이 지상에 오셨을 때 사람들이 이미 읽고 있던)이 합쳐져 성경을 이룬다. 성경은 인간의 손으로 기록되었지만, 하나님의 영감을 받았고 어떤 오류도 없다. 역사적으로 정확할 뿐 아니라 수백 년에 걸쳐 개별적으로 기록된 책들을 모았음에도 처음부터 끝까지 일관성이 있는 이유가 이 때문이다.

예수님은 많은 시간을 들여 구원에 관해 설명하시고 사람들에게 회개할 것을 촉구하셨다. 회개는 죄에서 돌이켜 하나님이 원하시는 대로 사는 것을 말한다. 그러나 성경은 또한 인간 스스로 노력하여 천국에 갈 수 없다고 분명히 지적한다. 자의적 구원을 말하는 사람이 있다면 예수님의 희생으로는 구원받기에 부족하다고 말하는 셈이다. 사람들은 예수 그리스도를 믿음으로 구원을 받는다. 그는 자신의 죄 없는 삶과 희생적 죽음으로 이루신 사역에 근거해 우리를 구원하신다. 사람들은 그를 믿을 때 구원을 선물로 받는다. 그러나 그리스도를 믿는 이 행위는 회개를 전제로 한다. 우리가 회개하고 구원을 받으면 성령이 죄와 싸워 그리스도를 닮아갈 힘과 의지를 주신다. 이 세상에서 완전한 삶에 도달할 수 없다 해도 하나님은 우리가 변화되어 세상 사람들과 다르게 살기를 원하신다.

예수님이 우리에게 남기신 사명

기독교는 신념의 수준을 훨씬 뛰어넘는 종교이다. 예수님은 우리에게 대위임령이라는 중요한 임무를 맡기셨다. 이것은 모든 그리스도인에게 가장 중요한 인생 목표 중 하나이다. 예수님은 마태복음 28장 18-20절에서 이 명령을 주셨다. "하늘과 땅의 모든 권세를 내게 주셨으니 그러므로 너희는 가서 모든 민족을 제자로 삼아 아버지와 아들과 성령의 이름으로 세례를 베풀고 내가 너희에게 분부한 모든 것을 가르쳐 지키게 하라 볼지어다 내가 세상 끝날까지 너희와 항상 함께 있으리라." 성경에서 우리가 다른 사람에게 전하는 예수님에 대한 좋은 소식은 복음, 곧 헬라어로 에반겔(evangel)이라 부르고, 복음을 전하는 행위는 복음 전도(evangelism)라 부른다.

예수님은 그를 믿는 우리를 징집하셔서 세상 사람들에게 그가 주신 죄 용서와 영생의 소식을 알리는 일을 맡기셨다. 사람들에게 복음을 전하려면 하나님과 잃어버린 영혼들을 향한 지극한 사랑이 있어야 한다. 사람들에게 선한 일을 행할 뿐 아니라 예수님에 관한 성경 말씀도 함께 전해야 한다. 예수님은 집을 밝히려고 켜는 등잔에 우리를 비교하셨다. 전해야 할 좋은 소식이 있는데 우리가 어떻게 이 빛을 세상 사람들에게 숨길 수 있겠는가?

예수님이 가르쳐주신 삶의 방식

그러므로 기독교는 예수 그리스도에 대한 믿음이자 살아계신 하나님과의 회복된 관계이며, 예수 그리스도에 관한 복음을 나누고자 하는 헌신이다. 그러나 기독교는 또한 삶의 방식으로 우리의 일상생활에 큰 영향을 미친다.

마태복음 22장에서 예수님은 우리가 지켜야 할 가장 중요한 두 계명을 알려주신다. 이 두 계명은 성경 전체에서 소개한 모든 율법과 계명의 압축판이다. 예수님은 "네 마음을 다하고 목숨을 다하고 뜻을 다하여 주 너의 하나님을 사랑하라 하셨으니 이것이 크고 첫째 되는 계명이요 둘째도 그와 같으니 네 이웃을 네 자신 같이 사랑하라"(마 22:37-39)고 말씀하셨다. 여기서 언급된 사랑은 단순히 주변 사람들을 향한 감정만이 아니라 그 사랑에 근거해 행동하는 방식을 포함한다. 이 사랑은 무조건적이어야 한다. 우리가 아직 회개하지 않은 죄인이었을 때 대신 고난당하시고 돌아가실 만큼 우리를 사랑하신 예수님을 본받아야 한다.

예수님은 또한 겉으로 보이는 모습보다는 마음의 동기가 더 중요하다는 것을 분명히 밝히셨다. 예수님이 당시 이스라엘의 종교 지도자들인 바리새인들을 매우 혹독하게 비판하셨던 이유는 그들이 철두철미하게 율법을 지켰지만, 내면이 악했기 때문이다. 예수님은 단순히 '바깥 모습만 깨끗하게' 하지 말고 마음을 가꾸는 데 더 힘쓰라고 하신다.

우리는 주님이 다시 오실 때까지 이렇게 단순하지만 순종하기 쉽지 않은 명령을 따라 살아야 한다. 다행히 우리는 혼자가 아니다. 우리가 구원받은 이후 성령이 우리 안에 거하실 뿐 아니라 하나님이 교회를 세우시고 그리스도의 몸으로 삼으셨다. 우리는 교회 공동체와 함께 그리스도가 이 땅에 다시 오실 날을 기다린다. 그날 그는 세상을 심판하시고, 여기 지상에서 영원한 그의 나라를 세우실 것이다. 구원받은 사람들은 인간이 창조된 목적대로 하나님 앞에서 살아갈 것이다.

● 핵심 성구

예수님은 하나님이다
요한복음 1:1 | 빌립보서 2:5-11 | 골로새서 2:9

예수님이 이 땅에 오신 목적
고린도전서 15:3-4

예수님이 우리에게 주신 사명
마태복음 28:19-20 | 마태복음 22:36-40 | 에베소서 5:1-2

그리스도인이라는 호칭의 유래
사도행전 11:26

■ 함께 나누기

1. 기독교에 대해 더 알고 싶은 계기가 된 일이 있다면 무엇인가?
2. 이 책을 읽기로 한 이유는 무엇인가?
3. 기독교 신앙에 대해 어떤 점이 궁금한가?
4. 기독교를 짧게 요약하자면 어떻게 정리하겠는가?

5   예수님은 왜 돌아가셔야만 했는가? 하나님은 그런 죽음 없이 그냥 우리 죄를 용서해주시면 안 되는가?

6   카페에서 기독교에 관해 이야기하고 있는 어느 두 사람의 대화를 엿듣는다고 해보자. 한 사람이 "착한 사람이 되면 기독교인이 될 수 있어"라고 말한다. 이 말에 대해 어떻게 생각하는가? 혹시 이 말을 반박할 기회가 있다면 어떻게 대답하겠는가?

Question & Answer

성경

02

성경은 오류가 있는가?

성경의 무오성

관계에서 신뢰는 매우 중요하다. 진실하지 못한 사람을 신뢰하는 것은 어렵다. 친구가 내게 자동차를 사라고 권하면서 엔진과 트랜스미션 상태가 아주 좋다고 설득했다고 하자. 2주 후 자동차가 고장이 났고, 친구가 중대한 결함이 있음을 알고도 그 차를 팔았다는 사실을 알게 될 때 실망감과 분노는 하늘을 찌를 것이다. 결혼 날짜를 정해둔 약혼녀가 이전에 누구와도 심각하게 교제한 적이 없다고 말했지만 이미 결혼한 전력이 있다는 사실을 알게 될 때 그 관계는 어떻게 되겠는가? 신뢰에 커다란 금이 가고 돌이키기 힘들 만큼 관계가 손상되지 않겠는가.

하나님은 무엇보다 기록된 말씀인 성경을 통해 우리에게 말씀하신다. 그 성경을 신뢰할 수 있는가? 시편을 기록한 이는 "내가 주의 말씀을 의지함이니이다"(시 119:42)고 선언한다. 그러나 그 내용에 오류가 있다면 어떻게 되겠는가? 하나님을 신뢰하는 마음에 손상이 가지 않겠는가? 대부분 사람은 그렇다고 대답할 것이다. 만일 성경에 모순되는 내용과 오류가 있다면 무엇이 틀리고 무엇이 옳은지 어떻게 구별할 수 있는가? 성경에 사소한 역사적 오류만 있어도 성경이 주장하는 더 중요한 내용에 의문을 품지 않겠는가? 성경의 어떤 부분이 옳고 어떤 부분이 틀리는지 우리는 어떻게 알 수 있는가?

성경이 하나님의 말씀이며 하나님이 하신 모든 말씀은 완벽하게 옳다는 사실은 매우 중요하다. 그래야 성경의 모든 내용이 사실이라고 결론 내릴 수 있다. 다음 장에서는 어떤 면에서 성경의 기원이 하나님에게서 출발하는지 살펴볼 것이다. 그러나 여기서는 하나님이 절대적이고 전적으로 진실한 분임을 확실히 하고 넘어갈 필요가 있다. 그리고 이것은 우리에게 주시는 그의 말씀인 성경에도 적용된다.

사무엘하 22장 31절은 "하나님의 도는 완전하고 여호와의 말씀은 진실하니"라고 말한다. 잠언 30장 5절은 "하나님의 말씀은 다 순전하다"고 선언한다. 이 이상 더 어떻게 표현하겠는가? "하나님은 거짓말을 하실 수 없다"(히 6:18). 거짓말을 하지 않는 진실함은 그의 성품에서 필수적인 부분이다. 그가 성경의 최종 저자라면 우리는 성경에서 말하는 모든 내용을 신뢰할 수 있어야 한다.

좋다. 하나님과 그의 말씀에 대해 성경이 제기하는 이런 주장이 다 맞는다고 치자. 그렇다면 성경은 꼼꼼한 검증 과정을 통과할 수 있는가? 성경에는 다양한 오류가 있다는 주장이 계속 제기되었다. 성경에는 수많은 필사자의 실수가 있고, 서로 모순되는 내용이 가득하며, 성경에 기록된 기적은 신빙성이 떨어진다는 주장도 자주 제기된다. 뒤에서 몇 장을 할애해 이 질문들을 다룰 것이다(각각 4, 5, 16장을 참고하라). 여기서는 오류라고 지적되는 몇 가지 유형을 간략히 살펴보기로 하자.

역사적 오류가 있다는 주장

성경은 수많은 역사적 사실을 서술하기 때문에 이 사실들을 확인해서 그것이 다른 역사적 사료들과 일치하는지 검증하는 간편한 방법이 많이 사용된다. 예를 들어 사도행전 19장은 3년 동안 사도 바울이 행한 에베소 사역을 소개한다. 이 기록의 역사적 사실들을 세세히 살펴보면 어떻게 될까? 우리가 아는 역사적 사실들과 일치할까? 특별히 에베소라고 하는 고대 도시가 실제로 있었을까? 에베소는 터키 서안 이즈미르 정남 쪽에 위치한 도시였다. 아직도 극장 터가 남아 있다. 또한 아르테미스 여신상과 은장색을 언급한 비문이 발견되었다. 이 도시에서 마술이 성행했다는 증거도 있다. 이 모든 내용은 사도행전 19장의 기록을 뒷받침하며 그 증언과 일치한다. 사도행전 19장에는 역사 기록에는 등장하지 않는 몇 가지 사실이 나온다. 따라서 우리는 이런 문제들을 확인할 수도 없고 부정할 수도 없다. 예를 들어, 회당은 발견되지 않았다. 하지만 그 고대 도시의 경우 10퍼센트만 발굴되었기 때문에 회당 발견은 시간문제일 뿐이다.

성경의 이 한 장에서 도출한 원리는 전체 성경에도 적용된다. 성경의 지명과 사건을 예증해주는 역사적 증거는 헤아릴 수 없을 정도로 많다.

과학적 오류가 있다는 주장

성경을 기록한 이들이 당시 문화의 지대한 영향을 받았기 때문에 세상과 세상이 작동하는 방식에 대한 당대의 선입견을 공유했다고 주장하는 이들이 있다. 이런 선입견의 대표적 사례로 지구가 고정되어 있고 태양이 지구 주위를 돈다는 생각이다. 그래서 성경 기자들은 "해가 돋으면"(시 104:22, 나 3:17, 약 1:11)이나 "해는 지되"(전 1:5)라는 식으로 표현한다고 한다. 그러나 성경 기자들은 하루의 시작과 끝을 가리키는 당시의 일상어를 사용하고 있을 뿐이다. 이것은 현상학적 언어로 알려져 있으며 과학적 사실과는 관련이 없다. 우리 역시 늘 이런 어휘를 사용하지만, 거기에 우리의 과학적 견해를 담는 것은 아니다.

창세기 1-3장에 나오는 창조 기사를 두고 많은 논쟁이 벌어졌다. 이 논쟁으로 수많은 주장이 제기되었지만, 1-3장에 접근하는 방식과 관련해 세 가지 중요한 사실을 염두에 둘 필요가 있다. (1) 지구와 별들과 우주를 창조하신 하나님이 존재한다는 것을 믿는다고 해서 절대 비과학적이라 할 수 없다. (2) 이 장들은 하나님이 세상을 어떻게 창조하셨는지에 대한 단순한 하나의 시각을 소개할 뿐 세세한 과학적 기사를 제공하는 것이 아니다. 아버지가 아이들을 옆에 앉히고 아이들이 이해할 수 있는 수준에서 복잡한 주제를 쉽게 설명해주는 것과 흡사하다. (3) 성경은 주변 문화들이 사용하는 언어를 적지 않게 사용하지만, 성경 기자들이 주변 민족들의 가치관이나 전제를 수용하지는 않았다(특별히 다신론적인 종교적 가정).

사실에 오류가 있다는 주장

성경을 비판하는 사람들은 또한 성경에 나오는 연대나 숫자 그리고 족보들과 관련된 오류들이 있다고 주장한다. 그러므로 이런 오류가 있는 성경을 아무 오류가 없는 진리로 믿는 것은 어리석다고 말한다.

오류라고 지적된 이런 내용들은 각기 점검해서 확인할 필요가 있다. 실제로 학술 논문이나 책 혹은 주석으로 이런 내용을 모두 조사하고 이해할 수 있는 설명이 가능하다는 결론에 도달한 성경 학자들이 많다. 때로 고대 저자들이 시대와 연대와 족보를 기록하던 방식을 더 깊이 연구하면 답을 찾을 수 있다. 혹은 사본 전승과 관련된 문제에서 해결책을 찾아낼 수도 있다(참고. 4장).

기적의 문제

성경에 오류가 있다는 주장 중에는 예수님이 나사로를 살리신 이야기나 빵 5개와 물고기 2마리로 수천 명을 먹이신 사건처럼 기적적 사건을 지적하는 경우가 있다. 그러나 이런 사건들은 기적의 가능성에 대한 개인의 시각에 따라 해석 여부가 달라진다(참고. 6장). 피조 세계에 개입하셔서 자기 뜻을 이루시는 전능하신 하나님을 믿는다면 이런 기적은 충분히 일어날 수 있다.

서로 모순되어 보이는 내용의 문제

성경에서 서로 모순된 내용은 어떻게 이해해야 하는가? 예를 들어 예수님을 배신한 유다는 목매달아 죽었는가(마 27:5)? 아니면 곤두박질해서 창자가 터져 죽었는가(행 1:18)? 예수님이 성전을 깨끗하게 하신 사건은 사역 초창기에 있었던 일인가(요 2:13-25), 아니면 마지막에 있었던 일인가(마 21:12-16, 막 11:15-19, 눅 19:45-47)? 5장에서 이런 모순된 내용을 살펴볼 것이다.

성경 말씀이 진리임을 믿을 수 있는가?

성경의 무오성에 대한 믿음, 다시 말해 성경이 주장하는 모든 내용이 옳다는 믿음은 교회가 생긴 이후 지금까지 기독교가 굳게 지켜온 시각이다. 이런 시각에 도전하는 사람들이 분명히 있었지만 전 세계 그리스도인들은 지금도 이 시각을 공유한다. 교회가 성경을 어떻게 대했는지를 보여주는 암묵적 전제이다.

저명한 교회 지도자인 아우구스티누스는 주후 405년에 보낸 한 편지에서 성경에 오류가 있다는 지적에 대해 자신의 견해를 이렇게 설명한다.

> 저는 오직 정경 성경(성경을 구성하는 66권의 책)만 이렇게 존중하고 높이는 것이 옳음을 배웠습니다. 오직 이 성경의 저자들만이 오류에서 완벽하게 벗어난다고 믿습니다. 혹여 이 성경에서 진리와 반대되는 것처럼 보이는 내용을 보고 당황스럽다 해도 그것은 사본의 오류이거나, 번역자가 내용의 의미를 제대로 파악하지 못했거나, 아니면 저 자신이 제대로 이해하지 못해서 생긴 오류라는 것을 주저 없이 인정하겠습니다.[1]

성경의 특정 사본에 오류가 있을 수 있다는 아우구스티누스의 지적은 옳다. 하나님은 누군가가 성경을 필사할 때 그 과정에서 실수를 막아주겠다고 약속하신 적이 없다(참고. 4장).

성경을 올바르게 해석하는 것의 중요성을 강조한 부분도 그가 옳다. 성경 오류에 관한 수많은 주장이 성경을 정확하게 해석하지 못한 우리 자신의 실수로 증명될 때가 적지 않다. 가령, 성경의 모든 번역은 헬라어로 쓰였든지 히브리어로 쓰였든지 원래 본문을 해석한 결과물이다. 그 과정에서 성경을 해석하는 사람이 실수할 가능성은 언제든지 있다. 영어 번역본들 사이에 서로 모순되는 내용이 보이는 이유가 이 때문이다.

또한 성경에 사용된 문학 양식과 문학적 기법도 고려해야 한다. 예를 들어 "들의 모든 나무가 손뼉을 칠 것이며"(사 55:12)라는 구절은 과학적 오류라고 볼 수 없다. 당연히 고대인들은 나무에 손이 없다는 사실을 알았다. 피조물이 종말에 죄와 부패의 영향에서 해방될 것을 문학적으로 표현한 것이다(참고. 롬 8:21).

성경은 놀랍고 탁월한 책이다. 지금까지 이런 책은 없었다. 성경은 우리에게 주신 하나님의 말씀을 기록한 책이라는 점에서 다른 책들과 구분된다. 이 말씀은 하나님이 주신 것이며, 따라서 무오하기 때문에 우리는 이 말씀을 온전히 신뢰할 수 있다.

● **핵심 성구** | 성경의 진리

사무엘하 22:31	잠언 30:5	골로새서 1:5
시편 18:30	요한복음 17:17	디모데후서 2:15
시편 119:43, 160	에베소서 1:13	야고보서 1:18

■ **함께 나누기**

1. 친구나 가족이 당신에게 사실이 아닌 말을 한 적이 있는가? 그 말이 사실이 아님을 알았을 때 그들과의 관계가 어떻게 달라졌는가?

2. 성경의 어느 부분이 사실이 아님이 드러난다면 어떤 일이 생기겠는가?

3 "성경의 핵심 메시지는 사실임을 믿지만 세세한 모든 내용까지 다 사실이 아닐 수도 있다"고 말하는 사람에게 어떻게 말해주겠는가?

4 성경에서 잘못된 기록일 수도 있다고 보이는 내용을 알고 있는가? 그 내용을 모두 다 조사해보았는가?

5 성경에서 오류로 보이는 내용을 접하면 어떻게 해야 하는가?

6 성경의 모든 내용이 진리임을 믿는 교회에 다니는 것이 얼마나 중요한 일이라고 생각하는가? 성경에 대한 교회의 입장을 어떻게 확인할 수 있는가?

03

성경은 하나님이 쓰신 것인가, 인간이 쓴 것인가?

영감된 성경

성경이 하나님의 말씀이라는 믿음은 그리스도인의 삶에 중요한 기초이다. 성경이 "주의 말씀은 내 발에 등이요 내 길에 빛이니이다"(시 119:105)고 말할 때 우리는 성경을 통해 참되고 의지할 수 있는 하나님의 인도를 받을 수 있다는 의미로 이 말씀을 이해한다. 그러나 성경을 반대하는 공격에 맞서 이 생각을 어떻게 지킬 수 있을까?

댄 브라운(Dan Brown)의 블록버스터급 소설 『다빈치 코드』(The Da Vinci Code, 문학수첩 역간)에서 탁월한 역사가 레이 티빙 경은 이렇게 큰 소리친다.

성경은 천국에서 팩스로 보내온 것이 아닙니다…성경은 인간이 만든 작품이지 하나님이 주신 것이 아닙니다. 구름 속에서 마술처럼 떨어지지도 않았습니다. 인간이 혼란스러운 시대의 역사적 기록이라고 만들어낸 것이고, 수많은 번역과 추가 작업과 개정 작업을 거쳐 발전되어온 것입니다. 역사상 성경의 최종 버전이 있었던 적이 없습니다.[1]

비록 소설 속 허구의 인물이 한 말이지만 성경에 대해 일부 사람들이 가진 생각을 정확하게 보여준다. 실제로 그 책 서문에서 댄 브라운은 "이 소설에 등장하는 문서들에 기록된 모든 내용은 사실이다"[2]고 주장한다. 만일 그렇다면 이 소설의 내용이 그가 정확하다고 제시하는 고대 문서 중 일부라는 인상을 줄 것이다. 성경에 대한 이런 노골적인 비난에 우리는 어떻게 대처해야 하는가? 성경이 정말 하나님의 영감을 받은 말씀이 맞는가?

성경 자체의 증언

삶과 말씀으로 하나님을 우리에게 계시하신 예수님은 그분 자신의 권위로 말씀하시고 행동하셨다. 구약으로 알려진 책을 하나님의 믿을 수 있는 증언이라고 끊임없이 호소하셨다. 구약 39권의 책을 하나의 전집처럼 간주하고 그 성경들(the Scriptures)이라고 부르셨다. 다시 말해 하나님의 권위를 덧입은 책이므로 여타 책들과는 다르다고 말씀하신 것이다. 예를 들어, 예수님은 종교 지도자들과 논쟁을 벌이시던 중 "너희가 성경도 하나님의 능력도 알지 못한다"(막 12:24)고 책망하셨다. 다시 말해 하나님은 성경으로 강력하게 역사하시기 때문에 종교 지도자라면 마땅히 성경을 알아야 한다는 것이다.

성경 역시 그것이 하나님을 구체적인 형상으로 나타낸 것이라고 거듭 주장한다. 수많은 인간 저자가 쓴 책이지만 성경은 궁극적으로 하나님이 직접 주신 책으로서 스스로 증거한다. 시편 기자는 성경 첫 다섯 권의 가치를 묵상하던 중 "주의 말씀은 내 발에 등이요"(시 119:105)라고 고백한다. 성경의 예언서들을 보면 기록된 예언들은 종종 "이에 여호와의 말씀이 이사야에게 임하여 이르시되"와 같은 내용으로 시작한다(참고. 사 38:4, 렘 1:4, 겔 6:1). 하나님은 히브리서 기자가 증언한 대로 선지자를 메신저로 삼으시고 자기 백성에게 말씀하시는 경우가 많았다. 히브리서는 이렇게 기록하고 있다. "옛적에 선지자들을 통하여 여러 부분과 여러 모양으로 우리 조상들에게 말씀하신 하나님"(1:1).

성령의 감동하심

신약을 기록한 이들은 신약 성경이 인간 저자들을 통해 하나님의 말씀을 전하도록 성령이 특별히 사역하신 결과라는 점을 명확히 밝혔다. 예를 들어, 베드로 사도는 "먼저 알 것은 성경의 모든 예언은 사사로이 풀 것이 아니니 예언은 언제든지 사람의 뜻으로 낸 것이 아니요 오직 성령의 감동하심을 받은 사람들이 하나님께 받아 말한 것임이라"(벧후 1:20-21)고 가르쳤다. "감동하심을 받은"(carried along)이라는 구절의 의미가 무엇인지 더 정확히 설명해주었더라면 더욱 도움이 되었을 것이다. 그러나 어떤 면에서는 성령이 인간 저자를 감동하시고 그들 속에서 역사하셨다는 사실을 아는 것으로 충분할지 모른다.

사도 바울 역시 39권의 구약을 기록한 인간 저자들에게 성령이 영향을 미치셨음을 강조한다. "모든 성경은 하나님의 감동으로 된 것으로 교훈과 책망과 바르게 함과 의로 교육하기에 유익하니"(딤후 3:16). "하나님의 감동으로 된 것"(God-breathed)은 '하나님'(데오스, theos)

과 '숨'에 해당하는 헬라어를 조합한 데오프뉴스토스(theopnueustos)라는 헬라어 단어를 문자적으로 번역한 것이다. 많은 영어 번역본은 이 구절을 '하나님의 감동을 받은'(inspired by God)이라고 번역한다. 이 구절은 문자적으로 "하나님이 호흡해 넣으신"(God-breathed)이라는 뜻이다. 하나님이 성경의 원 저자임을 강조하는 표현이다. 성경은 소수의 사람이 이야기를 창작해 나온 결과물이 아니다. '호흡'에 해당하는 헬라어는 혼(pneuma, 프뉴마)을 가리킬 때 쓰는 단어와 같다. 사도 바울은 이 표현을 사용하여 성경을 쓰는 과정에 성령이 개입하셨음을 말하고 있다. 이것은 베드로가 설명한 대로 성경을 쓸 때 성령이 저자들을 '감동하셨다' 혹은 '영감을 주셨다'는 생각과 부합한다. 성경은 영어 성경 ESV의 표현대로 "하나님이 숨을 내몰아 쉬신"(breathed out by God, ESV) 것이므로 하나님이 의도하신 그대로 성경이 기록되었다고 믿을 수 있다. 성경은 하나님의 말씀이다.

성경의 저자들은 수동적으로 받아 적기만 했는가?

그렇다고 하나님이 인간 저자들을 완전히 압도하셔서 그들이 단순히 하나님의 서기 노릇만 했다는 결론을 내리면 안 된다. 성경은 초자연적 수단으로 해독해야 하는 천상의 언어로 기록되지 않았다. 히브리어, 아람어, 헬라어를 모국어로 사용하는 사람들이 그 언어로 기록한 것이다. 그들의 사고방식과 문화적, 교육적 배경 그리고 가치관이 모두 그 안에 녹아 있다. 영감을 받았다는 것은 하나님이 성령을 통해 그들의 마음과 생각에 역사하시되 그들의 개인적 특성이 반영될 수 있도록 하셨다는 말이다. 성경 저자마다 문체가 다르다는 점에서 이것을 알 수 있다. 누가의 문체와 사도 바울의 문체는 확연히 차이가 나고, 요한의 문체는 이 두 사람과 다르다. 각자의 개인적이고 인간적인 표현 방식이 그 작품에 분명하게 드러난다.

성령은 영감하시는 과정에 아주 다양한 방법으로 개입하셨을 것으로 보인다. 모세가 성경 첫 다섯 권(토라)을 쓰면서 구전 전승과 문서로 만들어진 기록을 사용할 때 성령이 인도해주심으로 그 내용과 메시지의 정확성을 보증해주셨다. 예레미야, 에스겔, 이사야 그리고 그 외 다른 선지자들의 경우, 그들이 전하고 기록한 말씀은 하나님이 더 직접적이고 강력하게 계시하신 결과였다. 그래서 예레미야는 "여호와의 말씀이 내게 임하니라 이르시되"(렘 1:4)라는 말로 시작한다. 역사가인 누가(사도행전의 저자이기도 한)는 두 성경을 기록할 때 문서 기록과 구전 기록을 사용했다(눅 1:1-4). 이 과정에서 성령이 그를 인도해주셨고, 덕분에 그의 독자들은 "알고 있는 바를 더 확실하게"(눅 1:4) 할 수 있었을 것이다. 그러나 요한이 계시록을 쓸 때는 다른 저자들과는 아주 다른 방식으로 영감이 이루어졌다. 요한계시록은 하나님이 직접 주신 환상과 계시를 담고 있다.

최종 결과물: 하나님의 말씀

우리가 가진 유한한 머리로는 이해할 수 없는 방법으로 하나님은 인간 저자들에게 성령으로 역사하셨다. 확실한 사실은 최종 결과물, 즉 66권의 성경은 정확히 하나님이 의도하신 대로 완성되었고, 따라서 하나님의 말씀, 즉 성경으로 부를 수 있다는 것이다.

1세기와 2세기의 교회는 사도들(혹은 누가처럼 사도와 밀접한 관계에 있던 인물들)이 기록한 이 다양한 책들이 하나님의 영감을 받았고, 그 가치와 교회에 갖는 의미를 볼 때 구약에 상응하는 중요성이 있음을 인정했다. 예수님의 가장 가까운 제자 중 한 사람인 사도 베드로는 바울의 편지를 '성경'이라고 인정했다(벧후 3:15-16). 마찬가지로 마가복음은 초창기 기독교 저작물 중 하나(클레멘트후서 2:4)에서 '성경'으로 인용하고 있다. 그 후 교회 지도자들은 신약 성경을 하나님의 말씀으로 꾸준히 인용했다.

신약의 문서들은 이스라엘, 이집트, 시리아, 소아시아, 그리스, 북아프리카, 이탈리아 각지의 교회들이 꾸준히 읽고 사역에 활용했다. 일부 성경책을 성령의 영감을 받은 책이 아니라고 부인한 때는 2, 3세기에 이단들이 나타났을 때뿐이었다. 그래서 교회는 성경의 '정경'으로 인정되는 성경 목록을 확정하기에 이르렀다. 다시 말해 교회가 성도의 신앙과 행실을 위한 기준이라고 공식적으로 인정한 정경이 확정되었다는 말이다.

성경이 하나님의 말씀이라는 사실은 첫 1700년 동안 교회 역사에서 만장일치로 인정한 일관된 입장이었다. 때로 교회가 몇 가지 신학적 입장을 두고 대립하기는 했지만, 성경이 하나님의 말씀이라는 사실에 대해서는 누구도 이의를 제기하지 않았다. 따라서 기독교 지도자들은 역사상 일관되게 성경을 오류가 없는, 믿을 수 있는 하나님의 말씀으로 인정해왔다(참고. 4장).

『다빈치 코드』에 나오는 허구의 인물인 레이 티빙이 말한 대로 성경은 인간이 쓴 책이다. 그러나 '하나님의 말씀이 아니다'는 그의 지적은 틀렸다. 하나님은 그리스도 예수라는 인간, 육신을 입으신 하나님을 통해 우리에게 자신을 계시하기로 작정하셨고, 또한 인간이 기록했으나 하나님이 영감하신 성경으로 우리에게 자신을 계시하도록 역사하셨다.

성경은 하나님의 영감된 말씀이므로 하나님이 우리에게 알리고자 하시는 뜻과 삶의 방식을 대변하며, 따라서 우리에 대해 권위를 갖는다.

● 핵심 성구

사무엘상 15:10	이사야 38:4	디모데후서 3:16
사무엘하 7:4	예레미야 1:4	히브리서 1:1-2
역대상 17:3	에스겔 6:1	베드로후서 1:21
역대하 11:2	스가랴 1:1, 7	

■ 함께 나누기

1. 당신이 지금 성경을 읽고 있다면 이 성경을 전능하고 전지하신 하나님의 말씀으로 생각하는가? 아니면 여러 책 중 하나라고 생각하는가? 왜 그런가?

2. 이 장 서두에서 인용한 소설 속 인물은 "성경은 인간이 만든 것이지 하나님이 주신 것이 아니다"고 말한다. 이와 비슷한 말을 하는 사람과 이야기를 나누어본 적이 있는가? 무엇이라고 대답해주었는가?

3. 하나님은 성경에 아무 기여도 하신 것이 없다고 믿는 사람을 여전히 그리스도인이라 할 수 있는가?

4. 어떤 성경은 빨간색으로 예수님의 말씀만 강조하고, 어떤 사람들은 붉은 글씨로 쓰인 내용만 골라서 강조한다. 이런 식으로 성경을 읽을 때 생기는 문제를 어떻게 설명할 수 있는가?

5. 하나님이 하늘에서 음성으로 직접 말씀하신다면 그 말씀이 성경보다 더 중요하다고 생각해야 하는가? 그렇다면 그 이유는 무엇인가? 그렇지 않다면 그 이유는 무엇인가?

6. 사람을 사용해 성경을 기록하신 점으로 볼 때 하나님의 성품에 관해 무엇을 알 수 있는가? 성경을 준비해주셨다는 사실에서 하나님의 어떤 점을 알 수 있는가?

04

시간이 흐르면서 성경의 내용이 달라졌는가?

성경의 신뢰성과 전승 문제

'전화 놀이'를 해본 적이 있는가? 이 놀이는 20-30명 정도가 하기에 적당하다. 진행자가 제일 앞사람에게 먼저 짧은 이야기 한 토막을 귀에 속삭여준다. 그러면 그 사람은 두 번째 사람의 귀에 그 이야기를 반복해 들려준다. 두 번째 사람은 세 번째 사람에게 전달하고, 그 사람은 다시 다음 사람에게 이야기를 들려주는 식으로 마지막 사람까지 이야기를 전달한다. 그리고 제일 마지막 사람이 들은 내용을 발표한다. 마지막 주자가 발표하는 내용은 대부분 원래 내용과는 전혀 다른 엉뚱한 이야기가 되어 있다. 바닷가에서 서핑하는 사람에 관한 이야기가 국립공원에서 암벽 등반을 하는 여성에 관한 이야기로 바뀌어 있을지 모른다. 우리가 이야기를 전달할 때 얼마나 부정확할 수 있는지, 또한 여러 사람을 거쳐 이야기가 전달될수록 내용이 어떻게 변질되고 꼬일 수 있는지를 보여준다.

우리에게 전달된 성경은 어떨까? 성경은 지난 세월 수없이 다시 쓰이지 않았는가? 그렇다면 오늘날 우리가 가진 성경은 원본과 완전히 달라지지 않았겠는가?

몇 년 전 직장 생활을 하는 한 친구가 성경이 '18번'이나 다시 쓰였기 때문에 믿을 수 없다고 말했다. 나는 가장 오래된 고문서를 찾아서 그대로 번역하는 것이 더 현명하다고 생각하느냐고 물었다. 친구는 그렇다고 대답했다. 그래서 친구에게 기쁜 소식을 전해주었다. 성경이 바로 그런 경우라는 것이었다.

그렇다면 우리는 1, 2세기의 초대 그리스도인들이 사용하던 바로 그 책을 읽고 있는가? 아니면 수백 년이 흐르는 동안 고쳐 쓰기를 반복하면서 내용이 달라진 책을 읽고 있는가? 이 질문의 대답은 쉽다. 과거 100년 동안 수많은 고대의 성경 사본들이 발견되었기 때문이다.

사해 문서와 고대 성경 사본

고대 성경 사본 중 가장 중요한 것은 1948년에 발견된 사해 사본이다. 이 사본 가운데 주전 2세기와 주후 1세기 사이의 것으로 추정되는 구약 성경 전체의 사본이 들어 있었다(에스더서만 제외하고). 이 본문들을 현재 우리가 번역해 사용하는 히브리어 구약 본문과 비교해보았는데 내용이 일치했다. 철자법에서 조금 차이가 있고(문법과 철자), 매우 사소한 세부 내용이 일부 다를 뿐이었다(글자나 단어 하나를 생략했거나 두 단어의 순서가 바뀌었거나 그 외 소소한 내용).

이런 놀라운 정확성은 고대 필사자들이 성경을 옮겨 적으며 실수하지 않으려고 고통스러울 정도로 정성을 기울였기 때문이다. 그들은 사본 내용을 점검하고 또 점검했다. 고대의 어느 유대 텍스트를 보면 랍비가 젊은 필사자에게 이렇게 경고한다.

> R. 이슈마엘을 찾아갔을 때 그는 내게 "네 직업이 무엇이냐?"고 물었다. 나는 그에게 "저는 사본 필경사입니다"고 대답했다. 그러자 그는 이렇게 말했다. "네 일에 소홀함이 없도록 하여라. 네 일은 하늘의 일이다. 한 철자를 빠뜨리거나 혹 한 철자(문서)를 추가하기라도 한다면 온 세상이 무너질 것이다."[1]

그들은 이토록 신중하고 진지하게 이 일을 감당했다.

신약도 마찬가지이다. 신약이 기록된 파피루스 단편들이 이집트 사막에서 아직 발견되고 있으며, 그중에는 주후 2세기 초로 추정되는 단편도 있다. 건조한 기후 덕에 파피루스가 잘 보존되었을 것이다. 이런 본문들은 오늘날 우리가 사용하는 헬라 본문과 비교해보면 거의 차이점이 없다. 혹시 있다 해도 대개 철자와 문법상의 차이일 뿐이다. 가장 오래된 문서들이 오늘날 우리가 가진 문서와 일치하는 것을 볼 때 필사되는 과정에서 성경의 내용이 바뀌었으리라는 생각은 전혀 맞지 않는다.

성경의 고대 사본이 막 발견되었다면?

고대 성경의 일부가 최근 발견되었다는 뉴스를 듣는다면 어떻게 하겠는가? 우리는 당연히 지금 우리가 사용하는 성경과 그 단편이 얼마나 다른지 확인해보고 싶을 것이다. 바로 그런 상황이 몇십 년 전에 일어났다. 1983년 오래된 파피루스 일부가 세상의 빛을 보게 되었다. 이 문서는 주후 2세기경의 것으로 추정되며 지금껏 발견된 가장 오래된 신약 일부에 해당한다. 이 파피루스에는 요한복음의 일부가 기록되어 있는데(18:36-19:7), 요한복음 원본과 비교하면 불과 50년 후의 것으로 추정된다. 그렇다면 우리는 어떤 식으로 두 본문을 비교해야 하는가? 내용의 변화가 많이 발견되는가? 다시 고쳐 쓴 증거가 보이는가?

이 파피루스는 본디오 빌라도가 예수님을 심문한 내용, 예수님 대신 바라바를 풀어주라는 군중의 요구, 로마 병사들이 예수님의 머리에 가시관을 씌운 일, 예수님을 십자가에 못 박으라고 소리치는 무리에 대한 내용을 기록하고 있다. 이 본문을 우리가 사용하는 영어 번역본의 헬라어 본문과 꼼꼼하게 대조해보면 놀라울 정도로 서로 비슷하다는 사실을 알 수 있다. 대부분 절은 단어 하나까지 똑같다. 두 단어의 배열 순서가 다른 곳이 두 곳이고, 같은 단어이지만 문법 형태가 다른 곳이 두 부분이며, 철자가 다른 곳이 두 부분이다. 그 중 대표적인 하나는 빌라도(Pilate)라는 이름이다. 철자 e가 첫 번째 음절에 추가되어 있다(Peilate). 이것으로 지역마다 표기법이 달랐음을 유추해볼 수 있다. 가장 두드러진 차이점은 강조점이 서로 다른 두 본문에서 볼 수 있다. 새로 발견된 본문은 19장 4절을 "그에게서 어떤 죄도 찾을 수 없다"고 표기하고 있다(이와 비교해 현재 영어 성경은 "나는 그에게서 한 점의 잘못도 찾아볼 수 없다"고 되어 있음). 새 본문은 19장 6절을 "그를 십자가에 못 박으라"로 표기하고 있다("십자가에 못 박으라, 못 박으라"와 비교). 이런 차이들이 발생한 과정을 두고 여러 추측을 할 수 있다. 어떤 형태가 원문인지 그리고 그 차이가 어떻게 발생하게 되었는지 확인할 수 있다. 그러나 이것으로 중요한 두 가지 사실을 미루어 추측할 수 있다. (1) 여기서 지적한 차이 중 어떤 것도 의미에는 전혀 영향을 미치지 않는다. 신약의 가장 오래된 단편이나 더 범위가 넓은 사본을 선택해서 꼼꼼하게 분석한다 해도 결과는 마찬가지일 것이다. (2) 이 사례는 어떤 두 사본을 비교한다 해도 그 사본의 차이가 이와 유사할 것임을 보여준다.

앞으로 더 많은 고대 성경 단편들이 발견될 것은 의심의 여지가 없다. 하지만 우리가 아는 성경의 내용이 뒤집힐 일은 없으리라고 예견할 수 있다. 단어의 순서와 가끔 보이는 철자와 문법의 차이 외에 별다른 차이는 없을 것이다. 지금까지 발견된 모든 사본과 단편이 다 그랬다.

성경과 고대 문서들과의 비교

성경은 인류 역사상 가장 보존이 잘된 고대 문서라는 사실 또한 지적해야 한다. 다른 고대 문서들이 보존된 상태와 비교하면 그 결과는 놀랍다. 리비우스의 『로마사』(Annals)와 헤로도토스의 『역사』(Histories)는 사본이 15개이고, 율리우스 카이사르의 『갈리아 전쟁』(Gallic War)은 10개, 플라톤의 『크리톤』(Crito)과 『파이돈』(Phaedo)은 사본이 6개 보존되어 있다. 고대 고전 문헌은 사본의 수가 거의 비슷하다. 가장 잘 보존된 고대 문서는 호머의 『일리아드』(Illiad)로, 사본(과 단편)이 190개이다. 다른 저작물들의 사본이 이렇게 적음에도 불구하고 누구 하나 그 내용의 신빙성을 의심하지 않는다.

반대로 신약은 대략 5,500개의 헬라어 사본, 10,000개 이상의 라틴어 사본, (콥틱어, 시리아어, 아르메니아어 등과 같은) 다른 언어로 된 수천 개의 사본이 있다. 1400년대 중반 요하네스 구텐베르크가 이동용 인쇄기를 발명한 후 그 수는 이전과 비교가 안 될 정도로 늘어나기 시작했다.

현대 성경 번역가들이 사용하는 문서

수많은 사람이 사용하는 현대판 영어 성경의 번역 위원으로 일한 나의 경험에 비추어 이 이야기를 하려 한다. 우리가 지금 읽는 성경은 히브리어와 헬라어 원본을 영어로 번역한 것이다. 그러나 한두 사본만을 사용한 것이 아니다. 성경 번역가들은 성경의 중요한 사본을 모두 고려해 만든 히브리어와 헬라어 성경 개정판을 사용한다. 이 책들은 사본의 서로 다른 점들을 적은 정교한 부호 체계와 약어들을 담고 있다. 세세한 각주가 달려 있어 굳이 도서관이나 박물관에 가지 않더라도 여러 사본의 내용을 확인할 수 있다. 이런 각주를 보고 번역가들과 학자들은 가장 초기의 가장 신뢰도 높은 사본의 내용을 언제라도 참고할 수 있다. 당신이 지금 출석하는 교회의 목회자들과 교사들도 이 혜택을 누릴 수 있다. 신학교에서 헬라어와 히브리어를 배운 사람이라면 원어로 된 이런 성경 개정판들을 활용하는 법을 배운다. 원문의 정확한 표현이 무엇이며, 사본의 모든 차이 그리고 본문의 원형일 가능성이 가장 높은 것이 무엇인지 확인할 수 있다.

결론적으로 전화 놀이는 오늘날 우리가 사용하는 성경이 전수된 과정을 합당하게 비유한 것이 아니다. 모두가 맨 앞 사람에게 직접 가서 들을 수 있고, 세부 내용에 대한 확인이 필요하면 언제라도 맨 앞 사람에게 물어볼 수 있는 상황과 더 비슷하다. 우리에게는 정확하고 신빙성 있으며 믿을 수 있는, 놀라울 정도로 잘 보존된 본문이 있다.

■ 함께 나누기

1. 성경의 내용이 시간이 흐르면서 달라졌다고 비판하는 말을 들은 적이 있는가? 그들은 성경의 어떤 부분이 바뀌었다고 말하는가?

2. 전화 놀이 비유가 성경에 적용되지 않는 이유는 무엇인가?

3. 성경의 일부가 시간이 흐르면서 달라졌다면 성경을 대하는 우리 태도에 영향을 미치겠는가? 전체 내용이 달라졌다면 어떻게 되겠는가?

4. 수백 년이 지나는 동안 성경 각 구절의 의미는 그대로 보존되었지만, 단어 몇 개의 배열 순서나 철자가 약간 달라졌다면 그것으로 성경 내용이 달라졌다고 할 수 있는가?

5. 성경 번역자들이 어떤 식으로 일하는지 조금이라도 알게 된 지금, 성경이 18번이나 달라졌다고 생각하는 제프의 친구에게 성경이 번역된 과정에 대해 어떻게 설명해주겠는가?

05

성경에 모순되는 내용이 있는가?

성경의 내적 일관성과 신뢰성

"성경은 모순되는 내용이 너무 많아서 믿을 수가 없어"라고 생각하는 사람들이 적지 않다. 하지만 이런 태도가 공정하다고 할 수 있는가? 더 정확히 표현해서 이런 태도가 옳은가?

성경이 모순되는 내용과 오류로 가득하다면 어떻게 성경을 믿을 수 있는가? 진짜 모순된 내용이 있다면 관심을 가지고 살펴보아야 마땅하다. 실제로 모순된 내용이 넘친다면 성경을 진리로 믿고 우리 인생을 의탁하는 것은 비합리적이고 어리석은 일일 것이다. 나아가 모순되는 내용이 있다면 어떤 부분은 받아들이고 어떤 부분은 버려야 하는가?

인터넷을 조금만 검색해보면 성경의 모순된 내용이라고 주장하는 일부 회의론자들이 만든 수많은 목록을 찾을 수 있다. 최근에 작성된 한 목록에는 성경에 서로 모순되는 내용이 439개나 된다고 소개하고 있다.[1] 얼핏 보면 아주 불길해 보이는 증거처럼 보이고 자칫 신앙이 흔들릴 수 있다. 그러나 이렇게 모순된다고 주장하는 내용을 꼼꼼히 들여다보면 전혀 문제 될 일이 아님이 드러난다. 대부분 아주 간단한 설명으로 다 해명할 수 있다. 심층적으로 해명해야 하는 경우도 있다.

잠언은 "송사에서는 먼저 온 사람의 말이 바른 것 같으나 그의 상대자가 와서 밝히느니라"(잠 18:17)고 말한다. 성경에 모순된 내용이 있다는 비난이 바로 이런 경우이다. 자세하게 살펴보면 이런 비판을 뒷받침하는 아무 증거가 없음이 드러난다. 성경에 모순된 내용이 있다는 주장을 검증할 수 있는 방식은 크게 세 가지이다.

역사와 언어 그리고 문법에 대한 심층 연구

모순되는 내용이라고 하지만 자세히 살펴보면 그 혐의가 사실이 아님이 밝혀지는 구절이 많다(종종 역사적 배경을 살펴보거나 언어 구조를 자세히 살펴보면 된다).

예를 들어, 영어 성경에서 스가랴 선지자가 "잇도의 아들"(스 5:1, 6:14)이라고 불리는데 스가랴서에서는 "베레갸의 아들"(슥 1:1, 7)이라고 기술하고 있으므로 완전히 모순되는 내용이라고 주장하는 사람들이 있다. 그러나 자세히 살펴보면 스가랴는 자신을 "잇도의 아들 베레갸의 아들"(개역개정에서는 "잇도의 손자 베레갸의 아들"로 표기됨)로 소개한다. 다시 말해 잇도는 실제로 스가랴의 조부라는 뜻이다. 근동 문화에서 '누군가의 아들'은 누군가의 손자를 지칭하는 방식이기도 했다.

우리가 '누군가의 후손'이라고 말하는 것과 비슷하다. 에스라는 유명한 제사장 잇도의 후손으로 스가랴를 소개하고 있을 가능성이 높다.

모순된다고 주장하는 또 다른 내용은 마가복음 2장 26절로, 아비아달이 대제사장이던 시절 다윗이 여호와의 집에 들어가 거룩한 빵을 먹었다고 예수님이 말씀하신 내용이다. 그러나 사무엘상 21장 1-6절을 보면 아비멜렉이 대제사장이라고 기술하고 있다. 이 난제는 헬라어를 알아야 해결된다. 마가복음 2장 26절의 정확한 원문은 매우 독특하다. "그 사건은 대제사장 아비아달 에피[epi, 종종 '위'(upon)로 번역]에 발생했다." 이 문제는 두 가지로 해결할 수 있는데 이 문맥에서 에피라는 헬라어를 어떻게 해석하느냐에 따라 달라진다. (1) 그 사건은 유명한 대제사장 아비아달 '시절에' 일어났다. (2) 다윗이 하나님의 집에 들어간 이야기는 성경에 아비아달의 이야기가 언급되는 더 큰 단락에 있다. 장과 절의 분할은 훨씬 후대에 이루어졌기 때문에 이것은 한 단락을 배치하는 흔한 방식이었다. 어떤 사건이 "예수님의 십자가 사건과 관련된 내용에" 배치되어 있다고 말하는 것 같다. 이 특정 주제는 정확히 확인하기가 쉽지 않다. 하지만 모순된 내용이 아님을 확인할 수 있는 가능한 해결책이 있다.

전체 문맥을 읽으라

얼핏 서로 모순되어 보이는 성경의 가르침이 있다. 하지만 전체 맥락을 읽어보면 성경의 저자들이 특정 주제에 대해 각기 특정한 시각에서 쓴 것이기 때문임을 알 수 있다. 모순이라고 주장하는 내용이 실제로는 한 주제에 대한 관점의 차이일 뿐 오히려 그 의미가 더 풍성해지는 데 일조한다.

가령, 성도의 부활이라는 주제를 두고 바울의 일부 서신(로마서, 고린도전후서, 갈라디아서 등)과 에베소서에 서로 모순되는 내용이 나온다고 주장하는 사람들이 있다. 주요 서신들을 보면 부활은 미래에 경험할 일이지만(가령, "나팔 소리가 나매 죽은 자들이 썩지 아니할 것으로 다시 살아나고", 고전 15:52), 에베소서는 부활을 이미 일어난 일로 서술한다("또 함께 일으키사 그리스도 예수 안에서 함께 하늘에 앉히시니", 엡 2:6). 하지만 에베소서 전체를 자세히 읽어보면 사도 바울은 성도들이 그리스도와 현재 누리는 친밀한 관계를 강조하고 있음을 알 수 있다. 우리는 예수님의 부활에 참여하며, 이것은 그에게서 받는 새 생명과 능력의 기초가 된다. 몸의 부활은 아직 일어나지 않은 것이다.

모순된다고 종종 지적되는 또 다른 내용은 바울과 야고보가 구원에서 선행이 차지하는 역할을 설명하는 방식이다. 표면적으로는 두 사도의 주장이 서로 모순되는 것처럼 보인다.

> 그러므로 율법의 행위로 그의 앞에 의롭다 하심을 얻을 육체가 없나니(롬 3:20).

> 이로 보건대 사람이 행함으로 의롭다 하심을 받고 믿음으로만은 아니니라(약 2:24).

이 난제는 각 저자가 칭의를 바라보는 관점을 이해할 때 해결된다. 바울은 출발 선상에서 이 문제를 바라본다. 다시 말해 하나님과 관계를 시작하기 위해 어떻게 해야 하는가 하고 묻는다. 그리고 이 질문에 그리스도를 믿음으로 신앙생활을 시작하며, 구원은 값없이 얻는 선물이라고 대답한다. 그러나 야고보는 신앙생활의 중간 혹은 마지막이라는 관점에서 칭의를 바라보고 있다. 그는 본질적으로 한 개인이 하나님의 의롭다 하심을 입었다는 증거가 있는지를 묻는다. 개인이 그리스도와 진정한 관계를 누렸다면 당연히 진정한 회심의 열매로 선을 행할 수밖에 없다는 전제가 이 질문에 내포되어 있다. 개념상 바울과 야고보는 서로 완벽히 일치한다. 바울 역시 믿음은 행위로 나타나며(살전 1:3), 선을 행하는 삶을 사는 것이 우리의 의무라고 강조한다(엡 2:10).

전체의 조화를 생각하라

성경에서 모순되는 내용이라고 주장하는 많은 부분은 같은 사건을 다룬 두 기록이 나오는 부분에 집중된다. 예수님의 사역과 가르침을 기록한 복음서가 네 개이기 때문에 같은 사건을 각자의 시각으로 들려주는 기사가 두세 개 되는 경우가 적지 않다. 그러나 같은 사건이라 해도 두 스토리텔러가 정확히 같은 방식으로 이야기를 구술하는 경우는 없음을 인정해야 한다. 각 이야기는 세부적으로 내용이 조금씩 차이가 나고, 생략하는 부분도 있으며, 다른 각도에서 이야기를 들려준다. 만일 동일한 방식으로 같은 이야기를 들려준다면 굳이 복음서가 네 개나 있을 필요가 있겠는가? 세부적인 내용과 시각의 차이로 예수님에 대한 우리 이해가 더욱 풍성해진다.

어떻게 하면 영생을 얻을 수 있는지 예수님을 찾아와 질문했던 젊은 부자 관원의 이야기가 대표적인 경우이다. 이 기사는 세 복음서에 등장한다(마 19:16-22, 막 10:17-22, 눅 18:18-23). 마가는 그를 재산이 많은 사람으로 소개한다. 마태는 그가 젊은 사람이라는 세부 내용을 추가한다. 누가는 그가 관원이며 거부였다고 소개한다. 각 복음서의 이런 세부적인 내용의 차이는 그들이 서로의 기사에 동의하지 않기 때문이 아니다. 서로 다르지만 보완적인 사실들을 소개하고 있을 뿐이며, 결과적으로 한 장면을 훨씬 더 풍성하고 전면적으로 바라보도록 도와준다.

그러나 어떤 이야기들은 서로 조화를 이루기가 어렵다. 한 가지 예를 들면 예수님을 배신한 유다의 죽음에 관한 두 이야기이다. 마태는 유다가 예수님을 배신한 것을 후회하고 배신의 대가로 받은 은 30냥을 대제사장들에게 돌려준 다음 목매달아 죽었다고 말한다. 대제사장들은 그 돈으로 토기장이의 밭을 사서 이방인들의 매장지로 삼았다고 한다(마 27:1-10). 누가는 유다가 그 돈으로 밭을 샀고, 그 밭에서 곤두박질쳐 죽었다고 간단하게 기술한다(행 1:18). 이 두 이야기를 서로 조화시키기가 쉽지 않지만, 설득력 있는 설명이 있다. 많은 주석가가 이 설명을 채택한다. 유대 지도자들이 유다의 이름으로 그 땅을 샀고(그래서 누가는 유다가 밭을 샀다고 설명한다. 행 1:18), 나중에 유다가 이 밭에서 자살하기로 결심했다고 보면 모순이 해결된다. 그는 목매달아 자살하려 했는데(역사상 많은 사람이 그렇게 했듯이) 체중을 이기지 못하고 밧줄(혹은 나뭇가지)이 풀려서 결국 몸이 땅에 떨어져 굴렀고 창자가 터져 죽은 것이다.

모순되는 내용이 확실히 있다고 말하는 것과 모순되는 내용이 있을 가능성이 있다고 말하는 것은 천지 차이임을 인정하는 것이 중요하다. 지금까지 밝혀진 바로는 성경에서 '확실히' 모순되는 내용이 있다고 할 만한 부분은 없다.

성경에서 이해하기 어렵거나 모순되어 보이는 내용이 있다고 해서(참고. 11장) 낙심할 필요도 없고 성경을 신뢰하지 못할 이유도 될 수 없다. 오히려 성경을 더 깊이 연구하는 기회로 삼아야 한다. 실제로 성경의 풍부한 다양성을 더 깊이 이해하고 성경을 더 견고하게 신뢰하는 계기가 될 수 있다.

📖 함께 나누기

1. 성경에서 모순되는 내용이라고 들은 것이 있다면 무엇인가? 그 내용 중 하나라도 자세히 살펴보고 연구해본 적이 있는가?

2. 성경에서 서로 모순되어 보이는 구절을 보았다고 하자. 그 내용을 살펴보고 그것이 실제로 모순되는 것인지 확인할 수 있는 가장 좋은 방법은 무엇인가?

3. 예수님이 십자가에서 돌아가신 후 요한복음 20장 1절은 무덤을 찾아간 사람으로 막달라 마리아만 언급한다. 그러나 마태복음 28장 1절은 막달라 마리아와 다른 마리아 한 명이 무덤을 찾았다고 기술한다. 반면 마가복음 16장 1절은 막달라 마리아, 야고보의 어머니 마리아 그리고 살로메가 함께 갔다고 말한다. 이 내용은 서로 모순되는가? 내용이 이렇게 다른 것을 어떻게 설명할 수 있는가?

4. 일부 기독교 학자와 저자들은 각 복음서가 약간 다른 방식으로 설명한다는 사실 자체가 성경의 신뢰성을 지지하는 강한 증거라고 말한다. 왜 그렇다고 생각하는가?

5. 어떤 내용이 서로 모순되는지 아닌지 판단하기 어렵다면 그것을 모순된다고 보아야 하는가? 아니면 모순되지 않는다고 보아야 하는가? 그 이유는 무엇인가?

06

어떤 책들이 성경으로 확정되지 못한 이유는 무엇인가?

성경 정경

몇 년 전, 내셔널 지오그래픽 협회에서 유다 복음서라고 하는 잃어버린 복음서를 찾았다고 전격 발표했다. 모든 대형 언론사가 이 사건을 앞다투어 보도했고, 어떤 언론사는 세기의 발견이라며 야단법석을 떨었다. 그다음 협회는 부활절 전 금요일에 이 위대한 발견이 이루어진 과정의 전말을 알려주고 그 의미를 토론하는 특별 프로그램을 텔레비전 생방송으로 내보냈다. 이 발견으로 사람들은 많은 의문을 갖게 되었고, 특별히 기독교 신앙의 두 가지 핵심 본질에 대해 의문을 제기하게 되었다. (1) 왜 어떤 책들(유다 복음처럼)은 성경에서 제외되었는가? (2) 성경에 다른 책들을 포함시켜야 하는 것은 아닌가?

유다 복음서를 발견한 것은 중요한 의미가 있지만 크게 놀랄 일은 아니었다. 유명한 2세기 교회 지도자 이레니우스는 자신의 책 『이단 논박』(Against All Heresies)에서 자칭 이 복음서를 언급하고 있다. 유다 복음서는 헬라어로 기록된 것이 아니라(다른 모든 신약 성경과 달리) 콥트 어라고 하는 애굽어로 기록되어 있다. 또한 이 복음서는 신약 성경 이 기록된 이후 기록되었다. 더 중요한 점은 이 복음서가 영지주의 라고 하는 이단의 문서였다는 사실이다. 영지주의자들은 육신의 삶 을 무시하고 두 신을 믿는 믿음을 가르쳤다. 한 신은 창세기 1장에 서 가르치는 창조주 하나님이고, 또 한 신은 빛의 왕국에서 존재하 는 숨겨져 있고 알려지지 않은 비밀스러운 신이다. 영지주의가 계시 한다고 주장하는 신은 이 알려지지 않은 신이다. 유다 복음서의 핵 심은 바로 이 알려지지 않은 신에 대한 계시이다.

사람들이 성경에 더하기를 원하는 문제

이레니우스는 영지주의자들이 수많은 다른 복음서와 책을 썼다고 분명히 지적한다. 하지만 또한 2세기부터 4세기에 활동했던 모든 교 회 지도자와 마찬가지로 그 책과 복음서는 결코 진리가 아니며 가르 치는 내용이 신앙에 해롭다고 생각했다. 그는 이렇게 경고했다. "그 들은 그들이 만들어낸 수많은 외서와 위서를 소개하여 어리석은 사 람들의 마음을 미혹하고 진리의 성경에 무지한 자들의 마음을 혼란 스럽게 한다."[1] 오늘날 '성경의 잃어버린 책들'이라고 불리기도 하는 수많은 영적인 서적을 저술한 이들이 바로 이 영지주의자들이다. 이 이단 종교는 기독교가 아니다. 유다 복음서가 성경에 포함되어서는 안 된다면 다른 책들은 어떻겠는가?

교회사를 보면 때로 성경으로 포함되어야 할 책의 기준을 두고 반발한 사람들이 있었다. 그들은 성경의 일부를 빼거나 성경에 다른 책을 더하기 원했다. 여기서 중요한 사실은 교회가 성경책에 대한 정의를 이미 알고 있었다는 점이다. 그들이 이미 이 책으로 가르치고 예배에 사용하고 있었다. 다만 이 책들이 아직 공식적으로 확증을 받은 것은 아니었다.

성경에서 일부 책을 제외하기를 원하는 문제

교회가 성경으로 사용하며 하나님의 말씀으로 인정했던 책 모음집에 대해 도전한 가장 초창기 인물로 마르키온이라는 사람이 있었다. 그는 부유하고 저명한 기독교 지도자로 주후 2세기 초 소아시아 북부 해안 도시(오늘날 터키)에서 살았던 사람이다. 그는 사도 바울의 저작을 열심히 읽고 연구했지만 그 가르침을 매우 왜곡하여 해석했다. 결과적으로 그는 누가복음과 함께 사도 바울이 쓴 열 개의 서신만 성경으로 인정하고 구약을 포함한 나머지는 성경으로 인정하지 말아야 한다고 주장했다. 그의 재력과 영향력을 우려한 지중해 세계의 교회들은 이 문제에 대응해야 했다. 이 도전을 계기로 그들은 이미 사용하고 있던 책들을 공식적이고 공개적으로 성경으로 선언하게 되었다.

하나님 말씀에 대한 초대 교회의 인식

이렇게 주후 2세기 초에 교회에서 성경의 정경(canon)이라는 개념이 이미 형성되기 시작했다. 이 정경은 하나님의 영감을 받았고, 따라서 신적 권위가 있는 것으로 간주되는 책들을 지칭했다. 정경이라는 용어는 흔히 '잣대' 혹은 '기준'이라는 뜻을 가진 헬라어 단어에서 파생했으며, 성경을 구성하는 표준적 책들을 가리키게 되었다. 프린스턴 신학교의 저명한 학자 브루스 메츠거(Bruce Metzger)는 마르키온의 도전으로 "2세기 초반에 이미 시작되었던 교회 정경의 확정 과정이 더 앞당겨졌다"[2]고 지적했다.

예수님 당시 히브리 성경을 구성하는 39권의 책(우리가 구약이라고 부르는)이 유대교에서 성경으로 광범위하게 인정을 받았다. 이 때문에 예수님은 구약의 다양한 책들을 인용하셨고, 그 책들을 '성경'이라고 부르는 하나의 통일되고 일관성 있는 전체로 언급하실 수 있었다(가령, 마 21:42, 22:29, 26:54).

우리가 지금 신약으로 알고 있는 27권의 책이 성경 정경으로 인정을 받은 때는 2세기에서 4세기 사이다. 베드로는 바울의 서신을 "성경"으로 직접 언급했다(벧후 3:15-16). 최종적으로 신약 성경이 완성된 이후에 쓰인 어떤 고대 교회 문서는 마가복음을 "성경"으로 언급하고 있다(클레멘트후서 2:4). 초창기 교회 지도자들은 다양한 신약 문서들의 구절을 꾸준히 인용하며 이 문서들이 여타 저작물들과 구분되는 거룩한 하나님의 계시로서 권위가 있음을 인정했다.

하지만 사복음서(마태, 마가, 누가, 요한)는 기록된 순간부터 교회가 설립된 곳이면 세계 어디서나 회람용으로 필사해서 돌려 보았다. 이스라엘, 시리아, 소아시아, 이집트, 그리스, 이탈리아 그 외 여러 곳에서 그런 일이 벌어졌다. 교회들은 가르치고 예배를 드리고 묵상할 때 이 복음서들을 정기적으로 사용하기 시작했다. 히브리서와 요한계시록뿐 아니라 바울, 베드로, 야고보, 유다, 요한의 편지 모음들도 마찬가지였다. 이 책들은 빠른 속도로 필사되어 각 교회에 배포되었고, 하나님이 영감하신 문서로서 신자의 성장과 양육에 필수적인 말씀으로 계속 사용되었다. 교회가 개척되는 곳마다 성도들은 이 문서들을 하나님의 계시된 말씀으로 읽고 사용했다.

이것은 성경을 확정하는 일이 어느 한 개인의 독단적인 결정으로 이루어지지 않았음을 의미한다. 그런 결정을 일방적으로 내리고 모든 교회에 강제로 그 결정을 공표한 특정 집단이 있었던 것도 아니다. 실제로 그 과정은 정확히 정반대로 이루어졌다. 신약의 공식 목록을 확정한 교회 지도자들의 모임은 세계 도처의 교회들이 이미 영감된 권위 있는 성경으로 인정하고 사용하고 있었던 것을 공식적으로 추인한 것에 불과했다. 메츠거가 지적한 대로 "교회가 정경을 만들어낸 것이 아니라 특정한 문서가 스스로 그 권위를 인정하는 성격을 받아들이고 확증하는 절차를 밟았을 뿐이다."[3]

교회가 성경을 인정하게 된 과정

초대 그리스도인들의 생각과 가슴에 일어난 성령의 역사는 개별 교회들이 영감받은 권위를 지닌 성경으로 특정 문서들을 사용하는 데 영향을 미친 일차 요인이었다. 그러나 또한 정경으로 인정하는 객관적이고 합리적인 기준이 있었다. (1) **사도적 기원**. 그리스도인들은 처음부터 "사도의 가르침을 받아"(행 2:42) 신앙생활에 매진했다. 원래 그들의 가르침은 구전을 통해 확산되었지만, 이 가르침이 문서화되자 교회는 가능한 신속히 이 문서들의 사본을 입수해 믿음과 생활에 필요한 하나님의 말씀으로 사용했다. (2) **정통성**. 교회는 전체 교회가 수용한 핵심 가르침과 일치하지 않는 모든 문서는 철저히 거부했다. (3) **활용성**. 3세기와 4세기에 교회는 처음부터 교회가 광범위하게 사용하지 않은 책이라면 어떤 경우에도 성경으로 인정하지 않았다. 물론 이 후자의 기준 때문에 현재의 성경에 어떤 문서가 더해질 가능성은 전혀 없다.

그러므로 유다 복음과 같은 새롭게 발견된 문헌을 성경으로 받아들일 것인가 하는 문제는 정경의 모든 기준에 비추어볼 때 가능성이 없다. 유다(열두 제자 중 한 사람)가 쓴 복음서라 주장한다 해도 이것을 성경으로 인정할 수 없는 타당한 역사적 이유들이 있는 것이다(유다가 예수님을 배반한 직후 스스로 목매달아 죽었고 그다음 예수님이 십자가에 못 박히셨다는 사실 역시 중요하다. 마 27:5). 더욱이 이 유다 복음의 교훈은 영지주의적인 색채가 강하며, 대부분 기독교 핵심 교리와 모순된다. 특히 마지막으로 교회가 한 번도 이 복음서를 사용하지 않았고 실제로 정죄했다는 점도 고려해야 한다.

성경에 새로 추가하는 것을 고려해야 할 다른 책은 없다. 설령, 유다 복음서와 비교가 안 될 정도로 놀라운 사도 바울의 실제 서신이 발견된다 해도 성경에 포함시킬 수 없다. 역사적으로 모든 교회가 사용한 적이 없기 때문이다.

현재 우리가 소유하고 있는 성경은 최종으로 완성된 성경 정경이다. 정확히 하나님이 외도하신 성경으로서 살아 있고 역사하시는, 강력한 하나님의 말씀이다.

▶ 함께 나누기

1. 완성된 '정경'이 존재하지 않았다면 오늘날 성경을 읽는 것이 어떻게 달라졌으리라 생각하는가?
2. 영지주의자가 어떤 사람들인지 아는 것이 왜 중요한가?
3. 신약 성경을 성경으로 믿을 수 있는 이유는 무엇인가?
4. 친구가 각 책을 더하고 뺄 수 있을 경우 성경을 어떻게 믿을 수 있느냐고 묻는다고 해보자. 무엇이라 대답해주겠는가?

5 신약 시대에 기록되었지만 아직 발견되지 않은 다른 서신들이 있다. 만약 바울의 세 번째 서신이 발견된다고 하면 지금의 '정경'에 추가되어야 한다고 생각하는가?

6 성경을 믿는다고 주장하는 일부 종교들이 있다. 그러나 그들의 지도자들이 하나님께 지금 '계시'를 받고 있다고 주장한다면 이것은 성경과 배치된다. 이런 시각의 문제점은 무엇이라 생각하는가?

07

구약 율법 중 우리가 순종해야 할 것은 무엇인가?

구약 율법의 상관성

나(클린턴)는 맛있는 음식을 먹는 일이 무척 즐겁다. 과하다고 할 정도로 음식에 관심이 많다. 해산물 레스토랑에서 새우나 랍스터를 먹으며 저녁 데이트를 하는 것만으로도 행복을 느낀다. 물론 때로 베이컨, 스크램블드 에그, 해시 브라운, 토스트, 커피를 곁들인 풍성한 아침 식사도 좋아한다.

문제는 이 식사들이 구약 율법에 위배된다는 점이다. 새우, 랍스터, 베이컨은 엄격히 금지되어 있다. 성경은 "돼지는 굽이 갈라져 쪽발이로되 새김질을 못하므로 너희에게 부정하니 너희는 이러한 고기를 먹지 말고 그 주검도 만지지 말라 이것들은 너희에게 부정하니라"(레 11:7-8)고 말한다. 또 성경은 "물에서 움직이는 모든 것과 물에서 사는 모든 것 곧 강과 바다에 있는 것으로서 지느러미와 비늘 없는 모든 것은 너희에게 가증한 것이라 이들은 너희에게 가증한 것이니 너희는 그 고기를 먹지 말고 그 주검을 가증히 여기라"(레 11:10-11)고 경고한다.

구약의 이런 율법들에 대해 우리는 어떻게 반응해야 하는가? 하나님이 우리에게 주신 말씀의 일부를 무시하는 죄를 짓는 것은 아닌가? 어떤 율법은 순종하고 어떤 율법은 무시해야 하는지 우리 마음대로 고르고 선택해도 되는가?

이 딜레마는 분명한 해답이 있을 뿐 아니라 생각처럼 해결하기 어렵지 않다. 하지만 구약을 읽을 때는 신중하게 생각하고 올바른 해석 원리로 접근해야 한다. 구약을 즐겁고 유익하게 읽을 수 있도록 도와줄 몇 가지 지침을 소개한다. 이 지침은 또한 구약의 어느 부분이 우리와 상관성이 있고 순종해야 하는지 결정하는 데 도움이 된다.

그리스도가 오시기 전 이스라엘에만 적용되는 구약 율법

하나님이 세우신 음식법과 정결법 중에는 오직 한정된 기간에 이방 민족과 구분할 필요를 위해 이스라엘에만 적용된 법들이 많다. 이스라엘은 어느 면에서는 이 규례들을 통해 다른 민족들과 구분되었다. 하나님은 이스라엘 백성에게 이렇게 설명하셨다. "너희는 짐승이 정하고 부정함과 새가 정하고 부정함을 구별하고 내가 너희를 위하여 부정한 것으로 구별한 짐승이나 새나 땅에 기는 것들로 너희의 몸을 더럽히지 말라"(레 20:25). 예수님은 이스라엘의 메시아로 오셔서 모든 음식이 정하다고 선언하셨다(막 7:18-19). 이 선언은 사도 베드로가 부정한 짐승에 관한 환상을 보고 그 짐승을 먹으라는 주님의 지시를 받음으로 더욱 공고해졌다(행 10:10-13). 주님은 베드로에게 세 번이나 같은 명령을 반복하심으로 이 사실을 확인해주셨다. 돼지고기, 갑각류, 그 외 다른 짐승은 더는 금기 식품이 아니다.

예수 그리스도로 모든 제사법이 성취되었다

예수님은 "내가 율법이나 선지자를 폐하러 온 줄로 생각하지 말라 폐하러 온 것이 아니요 완전하게 하려 함이라"(마 5:17)고 말씀하셨다. 여기서 예수님이 말씀하신 율법은 일부 의식법과 관련된 규정들을 가리킨다. 예를 들어, 하나님은 이스라엘 백성에게 매일 짐승을 잡아 제사를 드리라고 명령하셨다. "네가 제단 위에 드릴 것은 이러하니라 매일 일 년 된 어린 양 두 마리니 한 어린 양은 아침에 드리고 한 어린 양은 저녁 때에 드릴지며"(출 29:38-39). 구약의 제사 제도는 그리스도가 직접 단번에 제물이 되어 드려짐으로 완전히 성취되었기에 이제 폐기되었다. 히브리서 9장 26절은 이 점을 분명히 명시한다. "이제 자기를 단번에 제물로 드려 죄를 없이 하시려고 세상 끝에 나타나셨느니라."

옛 언약은 이 땅에 오신 그리스도로 인하여 새 언약으로 대체되었다

예수님은 죽으시고 죽은 자 가운데서 살아나신 후 40여 일에 걸쳐 제자들에게 나타나셨다. 한번은 제자 몇 명과 만나 성경(구약)을 펴시고 "이에 모세와 모든 선지자의 글로 시작하여 모든 성경에 쓴 바 자기에 관한 것을 자세히 설명"하셨다(눅 24:27). 우리가 이런 설명을 예수님께 직접 들었다면 더없이 좋았겠지만, 신약 성경에 그 제자들이 증언한 내용이 기록되어 있기 때문에 그가 무슨 말씀을 하셨는지 쉽게 확인할 수 있다. 그리스도가 오시기 전 자기 백성과 관계를 누리기 위해서 하나님이 세우신 제도('옛 언약'이라고 부르는 약속)는 이제 폐기되었다. 우리는 예수 그리스도와 더불어 시작된 '새 언약' 아래 살고 있다. 다시 말해 옛 언약을 규정하는 수많은 요소, 대표적으로 언약 백성의 상징인 할례, 제사, 절기(유월절, 오순절, 초막절 등) 등이 더는 적용되지 않는다는 말이다. 우리는 이제 새 언약 아래 살기 때문에 그리스도가 오신 의미와 의의에 비추어 구약을 읽어야 한다.

오늘날에도 여전히 유효한 율법

수많은 율법, 특히 하나님의 도덕적 속성을 직접 반영하는 율법은 여전히 우리에게 적용되므로 우리는 그것을 지켜야 한다. 십계명 중 아홉 계명이 신약에서 반복되고 있음을 유념해야 한다. 하나님은 구약 시대에 자기 백성에게 이렇게 선언하셨다. "나는 여호와 너희의 하나님이라 내가 거룩하니 너희도 몸을 구별하여 거룩하게 하고… 내가 거룩하니 너희도 거룩할지어다"(레 11:44-45). '거룩하다'는 단어는 더럽고 불결한 것과 구분된다는 의미가 있다. 우리 하나님이 정결하시고 의로우시며 어떤 죄도 없는 분이라는 것은 누구도 부정할 수 없는 분명한 진리이다. 신약은 이 명령을 반복한다. "너희가 순종하는 자식처럼 전에 알지 못할 때에 따르던 너희 사욕을 본받지 말고 오직 너희를 부르신 거룩한 이처럼 너희도 모든 행실에 거룩한 자가 되라 기록되었으되 내가 거룩하니 너희도 거룩할지어다 하셨느니라"(벧전 1:14-16). 참된 거룩은 외적인 행위(무엇을 먹지 않는 것처럼)로만 드러나지 않는다. 우리 인격과 삶의 모습과 더 관련이 있다(열매 맺는 생활, 배우자에게 성적으로 순결하며 충실한 모습, 이웃을 사랑하고 미워하지 않는 모습). 이런 모습으로 우리는 우리 아버지의 형상을 드러내는 것이다.

구약이 모두 율법으로만 이루어지지 않았음을 기억하라

구약은 하나님이 세상을 열정적으로 사랑하신 이야기를 담고 있다. 창세기의 첫 두 남녀를 창조하시고 그들이 하나님께 반역함으로 타락했다는 비극적 내용으로 시작되는 거대한 한 편의 드라마이다. 반역이라는 질병은 그들의 모든 후손에게 전파되었고, 그들이 아무 흠도 없으시고 정결하신 하나님과 맺고 있던 관계에 계속해서 균열이 일어났다. 하나님은 그들을 포기하지 않으셨다. 완악한 자기 백성의 죄를 용서하시고 친밀한 관계를 다시 회복할 길을 마련하셨다. 이런 주된 줄거리를 염두에 두고 구약을 읽으면 사소한 문제에 얽매이지 않고 중요한 메시지를 깨닫고 이해할 수 있는 눈이 열린다.

구약 율법은 창세기에서 신명기까지 첫 다섯 권에 대부분 담겨 있다. 이 다섯 권은 오경 혹은 히브리어로 토라(Torah)라고 불린다. 이 외에도 구약에는 선지서와 성문서가 있다.

그러므로 오늘 저녁에 알래스카산 킹크랩을 먹더라도 죄책감을 가질 필요가 없다. 그러나 더 중요한 점은 구약을 즐겁게 읽는 것이다. 구약이 예수님의 길을 어떻게 예비하는지 분별하고 새 언약 아래서 누릴 인생의 수많은 축복을 찬양하라.

● **핵심 성구** | 성경의 진리

신명기 6:1-9	누가복음 24:27	에베소서 2:14-16
여호수아 1:8	사도행전 10:10-13	히브리서 1:1-2
마가복음 7:18-19	로마서 10:4	베드로전서 1:14-16

■ 함께 나누기

1. 율법과 관련해 옛 언약과 새 언약을 모두 이해하는 일이 중요한 이유는 무엇인가? 예수님의 오심이 구약 율법에 어떤 영향을 미치는가?

2. 모든 구약 율법이 여전히 유효하다면 오늘날 우리 생활이 어떻게 달라지겠는가?

3. 오늘날에도 여전히 적용되는 구약 율법은 무엇인가?

4. 성(性)에 관한 구약의 율법이나 원리가 오늘날 우리에게도 여전히 유효한가?

5. 새우 튀김을 먹고 있는데 한 친구가 그 모습을 본다고 해보자. "너 해산물 먹는 거지? 그리스도인은 해산물을 먹으면 안 된다고 생각했는데"라고 말한다면 어떻게 대답해주겠는가?

08

어떻게 해야 성경을 제대로 읽을 수 있는가?

성경을 이해하기

대부분 그리스도인은 성경을 하나님이 주신 인생 지침서로 이해할 것이다. 그러나 난생처음 성경을 읽는 사람들에게는 그들에게 평소 익숙한 핸드북과 매뉴얼과는 완전히 다른 책일 것이다. 성경은 가령 '~할 경우 대처 요령'이나 '8가지 판단 기준' 혹은 '~에 대한 6가지 원리'처럼 삶의 문제를 단계별로 다루는 색인별 생활 지침 목록이 아니다.

성경을 뒤적이다 보면 다양한 이야기, 수십 개의 노래, 개인 서신, 예언 기록 등 수많은 종류의 글이 등장한다. 이 '가이드북'이 여타 가이드북과 다르다면 어떻게 읽어야 우리 삶과 의미 있게 연결될 수 있는가? 성경을 최대한 활용하기 위해 유념해야 할 점은 무엇인가?

초보자의 성경 읽기

그렇다면 우리가 가장 먼저 할 일은 성경을 읽는 것이다. 먼저 일단 시작한 다음 이 거대한 책을 천천히 끝까지 읽어나가는 게 중요하다. 그러나 이것은 많은 자기 훈련이 필요하다. 지금까지 나(클린턴)는 성경을 읽기로 결심했다가 낭패를 본 많은 사람과 대화를 나누었다. 일단 출발은 했지만 레위기를 읽다가 지루해서 결국 포기한 경우가 태반이었다. 구체적인 계획이나 목적 의식 없이 성경을 읽다가는 흥미를 잃기 십상이다.

개인적으로 성경을 읽거나 들은 적이 한 번도 없다면 다음 순서로 성경을 읽기를 추천한다. 요한복음, 에베소서, 창세기, 출애굽기, 누가복음, 사도행전, 로마서. 이 책들은 성경에 담긴 핵심 메시지를 알려주며 하나님의 말씀을 읽는 여정을 시작하는 우리의 관심이 시들지 않도록 해줄 것이다.

많은 사람은 매일 구약과 신약의 일부 그리고 시편과 잠언을 읽는 식으로 균형감 있고 체계적인 성경 읽기 계획을 따라하면 유익하고 풍성하게 말씀을 읽을 수 있다고 간증한다. 한 해 동안 매일 읽을 분량이 순서대로 정리되어 있는 성경을 읽기를 권한다.

또 다른 방법은 연대기 성경이다. 이 성경은 가장 오래된 이야기에서 가장 나중에 일어난 이야기까지 연대순으로 성경을 읽도록 되어 있다.

풍성한 성경 읽기의 경험

성경을 읽는 것이 유익한 경험이 되도록 몇 가지 지침을 소개한다.

큰 그림을 그리며 성경을 읽으라. 하루에 약 네 장씩 성경을 읽으면 일 년에 성경을 한 번 통독할 수 있다. 이때 세부적인 내용에 걸려 큰 흐름을 이탈해서는 안 된다. 성경의 전체 얼개를 이해하는 데 주력하라. 예를 들어, 레위기를 읽을 때 제사 제도에 대한 여러 다른 규례의 세부 내용을 파악하려고 붙들고 늘어져서는 안 된다. 하나님이 죄를 얼마나 심각하게 생각하시는지, 죄를 용서받기 위해 피가 왜 필요한지와 같은 사실에 집중하라.

읽기 쉬운 성경 번역본을 선택하라. 영어권 독자라면 『*New Living Bible*』을 추천한다.

기도하고 성경을 읽으라. 성경을 읽기 위해 자리에 앉을 때마다 기도하며 하나님께 말씀을 잘 깨닫도록 도와달라고 간구하라. 성령께 깨달아야 할 내용을 보여주시도록 구하라.

규칙적인 시간을 정하라. 정말 좋은 의도로 시작할 수 있지만 때로 긴급한 일의 횡포에 눌려 중요한 일을 미루기 쉽다. 매일 몇 분이라도 성경을 읽기에 적당한 시간은 언제인가? 어떤 이들은 늦은 밤이 좋다. 어떤 이들은 아침이나 점심시간이 좋다. 달력에 이 시간을 표시해두고 그 시간을 엄수하도록 노력하라(혹시 놓치더라도 죄책감을 가질 필요는 없다).

친구와 함께하라. 같은 목표를 향해 매진하는 친구가 있다면 그 경험이 한층 풍성해질 것이다. 단순히 목표에서 이탈하지 않도록 격려하는 외적인 자극만 주는 것이 아니라 배우고 있는 내용과 이해하기 어려운 성경 본문의 의미에 대해 서로 이야기할 수 있고, 삶에 어떻게 적용할지 도움을 받을 수 있다.

성경을 보다 깊이 읽기

성경 읽는 시간을 훨씬 더 유익하게 하고 깊은 깨달음을 얻도록 도와줄 중요한 원리가 있다. 또한 성경을 읽다 보면 특정 구절이나 본문을 더 심층적으로 연구하며 몰입하고 싶은 때가 있을 것이다. 성경을 보다 깊이 연구하고 싶다면 문자적으로 번역한 성경이 더 유익하다(영어 성경의 경우 English Standard Version이나 New American Standard Bible). 쉽게 읽을 수 있는 성경과 원어에 더 가까운 성경의 중간 정도를 목표로 한 성경 번역본도 있다(New International Version과 Holeman Christian Standard Version).

다음에 소개하는 원리는 성경을 통독하든지, 심층 연구를 하든지 상관없이 성경을 가장 효과적으로 읽고 유익을 얻는 데 큰 도움이 된다.

이 구절은 전반적인 사고의 흐름과 어떻게 연결되는가? 우리는 성경을 생활에 적용할 교훈을 찾을 수 있는 성경 구절 모음집으로 생각하기 쉽다. 그러나 각 성경 구절은 더 큰 이야기의 일부이거나 상호 연관성이 있는 일련의 사고들과 연관되어 있다. 특정 구절이 전체 메시지와 어떤 연관이 있는지 명확하게 이해하는 작업이 필요하다. 이렇게 문맥을 파악하는 원리는 정확한 성경 해석에 가장 중요한 지침이 되어야 한다. 이 개념은 어렵지 않게 이해할 수 있다. 예를 들어 최근에 내가 받은 한 이메일에는 내가 '뱀을 달리게' 해야 한다는 글이 적혀 있었다. 그 자체로 보면 뱀은 다리가 없고 기어 다니기 때문에 달리기 위해 뱀을 사용할 일은 전혀 없으므로 말장난인 것이 분명했다. 그러나 전체 메일 내용을 읽어보면 배관 문제에 관해 조언하는 것임을 알 수 있었다('뱀'은 막힌 관을 뚫어주는 장치이다). "조용히 자기 일을 하고"라는 데살로니가전서 4장 11절도 오해를 불러 일으키는 구절이다. 그러나 더 넓은 문맥을 보면 이 말은 사도 바울이 교회에서 문제를 일으키고 혼란스럽게 한 일단의 사람들에게 한 것임을 알 수 있다. 이것을 동료 신자들의 인생에 전혀 개입해서는 안 된다는 뜻으로 해석하면 잘못된 것이다.

의미가 애매한 단어는 깊이 연구하라. '뱀'은 문맥의 중요성을 알려줄 뿐 아니라 또한 전문 용어의 의미를 아는 것이 얼마나 중요한지 보여준다. 성경에는 이런 단어가 많다. 속죄, 칭의, 영광, 구속, 언약과 같은 용어는 사람들이 어려워하는 단어 중 일부이다. 그러나 이 용어들은 그 의미가 아주 다양하고 중요하다. 좋은 성경 사전을 구비하면 도움이 된다.

성경의 역사적이고 문화적인 배경을 공부하라. 신약은 주로 유대인 저자가 쓴 경우가 많으므로 1세기 유대 문화와 관습이 대폭 반영되어 있다. 가령, 바리새인들과 사두개인들에 관해 배우면 예수님이 왜 그들을 비판하셨는지 이해하는 데 실제적으로 도움이 된다. 로마인들(신약 시대에 거의 모든 지역을 지배한)의 생활이나 고대 근동 역사와 문화(구약의 배경)를 배우면 성경을 이해하는 데 큰 도움이 된다. 다시 말하지만 역시 좋은 성경 사전과 성경 주석이 도움이 된다.

성경에 나오는 다양한 문학 양식에 친숙해지라. 성경에 나오는 문학 양식은 크게 6가지로 요약된다. 이야기(내러티브), 시, 지혜서, 비유, 예언, 편지. 이 중 일부는 글자 그대로 읽으면 되지만 시처럼 문자적으로 읽기가 쉽지 않은 경우도 있다. 하나님 말씀을 이해하고 우리 삶에서 일어나는 다양한 상황에 적용하는 법을 더 훈련하기 위해서는 이처럼 각 문학 양식에 맞게 성경을 읽는 법을 배워야 한다.

성경의 중심 주제가 그리스도임을 기억하라

중심 주제라는 측면에서 보면 성경은 그리스도에 대한 책이다. 예수님은 죽은 자 가운데서 살아나신 후 일부 제자에게 나타나시고 "이에 모세와 모든 선지자의 글로 시작하여 모든 성경에 쓴 바 자기에 관한 것을 자세히 설명하"셨다(눅 24:27). 구약은 약속의 책이다. 여러 가지 방법으로 예수 그리스도의 오심을 예고한다. 주 예수는 구약의 많은 부분을 성취하신다.

   신약은 사복음서로 시작하는 예수님에 대한 이야기로 그가 이 땅에 오셔서 이루고자 하신 목적을 알려준다. 요한복음이 지적하는 대로 예수님은 우리에게 하나님을 계시해주러 오셨다(요 1:18). 그러므로 성경을 읽고 공부할 때 늘 질문해야 하는 것은 "이 구절이 그리스도에 대해 무엇이라고 말하는가?"이다.

   마지막으로 한 가지 경고할 것이 있다. 성경 연구는 중독성이 있다는 것이다! 일단 읽고 배우기 시작하면 깊은 즐거움을 경험할 것이고, 더 공부하고 싶은 마음이 들 것이다.

■ 함께 나누기

1. 8살 난 아들이 어느 날 성경을 절대 읽지 않고 대신 주일날 목사님 설교만 듣겠다고 한다고 해보자. 아들에게 뭐라고 말하겠는가?

2. 이 장에서 언급하지 않았지만 성경을 읽는 유익함에 대해 더 소개하고 싶은 것이 있는가?

3. 당신은 하루 중 언제 성경을 읽는가? 아직 성경을 매일 읽지 않고 있다면 어떤 방법이 도움이 되겠는가?

4. 성경 본문에서 한 절만 분리해 읽을 때 어떤 위험성이 있겠는가?

5. 모든 성경을 문자적으로 읽어야 하는가?

6. 성경 각 권에 대한 배경 지식을 연구하여 성경을 더 잘 이해하게 된 경험이 있다면 이야기를 나누어보라.

Question & Answer

신앙의 난제들

09

하나님은 의로운 사람들에게 왜 불행한 일을 허락하시는가?

악의 문제

하나님, 왜요?

9.11 테러처럼 국가적 참사이든, 전 지구적으로 벌어지고 있는 인신매매처럼 참담한 사건이든 혹은 오랫동안 암과 싸우다 세상을 떠난 이와 작별한 일처럼 개인적 고통이든 간에 모든 사람은 이런 질문을 한다. 때로 원하는 직장에 들어갈 수 없어 고민하는 것처럼 사소한 문제로 인한 고통도 있다. 그러나 너무나 끔찍한 일이 일어나서 아무리 애를 써도 그 일을 이해할 수 없을 때는 하나님께 항변하고 절규할 수밖에 없다.

하나님이 왜 우리에게 고통을 허용하시는지 들을 준비가 되었는가? 그 답은 이렇다. 우리 머리로는 알 수 없다는 것이다. 성경은 하나님이 왜 사람들에게 고통을 허락하시는지 이유를 알려주는 데 별로 관심이 없다. 야고보 사도를 왜 헤롯의 손에 죽게 하셨는지, 혹은 사도 바울이 2년 동안 가이사랴 감옥에 감금되어야 했던 이유가 무엇인지, 혹은 네로 황제가 어째서 그토록 많은 그리스도인을 죽였는지 우리는 모른다. 고린도전서 13장 12절은 "우리가 지금은 거울로 보는 것 같이 희미하나 그 때에는 얼굴과 얼굴을 대하여 볼 것이요 지금은 내가 부분적으로 아나 그 때에는 주께서 나를 아신 것 같이 내가 온전히 알리라"고 말한다. 해답은 있지만 그것을 얻는 데 필요한 지식에 접근할 수 없을 뿐이다. 그러므로 어떤 상황에 대한 구체적인 이유를 찾아내려고 하더라도 그 노력은 기껏해야 무의미하거나 최악의 경우 실망만 안길 것이다.

그러나 그것은 나쁜 소식인 동시에 좋은 소식이다. 하나님 말씀은 더 큰 그림으로 가장 최선의 설명을 주신다. 성경은 큰 틀에서 왜 불행한 일이 일어나는지 이해하도록 돕고, 우리가 당한 고통스러운 상황에서 건짐받을 수 있다는 큰 소망을 준다. 우리는 그리스도와의 관계를 벗어나 고통스러운 상황을 다룰 수 없다.

비극이 일어나는 이유에 대한 기독교의 이해

자유 의지

우리가 겪는 불행은 다른 사람들의 악의적 행동이 원인인 경우도 있고, 때로는 우리가 자초한 경우도 있다. 이런 불행은 감정적으로 차분한 상태에서는 이해하기에 단순한 문제일 수 있다. 결국 스스로 결정할 수 있는 자유 의지를 하나님이 우리에게 주셨다는 한 가지 주요 사상으로 요약되기 때문이다. 이런 자유가 없다면 우리는 하나님을 혹은 다른 사람을 진정으로 사랑할 수 없다. 그렇지 않으면 우리는 명령대로 따르는 로봇에 불과할 것이다. 따라서 누군가 우리를 해할 때 전능하신 하나님이 어떻게 방관하실 수 있느냐고 따진다 해도 하나님의 능력과 그 문제는 아무런 관련이 없음을 알 수 있다. 우리에게 해를 가한 사람은 자신의 자유 의지로 그렇게 한 것이다. 하나님은 원하시면 지금 당장이라도 이 세상의 모든 악을 끝내실 수 있다. 직접 개입하셔서 모든 사람의 행동과 생각과 감정을 통제하시고, 아무도 악한 짓을 하지 못하도록 막으실 수 있다. 그러나 그 대가를 생각해보라. 꼭두각시 인형처럼 움직이며 자유 의지로 아무 말도, 행동도 못하는 사람들이 온 세상에 가득할 것이다. 이런 세상을 원하는 사람은 없다. 그러므로 하나님이 우리에게 이런 자유를 허락하신다는 것은 때로 혹은 빈번하게 다른 사람들이 우리를 고통으로 몰아넣는 일을 할 수 있다는 뜻이다.

하나님의 큰 그림

다른 사람의 행동이 직접적인 원인이 아닌 불행한 일들도 많다. 자연재해, 질병, 사고는 모두 이 범주에 해당한다. 혹자는 선하고 전능하신 하나님이라면 절대 이런 일들을 허용할 수 없을 것이고, 따라서 하나님은 존재하지 않는다고 주장한다. 실제로 하나님은 개인에게 이런 일들이 일어나는 이유가 무엇인지 구체적으로 설명해주시지 않는다.

하지만 믿든지 믿지 않든지 간에 세상에서 일어나는 불행한 일들 때문에 하나님이 절대 계시지 않는다는 주장은 기독교를 공격하는 학자들도 거의 지지하지 않는다. 이런 공격은 감정적으로는 호소력이 있을지 몰라도 논리적인 설득력은 없다. 이런 주장의 논거가 약한 이유는 하나님이 아직 우리가 모르는 수많은 이유로 세상에 고통을 허락하실 수 있기 때문이다. 이 주장을 반박하는 한 가지 설명만 제시해도 이 주장은 무너진다. 하나님은 모든 것을 아시지만 우리는 그렇지 않다. 하나님이 가지신 무한한 정보에 우리가 접근할 수 있다면 그 이유를 분명히 이해할 것이다. 우리(제프) 집 강아지는 내가 왜 악당 같은 수의사한테 자기를 데려가서 날카로운 바늘로 찌르도록 하는지 이해하지 못할 것이다. 이렇게 주사로 아프게 한다고 내가 악한 주인이라는 의미는 아니며, 내가 존재하지 않는다는 의미는 더욱 아니다. 인생에 일어나는 수많은 상황과 마찬가지로 그 수의사(고통의 근원)는 전체 그림을 이해하지 못하는 우리 집 강아지의 관점에서 악할 뿐이다.

죄

하나님이 왜 고통을 허락하시는지 이해하는 데 이런 설명이 도움이 되지만, 기독교는 우리가 '악'이라 부르는 일들이 왜 일어나는지 명확하게 이해하도록 도와준다. 우리가 하나님의 형상으로 창조된 인간이 아니라 수백만 년에 걸친 적자생존의 산물에 불과하다면 악을 대화의 주제로 삼을 일은 없을 것이다. 짐승이 다른 짐승을 죽이고, 음식을 훔치며, 심지어 다른 짐승과 강제로 짝짓기를 하게 해도 짐승들의 일을 하는 것일 뿐 악이라고 규정하지 않는다. 그러나 인간이 다른 인간을 죽이면 살인으로 처벌한다. 짝짓기를 강재하면 강간죄로 대가를 치른다. 단순히 그 집단에 해가 되기 때문에 이런 행위들을 처벌하는 것이 아니라 그 자체가 잘못되고 부도덕하며 악하기 때문에 처벌한다. 그러므로 인간에게는 단순히 적자생존 이상의 일이 진행된다는 인식이 있다. 세상에 선과 악이 실제로 존재한다는 인식이 있는 것이다. 하나님이 계시지 않는다면 인간과 짐승을 구분하는 중요한 차이가 없을 것이고, 따라서 선이나 악과 같은 구분도 없을 것이다. 이런 선과 악은 오직 하나님이 계시기에 존재할 수 있다. 그러므로 역설적이지만 악의 존재는 하나님이 존재하신다는 강력한 증거가 된다!

고통당하는 이들에게 기독교가 전하는 소망

무신론자인 철학자 버트런드 러셀(Bertrand Russell)은 이렇게 말했다. "죽어가는 아이의 병상을 지켜보며 하나님을 믿을 수 있는 사람은 아무도 없다."[1] 얼핏 보면 이 말은 무고한 아이에게 고통과 죽음을 허용할 수 있는 신의 개념을 반대하는 강력한 비판처럼 보인다. 하지만 이런 사례는 사실 하나님을 믿는 가장 강력한 이유가 된다.

죽어가는 아이(혹은 그 아이의 부모)에게 무신론자가 해줄 격려는 무엇이겠는지 생각해보라. 모두가 죽는다는 말인가? 잠시 후면 모든 고통이 끝날 것이라는 말인가? 아니면 우리 세포가 언젠가는 다른 생물들의 자양분으로 활용될 수 있다는 말인가?

반면 그리스도인은 아이의 눈을 들여다보면서 진정한 소망을 줄 수 있다. 그리스도인은 아이에게 이것으로 끝이 아니라고 말해줄 수 있다. 이제 고통에서 벗어날 수 있고, 이 세상에서 누구도 본 적 없는 더없이 놀라운 영광스러운 몸을 입고 훌훌 날아다닐 수 있다고 말해줄 수 있다. 그의 인생이 비록 짧다 해도 여전히 의미가 있다고 이야기해줄 수 있다. 아마 가장 큰 위로는 우리는 "곧 다시 만날 거야"라고 확실하게 말해줄 수 있다는 점일 것이다.

하나님은 악을 선으로 바꾸실 수 있다

기독교가 고통에 시달리고 있는 우리에게 소망을 주는 또 다른 이유는 하나님이 악을 이용해 선을 이루어내시는 분이기 때문이다. 이와 관련한 최고의 사례는 예수님이다. 예수님은 하늘과 땅의 창조주이시지만 그가 지으신 바로 그 인간들의 손에 죽임을 당하셨다. 하지만 그 희생으로 모든 인간에게 소망의 길이 열렸다. 하나님이 이렇게 놀라운 일을 하실 수 있는 분이라면 당연히 우리 인생에 일어나는 불행을 이용해 선을 이루어내실 수 있다. 고린도후서 4장 17절은 "우리가 잠시 받는 환난의 경한 것이 지극히 크고 영원한 영광의 중한 것을 우리에게 이루게 함이니"라는 말로 이 점을 확인해준다. 로마서 8장 28절은 "하나님을 사랑하는 자 곧 그의 뜻대로 부르심을 입은 자들에게는 모든 것이 합력하여 선을 이루느니라"고 덧붙인다. 가령 욥과 다니엘의 경우처럼 끔찍한 고난을 이용해 놀랍도록 큰 반전이 일어나도록 해주신다. 우리는 우리에게 일어나는 모든 불행한 일을 통제할 힘이 없지만, 하나님의 도우심으로 우리가 처한 상황이 실제로 더 큰 선을 이루는 데 사용될 수 있다는 소망을 가질 수 있다.

하나님은 모든 일을 심판하신다

모든 사람은 언젠가 하나님 앞에 서서 심판을 받을 것이다(롬 14:10). 한편으로 우리나 다른 이들에게 악을 행한 사람들이 우주를 창조하신 하나님과 대면할 날이 온다는 사실은 위로가 된다. 하나님의 진노는 어떤 사법 체계와 비교할 수 없는 두려운 경험일 것이기 때문이다. 하지만 또 한편으로 우리 역시 그 자리에 앉을 것이다. 우리가 하나님께 범죄한 일이 얼마나 많은가? 다른 사람들 못지않게 우리 역시 예수님의 도우심이 필요하다.

하나님을 원망함

고통스러운 일들이 일어날 때 우리는 금방 하나님을 원망하고 분노할 수 있다. 이것이 정상적인 반응이라고 해서 올바른 반응이라는 의미는 아니다. 우리를 창조하시고 우리 대신 자기 아들을 희생 제물로 바치신 하나님은 우리가 판단할 분이 아니다. 그분을 바라보면 우리는 진멸될 수밖에 없는 전능하고 두려우신 분이 하나님이다. 그분은 우리를 사랑하시고 죄를 미워하시는데, 우리가 상상할 수 없을 정도로 미워하신다. 우리가 분노와 혼란과 절망을 느낀다 해도 그분은 아무 때나 화풀이할 수 있는 샌드백이 아니라, 피할 곳을 주시고 위로해주시는 분이자 우리가 의지할 분이다. 분명한 사실은 고통 중에 있을 때 하나님은 어디에 계셨느냐고 절규하는 사람들은 많지만 "제가 범죄할 때 하나님은 어디에 계셨습니까?"라고 묻는 사람들은 거의 없다는 것이다.

성경은 큰 고난을 견딘 위대한 사람들의 감동적인 이야기로 가득하다. 욥과 다니엘, 사도 바울은 그 이유로 존경받을 수 있는 대표적인 사람들이다. 수많은 고통을 참고 견뎠음에도 하나님에 대한 믿음이 더욱 강해졌고, 그들이 겪은 시련으로 그 믿음의 순수성이 증명되었다(벧전 1:7). 그렇다면 고난이 찾아올 때 우리는 어떻게 반응해야 하는가?

● **핵심 성구**

| 창세기 50:17-20 | 로마서 8:28 | 고린도후서 4:17 |
| 로마서 5:1-6 | 고린도전서 13:12 | 야고보서 1:2-4 |

■ 함께 나누기

1. 하나님께 왜 하필 나에게 이런 일을 허락하셨는지 부르짖을 수밖에 없었던 고통스러운 일이 있었다면 무엇인가?

2. 고통스러웠지만 결국 전화위복이 되었던 일이 있다면 무엇인가?

3. 이 토론에서 자유 의지가 왜 중요한 의미를 갖는가?

4. 힘든 일을 겪을 때 하나님을 탓하며 원망한 적은 없었는가?

5. 어느 날 당신의 친구 어머니가 급작스럽게 돌아가시자 그 친구가 하나님에 대한 믿음을 부정하며 하나님이 계신다면 이런 일이 일어나게 두지 않았을 것이라고 말한다고 하자. 이런 상황에서 당신은 어떻게 처신해야 옳은가? 당시에는 말하지 않았지만 친구의 시각에는 어떤 문제가 있는가?

6. 고통을 겪고 있는 사람에게 기독교는 어떤 소망을 주어야 하는가? 무신론자보다 기독교의 위로가 더 희망적인 이유는 무엇인가?

7. 어떤 의미에서 악의 존재가 하나님이 계신다는 증거가 될 수 있는가?

10

과학과 신앙은 충돌하는가?

과학과 신앙의 관계

우리 주위에 거대한 전쟁이 벌어지고 있다는 소리가 들린다. 한쪽에는 도덕과 희망과 우주가 존재하는 이유를 알려주는 종교가 있다면, 다른 한쪽에는 우주의 신비를 갈기갈기 분해하고, 종교가 설 자리를 점점 더 박탈하며, 한 치의 양보도 없이 논리를 추구하는 과학이 있다.

이런 전쟁으로 우리는 이제 한쪽을 선택해야 하는데, 그 한쪽은 바로 과학이라는 메시지를 수많은 방법으로 전달받는다. 종종 "나는 기독교 신자가 아니다. 나는 과학을 믿는다"고 말하는 이들도 있다. 물리학자 빅터 스팅어(Victor Stenger) 같은 뛰어난 무신론자들이 이런 식으로 논리를 전개하는 원조이다. 그는 "과학과 종교는 근본적으로 양립할 수 없다"[1]고 공개적으로 주장했다.

세상은 그 메시지에 귀를 기울이고 있고, 그리스도인들도 예외는 아니다. 기독교 전문 리서치 기관인 바나 그룹이 교회를 떠난 젊은 청년들을 대상으로 실시한 조사에 따르면 그들 중 최소한 한 명은 기독교가 '반과학적'이라고 믿는다는 결과가 나왔다.[2] 이 수치는 앞으로 더 증가할 것이다. 이런 현상을 보면서 어떤 그리스도인들은 머리를 긁적이며 신앙과 종교가 왜 양립할 수 없는지 고민할 것이다.

진짜 싸움이 벌어지는 곳

과학과 종교가 대립되는 위치에 있다고 하지만, 사전적 의미에서 보면 과학과 종교 자체는 대립 관계가 아니다. 『메리엄 웹스터』(Merriam-Webster) 사전에 따르면 과학은 "실험과 관찰로 얻는 사실에 기반한 자연 세계에 대한 지식 혹은 연구 결과"[3]라고 할 수 있다. 무신론자 빅터 스팅어는 과학을 "우리의 오감과 과학적 도구로 자연 세계에 대해 관찰한 내용을 체계적으로 연구한 것"[4]이라고 서술하며 이 정의에 동의한다. 다시 말해 과학은 우리가 몸담고 사는 우주에 대한 연구이다. 우주를 면밀히 관찰하는 방법은 우주를 지속적으로 탐색하는 것이다. 반면 기독교는 예수 그리스도의 생애와 사역과 말씀에 대한 믿음이다.

그러므로 문제는 이것이다. 왜 어떤 사람은 예수를 믿는 믿음 때문에 세계를 연구할 수 없다고 하는가? 이 질문은 전혀 그럴 필요가 없다는 말로 대답할 수 있다. 실제로 니콜라우스 코페르니쿠스, 아이작 뉴턴, 블레즈 파스칼처럼 세상의 수많은 위대한 과학자와 사상가들은 하나님을 믿었다. 과학의 실제와 예수 신앙은 서로 갈등 관계가 아니다. 그렇다면 이 모든 혼란의 원인은 무엇인가?

혼란은 사람들이 엉뚱한 내용을 추가해 개념을 규정할 때 발생한다. 가령, 과학이라는 단어가 여러 다른 의미로 사용되어 불필요한 혼란과 좌절을 야기할 수 있다. 많은 사람, 특히 무신론자들이 언급하는 과학은 세계에 대한 연구를 말한다. 문제는 이 과학이 하나님은 허용되지 않는 세계관을 말할 수도 있다는 것이다. 그럴 때 이들이 말하는 과학은 자연주의를 가리킬 가능성이 높다.

자연주의는 하나님이 없고 영혼도 없으며, 오직 우리 주변의 물리적 세계만 존재한다고 주장하는 세계관이다. 그리스도인들은 유신론이라고 하는 세계관을 고수한다. 인격적이고 영원하시며 전능한 창조주를 믿는다. 기독교와 무신론이 충돌하는 것처럼 유신론과 자연주의도 상충한다. 유신론은 하나님이 있다고 믿지만 자연주의는 하나님이 없다고 믿는다. 자연주의는 기능적으로 그 자체로 종교이다. 무신론적 종교이다.

그러므로 과학이 하나님과 충돌한다고 누군가가 말한다면 그것은 종교에 대한 그의 믿음이 하나님과 충돌한다는 뜻이다. 마찬가지로, 과학과 성경을 어떻게 동시에 믿느냐고 질문하는 사람들 역시 같은 실수를 범한다. 그들은 과학이 자연주의와 무신론과 동의어라고 가정하고 있다. 그러므로 과학에 대해 말할 때 진정한 과학과 무신론자들의 종교적 신념을 구분해서 생각해야 한다.

학자들은 오랫동안 이와 동일한 주장을 해왔다. 하지만 사람들이 그 메시지를 제대로 다 이해하지 못할 때 문제가 생긴다. 이런 오해는 알리스터 맥그라스(Alister McGrath)의 지적대로 "19세기 후반에만 해도 과학과 종교가 영원한 숙적 관계라는 믿음이 확고했다…이런 생각은 이제 학자들에게 철저히 외면받는 완전히 한물간 구시대적

고정 관념으로 치부된다."⁵ 숀 맥도웰(Sean McDowell)과 조나단 모로(Jonathan Morrow)는 이 문제를 이렇게 정리했다. "이 두 세계관을 규정함으로써 근본 문제가 무엇인지 알 수 있다. 과학과 기독교가 아니라 자연주의와 유신론이 서로 대립 관계에 있다는 것이다."⁶

과학은 신앙을 지지한다

과학이 종교와 상충하지 않는다는 것을 이제 이해했다면 그리스도인은 많은 사람이 불가능하다고 생각한 시각으로 과학을 수용할 수 있다. 그리스도인은 자연주의가 아닌 과학, 곧 진정한 과학을 사랑해야 한다. 실제로 과학은 하나님이 정말 존재하신다는 것을 보여줄 가장 확고한 방법일 수 있다.

우주가 수십억 년이 되었든지 수천 년이 되었든지 관계없이 모두가 수용하는 한 가지 사실이 있다. 우주의 시작이 있다는 것이다. 우주가 시작된 시점이 있다는 과학자들의 일반적 합의는 그리스도인들이 거둔 중요한 승리라 할 수 있다. 세상의 모든 과학자가 우주가 무(無)에서 나올 수 없다는 점을 이제 인정하게 되었기 때문이다. 무에서 유(有)가 나온다는 것은 논리적으로 불가능하기 때문에 정직한 사람이라면 인격적이고 초자연적 전능자(하나님)가 만물을 창조했을 가능성을 기꺼이 고려하려 할 것이다(참고. 23장).

과학은 행성들과 생명체들이 생존할 수 있도록 수십 가지 조건이 최적화된 사실을 발견함으로써 창조주의 개념을 확인해준다. 중력이 대표적인 예이다. 중력이 지금보다 조금이라도 강하거나 약하다면 생명체는 존재할 수 없다. 이 모든 조건이 최적화될 가능성은 지극히 희박해 수학적으로 불가능하다고 인식된다. 기적적으로 잭폿을 터뜨렸다고밖에는 말할 수 없다(참고. 24장).⁷

과학은 우주가 존재하고 심지어 생명체가 존재하기 위해서 반드시 신이 있어야 함을 보여준다. 잠시 진화 논쟁을 잊고 모든 생명체가 한 세포로 출발했다고 생각해보자. 우리는 과학을 통해 세상의 아무리 작은 세포라도 믿기 어려울 정도로 복잡한 기계와 같고, 이 기계들은 더 작은 수십 개의 기계로 움직인다는 사실을 배웠다. 세포 하나가 우연히 형성될 확률은 고물 집하장에서 한 묶음의 기어와 금속 조각들을 상자에 넣고 섞은 다음 롤렉스 시계가 나올 확률과 같다. 과학이 아니었다면 그리스도인은 가장 단순한 생명체의 정교함과 복잡한 구조를 제대로 이해할 수 없었을 것이고, 그런 정보로 인한 의료 혜택은 당연히 누릴 수 없었을 것이다.

누가 증거를 더 잘 받아들일 수 있는가?

정직한 사람이라면 어떤 결과가 도출되든 기꺼이 증거를 따를 수 있어야 한다. 그러나 일부 사람이 중요한 정보를 철저히 무시하기로 결정한다면 어떻게 되는가? 바로 이런 사람들 때문에 편협하다는 말이 생긴다. 그리스도인은 언제나 증거를 무시한다는 비난을 듣는다. 솔직히 그런 사람들이 없지는 않다.

그러나 이와 관련해 흥미로우면서도 역설적인 사실이 있다. 그리스도인은 누구보다 증거에 대해 열린 태도를 가지고 그 증거를 따라가도 좋은 입장에 있다는 것이다. 자연주의자들은 다르다. 그들의 세계관은 물리적 세계 외에는 아무것도 존재하지 않으며 따라서 초자연적인 어떤 것도 존재할 수 없다고 말한다. 어떤 증거가 드러나도 그들은 이 우주에서 더 위대한 존재의 가능성을 인정할 수 없다. 그런 존재는 이미 없다고 결정했기 때문이다. 그리스도인은 모든 증거를 고려할 수 있지만, 자연주의자는 그림의 일부, 즉 물리적 증거만 볼 수 있다. 기독교 작가 그레그 쿠클(Greg Koukl)은 "물리적 설명을 도출하는 데서 끝나지 않고 증거가 이끄는 대로 따라가 진리를 발견하는 것"[18]이 과학의 목표가 되어야 한다고 지적한다.

우주의 시작은 이것을 보여주는 오래된 사례이다. 자기 본분에 충실한 과학자라면 무에서는 유가 나올 수 없으며, 동시에 원인 없이 사물이 시작되는 경우도 없음을 안다. 그러나 그들이 갖고 있는 세계관으로는 초자연적 선택을 고려할 여지가 없기 때문에 완벽하게 질서가 잡힌 전체 우주가 무에서 나오게 된 경위를 과학적으로 규명할 날이 올 것이라고 끝까지 주장할 수밖에 없다. 측정 가능한 것만 다루는 자연주의자들은 또한 하와이 해변의 아름다운 석양이나 선과 악의 존재를 설명하는 데 어려움을 느낀다. 이런 것은 어떤 도구로도 측정이 불가능하다.

자연주의를 비판하기 전에 우리 그리스도인 역시 비록 이해하기 어려운 것이라 하더라도 증거가 있다면 기꺼이 받아들일 자세가 되어 있는지 살피고 돌아보아야 한다. 그리스도인은 하나님의 말씀을 가장 우선순위로 삼아야 마땅하지만, 하나님의 말씀이 명확하게 밝히지 않는 부분에 대해서는 전체 그림을 보는 데 도움이 될 증거를 고려해야 한다. 기독교가 실재를 기술하는 진정한 종교라면 과학적인 모든 증거는 어떤 식으로든 하나님을 가리킬 것이라는 점을 기억할 필요가 있다. 무신론자들이 증거를 적극적으로 인정해주기를 기대한다면 우리 역시 그렇게 해야 한다.

그리스도인은 과학을 장애물로 인식해서는 안 된다. 무엇보다 하나님이 만물을 만드신 분이라면 과학 역시 하나님이 만드신 것이다.

함께 나누기

1. 새로 알게 된 사람이 "당신이 그리스도인이란 말이죠? 하지만 나는 과학을 믿습니다"라고 비아냥거린다고 해보자. 어떻게 대답해주겠는가?

2. 자연주의는 무엇인가? 무신론자를 자연주의자로 간주할 수 있는가?

3. 과학과 종교가 상충하지 않는다면, 그렇다고 말하는 사람들이 많은 이유는 무엇인가?

4. 과학이 실제로는 하나님에 대한 믿음을 확증해주는 실례를 이야기해보라.

5. 그리스도인들이 과학에 위협을 당한다고 느끼는가? 왜 그런가? 혹은 왜 그렇지 않은가?

6. 증거에 열린 자세를 갖는 것이 왜 중요한가? 그리스도인들이 열린 자세로 증거를 대할 수 있는 가장 최상의 입장에 있는 이유는 무엇인가? 그러나 때로 열린 자세를 지니기가 어려운 이유는 무엇인가?

11

기독교에 대한 의심이 생길 때 대처하는 법

의심의 문제

나(제프)에게 자신의 고민을 털어놓은 한 여성이 있었다. 그녀의 고민은 이랬다. "요즈음 교회에서 스트레스를 너무 많이 받아요. 저는 뭐든 분석해야 직성이 풀리거든요. 그래서 목사님이 하시는 말씀을 들으면서 끊임없이 의심하고 분석하려고 해요. 도무지 이런 욕구를 떨쳐낼 수가 없어요." "의심하는 것이 나쁜 일이라고 생각하세요?"라고 묻자 그녀는 눈이 휘둥그레지더니 바로 "그럼요"라고 대답했다. 그리고 그런 그녀에게 가족과 친구들은 (1) 더 기도해라 (2) 그만 의심해라와 같은 대답을 해주었고, 그녀는 낙담할 수밖에 없었다고 말했다.

의심한다는 것이 어떤 경험인지 나도 잘 알고 있다. 의심과 관련해 개인적으로 자주 떠올리는 기억은 내가 고등학교 상급반일 때 아버지에게 예수님이 실제로 살아나셨는지 '반 친구'가 궁금해한다며 질문했던 일이다. 나는 내 '친구'가 어떤 의문을 가졌는지 속속들이 알았다. 다행히 나는 아버지를 성경 학자로 둔 몇 안 되는 행운아 중 한 사람이었다.

불행하게도 의심이 생기면 죄책감으로 괴로워하는 사람이 너무나 많다. 역설적이지만 의심은 종종 신앙을 이해하고자 하는 간절함의 표현이다. 기독교라는 매우 풍성하고 복합적인 신앙을 이해하고자 노력하는 사람은 매일 의문과 부딪히고, 때로는 그 질문이 해결되지 못한 채 잠복해 있다가 의심으로 나타나기도 한다.

의심은 또한 고통스러운 경험이 원인일 수 있다. 암울하고 고통스러울 때 어떻게 우리가 섬기는 하나님이 이런 일들을 허락하시는지 이해가 되지 않을 수 있다. 이런 상황에 처한 사람이라면 이 책 9장을 읽을 것을 추천한다.

누구나 의심할 수 있다

의심과 싸우는 일이 그리스도인으로서 가장 고통스럽고 고독한 경험 중 하나라는 점은 두말할 필요가 없다. 우리 인생의 기초가 송두리째 흔들리지만 누구에게도 그 일을 털어놓을 수 없다. 더 큰 문제는 하나님께 버림받은 듯한 느낌이다. 물론 그 소외감은 우리 스스로 만들어낸 것이다.

성경에 나오는 중요한 인물들 역시 의심과 씨름했다는 사실을 알고 있는가? 예수님의 제자들이 그랬다. 누구보다 절대 흔들리지 않는 견고한 믿음을 지녀야 한다면 예수님을 직접 따랐고 그가 베푸시는 수많은 기적을 눈으로 보았던 열두 제자가 바로 그들일 것이다. 그러나 베드로는 기적을 보고도 의심을 떨치지 못했다. 마태복음 14장에서 예수님은 베드로가 물 위를 걷도록 하시지만 "바람을 보고 무서워 빠져 가는지라 소리 질러 이르되 주여 나를 구원하소서 하니 예수께서 즉시 손을 내밀어 그를 붙잡으시며 이르시되 믿음이 작은 자여 왜 의심하였느냐"(30-31절)고 질책하셨다.

또 다른 제자는 예수님이 바로 앞에 서 계셨음에도 죽은 자 가운데서 부활하셨다는 사실을 의심한 사람이라는 오명을 뒤집어썼다. 오늘날 우리는 그를 '의심하는 도마'라고 부른다. 요한복음 20장 24-29절에서 도마는 실제로 예수님의 손에 난 못 자국을 만져본 뒤에야 믿었다. 마태복음 28장 17절은 부활하신 예수님을 보고도 의심했던 제자가 또 있었음을 말해준다. 하나님은 우리가 의심할 수 있음을 아시고, 또 그 사실 때문에 우리에 대한 사랑을 거두어들이시지 않는다. 성경이 "어떤 의심하는 자들을 긍휼히 여기라"(유 1:22)고 말하는 이유도 아마 이 때문일 것이다.

의심을 어떻게 처리해야 하는가?

의심이 생길 때 아무것도 하지 않고 방치하는 것처럼 어리석은 행동은 없다. 의심을 올바르게 다룰 수 있는 몇 가지 지침이 있다.

무시하지 말고 적극적으로 맞서라

안에서 곪고 있는 의심을 무시하면 자신도 모르게 믿음에서 완전히 이탈하거나, 우리를 사랑하시는 하나님과 우리의 관계가 영원히 어긋나게 된다. 우리 생각을 다 아시는 하나님을 섬기면서 모든 게 다 좋은 척 억지로 시늉할 필요가 없다. 다른 관계들처럼 마음에 깊숙이 품은 의심과 불안을 드러내지 않으면 그 관계는 절대 회복되지 않을 것이다.

　기독교에 대해 정말 고민하는 문제가 있다면 왜 답을 찾으려 노력하지 않는가? (이 책을 집어든 이유도 그 답을 찾는 과정의 하나일지 모른다!) 그러나 온라인으로만 대답을 찾지 마라. 신뢰하고 존경하는 사람에게 털어놓으라. 이런 고민을 이해하는 사람과 대화하면 큰 도움이 될 것이다. 도움이 될 좋은 자료가 있다면 추천해달라고 부탁하라.

먼저 하나님을 찾으라

의심이 단순히 지적인 문제만은 아님을 인식해야 한다. 의심은 매우 영적인 문제이기도 하다. 성경은 "근신하라 깨어라 너희 대적 마귀가 우는 사자 같이 두루 다니며 삼킬 자를 찾나니"(벧전 5:8)라고 말한다. 창조주 되신 분과의 관계를 완전히 단절시키는 것보다 그리스도인을 철저히 파괴할 수 있는 더 나은 방법은 없다.

　증거와 논증으로 우리 믿음이 강화되고 확인되는 측면이 분명히 있지만 이런 방법만이 유일한 해결책은 아니다. 성경은 우리가 구원받은 후 성령이 오셔서 우리 안에 거하신다고 말한다. 그리스도와 우리의 관계에 대한 확증은 궁극적으로 성령이 하시는 일이다. 그러므로 의심으로 인하여 그리스도와 우리의 관계에 균열이 생길 때 지적, 영적 부조화가 생긴다.

　영적 장애물을 극복할 수 있는 최선의 방법은 그 모든 것을 다스릴 능력이 있는 분을 찾아가는 것이다. 우리가 의심하는 대상인 하나님께 나아가야 한다는 것이 우리 상식과 반대되는 것처럼 들릴지 모른다. 하지만 어렵다 하더라도 의심에 빠진 우리를 도와달라고 그분께 구하는 일부터 시작해야 한다. 마가복음 9장 24절에 나오는

"나의 믿음 없는 것을 도와 주소서"라고 예수께 간청했던 사람이 대표적인 예이다.

그러므로 하나님께 더 강한 믿음을 달라고 구하라. 사도 바울은 형제 그리스도인들이 믿음 안에서 강하게 해달라고 꾸준히 기도했다. 강한 그리스도인은 어려울 때 하나님을 외면하지 않고 하나님께로 달려간다.

이 과정에서 우리가 지은 모든 죄를 낱낱이 드러내야 할지 모른다. 죄를 짓고 싶은 욕망 때문에 믿음에 대해 명료하게 사고할 수 있는 능력이 가려지는 때가 너무나 많다. 의심은 죄를 지어도 괜찮다는 핑계가 될 수 없다.

절대적 확실성이 아니라 합리적 확실성을 기대하라

의심을 은근히 즐길 때 우리가 저지를 수 있는 가장 큰 실수를 하나 꼽는다면 하나님에 대한 절대적 증거가 있어야만 우리 관계와 믿음을 다시 회복할 수 있다고 착각하는 것이다.

절대적 증거를 가지려면 하나님에 대한 모든 난제에 반박할 수 없는 해답을 알아야만 한다. 하나도 남김없이 해답을 제시할 수 있어야 한다. 하지만 아무리 뛰어난 기독교 학자라도 대답을 다 안다고 주장할 사람은 없다. 믿음의 수준에 상관없이 이 세상에서 모든 질문에 대답할 수 있는 사람은 아무도 없다. 이런 사실을 인정하고 우리는 의심과 대답을 얻을 수 없는 의문들과 더불어 사는 법을 배워야 한다. 인간이 아는 모든 종교는 다 마찬가지이다. 다시 말해 오랫동안 그리스도인으로 살아온 사람이라 해도 답을 다 알지 못할 뿐 아니라, 그 사실을 인정한다고 해서 문제될 일이 아니라는 말이다.

신앙에 대한 의문이 다 해결되지 못하더라도 그 의문을 인정하고 살아가는 법을 배우려면 기독교에 대한 절대적인 확신이 있어야 믿음을 가질 수 있다는 비현실적 기대를 접는 일부터 시작해야 한다. 절대적 확실성은 가질 수 없지만 어느 정도 합당한 확실성은 가질 수 있다. 다시 말해 모든 답을 다 알지 못한다고 해도 합리적이고 사려 깊은 신앙인으로 기독교에 대한 신앙을 견지할 수 있다. 믿음을 굳게 지킬 타당한 이유들이 여전히 있기 때문이다.

기독교의 진리를 지지하는 타당한 증거가 있음을 기억하라
신앙생활을 하다 보면 대답을 알 수 없는 질문이 생기고, 때로 절대 해답이 없을 것 같은 절망에 빠질 수도 있다. 지금 어떤 의문과 씨름하고 있든지 (1) 우리 안에 거하시는 성령이 우리 믿음을 궁극적으로 보증하심을 기억하고, (2) 그리스도인으로서 신앙을 가질 거대하고 타당한 이유들을 보고 위로를 얻으라. 하나님의 존재를 지지하는 논증은 그 어느 때보다 증거가 확실하다(참고. 23-24장). 성경의 신뢰성을 확인해주는 증거(참고. 1-7장)와 심지어 예수님의 부활을 확증하는 증거(참고. 28장)는 계속 쌓여가고 있다. 구체적인 사안에 의심이 생기더라도 하나님이 살아계심을 확신할 수 있고, 그분이 기독교가 말하는 하나님에 대한 설명과 일치하며, 성경은 수천 년이 흘렀음에도 믿을 만한 정보의 원천임을 확신할 수 있다.

대중 매체는 알려주지 않지만 기독교 철학자들과 변증가들은 학계와 전 세계에서 진행되는 논쟁에서 놀라운 성공을 거두고 있다. 의심으로 괴로울 때 하나님에 대한 참된 진리에 의지할 수 있다면 힘을 얻을 수 있으며, 이는 바람직한 태도이다.

● **핵심 성구**

마태복음 14:22-33	마가복음 9:24	유다서 1:22
마태복음 28:17	요한복음 20:24-29	

■▶ **함께 나누기**

1. 당신은 자신의 신앙에 대해 의심한 적이 있는가? 그런 의심이 생길 때 기분이 어땠는가? 그 의심을 어떻게 다루었는가?

2. 기독교에 대해 의심하는 것이 나쁜가?

3. 당신이 아는 사람이 자신의 신앙을 의심하고 괴로워하고 있다면 그를 어떻게 도와줄 수 있겠는가?

4. 신앙에 의심이 생길 때 이것을 다루는 최악의 방법은 무엇인가?

5. 이 책은 의심이 생길 때 먼저 하나님을 의지하라고 제안한다. 그러나 의심할 때 우리가 제일 하고 싶지 않은 일이 바로 그것이다. 하지만 어떻게 해서라도 하나님을 의지하는 것이 중요한 이유는 무엇인가?

6. 절대적 확실성과 합리적 확실성은 무슨 차이가 있는가?

12

믿음은 맹목적인 비약인가?

성경이 말하는 믿음

어느 두 사람이 하나님에 관해 대화하는 내용을 우연히 듣게 되었다. 그 중 한 사람의 말에 유독 관심이 갔다. "당신은 신이 있다는 것을 증명하지 않아도 돼. 증명이 가능하다면 왜 믿음이 필요했겠어?" 상대방은 혼란스러운 표정을 짓더니 갑자기 주제를 바꾸었다.

이 사람은 흔히 볼 수 있는 신앙관을 드러낸 것이다. 이 신앙관에서 생각하는 믿음이란 증거가 전혀 없을 때 사용하는 것이다. 그들은 증거가 있다면 그것은 믿음이 아니라 지식이라고 말한다. 지식이 지나치게 많으면 믿음이 들어설 여지가 없어질 것이라는 두려움이 사람들에게 있다. 그리고 하나님은 결국 믿음을 원하신다고 생각한다. 어떤 이들은 한 걸음 더 나아가 사실을 확인하여 하나님에 대한 믿음을 옹호할 필요가 없다고 말한다. 사실이 필요하다면 왜 믿음이 필요하겠느냐는 것이다. 다시 말해 믿음은 맹목적이라는 것이다.

그렇다면 이런 생각이 옳은가? 믿음은 희망 사항을 뜻하는 또 다른 말에 불과한가?

성경의 증언

그렇다면 믿음이 이성적이지 않고 맹목적이어야 한다는 점에 성경이 동의하는지 물어보는 작업부터 할 필요가 있다.

믿음이 맹목적인 비약인지 확인하기 위해 먼저 성경에서 믿음을 가리켜 어떤 단어를 사용하는지 살펴보아야 한다. 흔히 우리는 우리 자신의 단어 개념을 성경에 대입하는 실수를 저지른다. 따라서 믿음이 맹목적이라는 생각을 갖고 성장한 그리스도인은 성경이 말하는 믿음이 지식이나 증거와 상관없는 믿음(다시 말해 '맹목적 신앙')이라고 당연히 착각하게 된다. 그러나 성경을 꼼꼼하게 들여다보면 믿음에 대해 전혀 다른 말을 하고 있다.

신약에서 믿음을 가리켜 사용한 단어는 피스티스(*pistis*)로, "상대방에 대한 신뢰를 바탕으로 믿는 상태"를 표현할 때 흔히 사용된다. 그러므로 믿음은 '신뢰' 혹은 '확신'의 의미로 사용할 수도 있다. 어떤 것이 사실이었으면 좋겠다는 희망의 의미나 실제로 일어났으면 좋겠다는 소망의 의미가 아니다. 개념이 서로 다르다. 그렇다면 믿음에 대해 이야기할 때 신뢰라는 단어만 사용해도 혼란이 줄어들 수 있다.

우리는 항상 믿음의 이런 성경적 의미 혹은 신뢰를 발휘하며 살아간다. 비행기를 마지막으로 탔던 때를 생각해보라. 당신은 그 비행기 조종사가 1만 미터 높이의 상공을 날아 무사히 목적지로 데려다줄 것이라고 믿었다. 그것은 맹목적 믿음의 행위가 아니었다. 비행기의 안전성에 대한 지식에서 나온 신뢰의 행위였다.

혹은 약국에서 처방약을 구입했던 때를 생각해보라. 강력한 화학 약품을 한 움큼 삼키라고 하면 따를 사람은 아무도 없다. 그러나 이런 처방약은 복용하라고 해도 전혀 놀라지 않는다. 그 이유가 무엇인가? 담당 의사가 적당한 약을 처방해주었으리라 신뢰했기 때문이고, 오랜 시간 전공 분야를 공부하고 힘든 고시를 통과해 의사 면허증을 땄다는 점을 알기 때문이다. 혹은 그 의사가 늘 제대로 환자를 돌보아왔다는 사실을 알았기 때문일 수도 있다. 중요한 것은 당신이 알고 있던 지식을 근거로 결정을 내렸다는 사실이다.

이런 믿음은 한 동료가 새로 산 복권을 보여주면서 "이제 믿음을 가져야 한다"고 외칠 때 보여주는 '믿음'과는 다르다. 이것은 성경이 말하는 믿음이 아니라 단순히 희망 사항에 불과하다. 이런 식으로 믿음을 이해하면 많은 위험이 따른다. 사실과 지식이 소위 참된 믿음의 방해물로 작용하는 경우가 대표적이다. 당첨 확률에 관한 통계를 보면 복권을 사는 것이 그렇게 즐거운 일이 아니다. 우리가 종교를 의견이 아닌 사실에 관한 것처럼 이야기하면 어떤 사람들은 불편하게 받아들인다. 이런 시각을 받아들여 믿음은 사실과 별개의 문제라고 이야기한다면 기본적으로 신앙은 비현실적인 것이라고 인정하는 셈이 된다.

누군가 '믿음이 있기' 때문에 예수님을 믿는다고 말하면 믿음은 무엇인가를 아는 방편이라고 생각하는 실수를 범하는 셈이다. 믿음은 단순히 믿을 타당한 이유가 있음을 신뢰하는 것이다.

예수님은 사실을 이용해 자신의 주장을 펴는 데 주저함이 없으셨다. 맹목적인 믿음을 원하셨다면 절대 그렇게 하지 않으셨을 것이다. 요한복음 14장 11절에서 예수님은 제자들에게 "내가 아버지 안에 거하고 아버지께서 내 안에 계심을 믿으라 그렇지 못하겠거든 행하는 그 일로 말미암아 나를 믿으라"고 말씀하셨다. 다시 말해 예수님이 주신 증거, 이 경우에는 예수님이 베푸신 기적들을 보고 예수님이 하신 말씀을 믿으라는 것이다. 그분은 "그냥 믿음을 가져"라고 말씀하지 않으셨다.

마가복음 2장에서 친구들이 중풍병이 든 그들의 친구를 천장을 뚫고 달아 내리자 예수님은 먼저 그의 죄가 용서받았다고 말씀하셨다. 일부 사람이 이 말을 듣고 분개하자 또 이렇게 말씀하셨다. "그러나 인자가 땅에서 죄를 사하는 권세가 있는 줄을 너희로 알게 하려 하노라 하시고 중풍병자에게 말씀하시되 내가 네게 이르노니 일어나 네 상을 가지고 집으로 가라 하시니"(막 2:10-11). 예수님은 죄를 용서할 권한이 있음을 증명하기 위해 기적을 행하셨다. 희망적 사고를 할 필요가 전혀 없었다.

제자들 역시 이런 신앙관을 공유했다. 사도행전 2장 36절에서 베드로는 무리에게 이렇게 말했다. "그런즉 이스라엘 온 집은 확실히 알지니 너희가 십자가에 못 박은 이 예수를 하나님이 주와 그리스도가 되게 하셨느니라." 베드로는 무리에게 최근에 일어난 사건뿐 아니라 성경에서 제시하는 증거를 보고 그 사실에 기초해 믿으라고 권했다. 요한일서 1장 1-2절은 또한 이렇게 말한다. "태초부터 있는 생명의 말씀에 관하여는 우리가 들은 바요 눈으로 본 바요 자세히 보고 우리의 손으로 만진 바라…이 영원한 생명을 우리가 보았고 증언하여 너희에게 전하노니." 이 글은 요한과 다른 사람들이 실제로 현장에 있었기 때문에 믿을 만한 정보원이라는 점을 암시한다. 그는 증거가 있으므로 자기 말을 믿으라고 요청하고 있다.

성경은 사실을 알려고 하지 말라는 식의 요구를 절대 하지 않는다. 오히려 알수록 우리 믿음(우리 믿음의 진실성에 대한 확신)은 더욱 성장할 수 있다. 호세아 4장 6절은 "내 백성이 지식이 없으므로 망하는도다"라고 탄식한다. 무지는 덕이 아니라 그리스도와 우리의 관계를 방해할 뿐이다.

지식에 근거한 믿음

최근에 들이닥친 강력한 폭풍으로 집 근처에 있던 커다란 나무가 쓰러졌다. 피해 상황을 살펴보던 아내와 나(제프)는 나무의 밑동을 받쳐 줄 뿌리가 거의 없다는 사실을 알게 되었다. 뿌리가 없으므로 넘어지는 것은 시간 문제일 뿐이었다. 지식도 비슷하다. 우리 믿음을 지탱하는 뿌리에 해당하는 사실이 뒷받침되지 않는 신앙은 쉽게 넘어지며, 넘어질 때 충격도 심하다. 주위를 보면 기독교 신앙을 포기한 사람들을 적잖이 볼 수 있다. 그들은 매주 교회에 빠짐없이 출석했고, 수요일 성경공부도 빠지지 않았다. 찬양 집회 때는 열성적으로 손을 들고 찬송하며 열정적으로 신앙생활을 했다. 그랬던 사람들이 갑자기 믿음을 저버린다. 불행하게도 그들의 신앙이 깊이 뿌리내리지 못했고, 그렇게 신앙생활을 하던 내내 기독교를 믿는 이유가 무엇인지 고민하지 않았다. 그래서 어려운 문제들이 밀어닥치거나 도덕적 유혹이 찾아오면 미련없이 신앙을 저버린다. 그러나 나만 이런 지적을 한 것이 아니다. 예수님은 마태복음 13장 20-21절에서 매우 유사한 비유를 사용하셨다. "돌밭에 뿌려졌다는 것은 말씀을 듣고 즉시 기쁨으로 받되 그 속에 뿌리가 없어 잠시 견디다가 말씀으로 말미암아 환난이나 박해가 일어날 때에는 곧 넘어지는 자요."

오늘날 기독교는 유례없이 다양한 방법으로 수많은 사람의 공격 대상이 되고 있다. 교회를 이탈하는 청년의 수가 심각할 정도로 많다. 불행하게도 그들 중 많은 이가 어려운 질문에 부딪힐 때마다 '그냥 믿으라'는 말을 들으며 자랐다. 우리 문화는 하나님을 믿는 사람들이 종교적 확신을 타협하도록 점점 더 거세게 몰아붙이고 있다. 이제 그리스도인은 그 어느 때보다 믿음을 가져야 할 이유가 무엇인지 더 분명히 알아야 한다. 이렇게 해결되지 않는 문제 때문이든, 하나님이 우리에게 허락하신 힘겨운 상황 때문이든 믿음의 도전을 받고 있는 이때 우리는 하나님이 계심을 알고 우리 믿음을 굳건히 지켜야 한다.

구체적인 사실들을 배우고 확인하면 복음을 환상적인 동화처럼 오해하지 않을 수 있다. 예수님이 말 그대로 이 땅 위를 걸어 다닌 실존 인물이며 죽은 자 가운데서 살아나셨다는 믿음은 그리스도인이라 자처하는 사람들이라면 절대 타협할 수 없는 진리이다. 기독교가 진리라면 '맹목적 신앙 클럽'에 가입할 필요가 없다. 모든 사실과 과학과 논리가 이 사실을 뒷받침한다. 그리고 뒤에서 살펴보겠지만 실제로 이것은 다 사실이다.

이렇게 믿음의 증거를 연구하는 학문을 변증학이라 한다. 이 책은 변증학적 성격을 지닌 내용을 많이 다루었다. 변증학이라는 분야는 그리스도인들이 증거를 외면할 필요가 없음을 보여줄 뿐 아니라 그 어느 때보다 우리 자신을 그리스도인이라 자부할 더 타당한 이유를 증거에서 찾을 수 있음을 보여준다.

● **핵심 성구**

호세아 4:6	요한복음 14:11	히브리서 11:1-3
마가복음 2:1-12	사도행전 2:36	요한일서 1:1

■ **함께 나누기**

1. "그냥 믿어"라는 말을 들어본 적이 있는가? 그 말이 설득력이 있었는가?

2. '믿음'이라는 표현보다는 '신뢰'라는 표현이 종종 더 적당한 이유는 무엇인가?

3. 이 장 초반에서 저자는 "당신은 신이 있다는 것을 증명하지 않아도 돼. 증명이 가능하다면 왜 믿음이 필요했겠어"라고 말한 사람을 언급한 적이 있다. 당신이라면 이 말에 어떻게 반응하겠는가?

4. 맹목적 신앙이 지닌 문제점과 위험은 무엇인가?

5. 맹목적 신앙을 가진 그리스도인과 맹목적 신앙을 가진 몰몬 교도 사이에 큰 차이가 있는가? 왜 그런가? 혹은 왜 그렇지 않은가?

6. 그리스도를 신뢰하기 전 알아야 할 중요한 사실이 있다면 그것은 몇 가지나 되는가?

13

교회에 위선자가 있는 이유

교회에 존재하는 위선

"내가 아는 그리스도인 친구들은 다른 친구들보다 더 난잡하게 살아." "아버지는 교회 집사였는데 엄마를 속였어." "자칭 그리스도인이라는 그 사람은 내가 아는 불신자들보다 더 추잡하게 사업을 해."

이런 말들이 익숙하지 않은가? 이 말들은 모두가 싫어하는 위선을 지적하는데, 이런 말을 듣고 기분이 좋을 사람은 없다. 교회 안의 위선자들은 기독교를 집중적인 비난의 표적으로 만드는 일등 공신이다.

사람들은 교회가 보이는 위선에 저마다 다른 반응을 보이지만 그들이 교회를 외면하도록, 때로는 영원히 외면하도록 단초를 제공한다. 우리는 모두 기독교적 위선을 경험했고, 또 우리 자신이 그 일부였을 수 있으므로 이런 심각한 문제는 꼼꼼히 따져보아야 한다. 이 문제를 어떻게 이해해야 하는가? 위선으로 기독교의 신뢰성이 훼손되고 있지 않은가? 예수님은 이 문제에 대해 무엇이라고 말씀하셨는가?

예수님도 위선을 미워하신다

위선자에게 당한 일을 생각하고 화가 치밀어 오르는 사람이라면 그 심정을 아시는 분이 있다. 예수님도 그 일을 겪으셨다. 주님이 가혹할 정도로 독설을 날리신 이들은 바리새인들이었다. 그들을 위선자라고 거듭 비판하셨다. 마태복음 23장에서 예수님은 사람들이 다 보는 앞에서 바리새인들을 위선자라고 신랄히 나무라시며(그들이 주님을 죽이고자 모의하게 된 원인 중 하나) 그런 비난을 받아 마땅한 행동이 무엇인지 지적하셨다. "그들이 하는 행위는 본받지 말라…그들의 모든 행위를 사람에게 보이고자 하나니"(마 23:3,5). 대부분 위선은 이 두 구절로 요약할 수 있다.

하지만 바리새인들에게만 그러신 것은 아니다. 우리에게도 그들을 본받지 말라고 명령하셨다. 마태복음 7장에서 예수님은 "네 눈 속에 들보"가 있을 때 "형제의 눈 속에 있는 티"를 지적하지 말라고 말씀하셨다(마 7:3-5). 로마서 2장 3절과 같은 성경 본문은 위선을 이렇게 정죄한다. "이런 일을 행하는 자를 판단하고도 같은 일을 행하는 사람아, 네가 하나님의 심판을 피할 줄로 생각하느냐."

예수님이 위선을 미워하신다면 기독교 역시 당연히 위선을 권장해서는 안 된다. 그런데 교회에 왜 여전히 위선이 팽배한가?

교회 안에 위선자가 있는 이유

이유 1. 교회에 다닌다고 다 그리스도인이 아니다

교회에 다니는 모든 사람이 심지어 하나님을 섬긴다고 말하는 모든 사람이 다 그리스도인이 아닐 수도 있다는 생각을 해본 적이 있는가? 단순히 부모나 남편 혹은 아내나 친구들의 비위를 맞추려고 그리스도인인 척하는 사람들이 있다. 때로 교회에서 맛볼 수 있는 교제와 관계가 좋아서 신앙인 행세를 하는 사람도 있다. 이런 사람들은 실제로 믿음에 대해 전혀 확신하지 못하면서 그리스도인이라고 말한다.

또한 스스로 구원받았다고 믿지만 실제로 그리스도인이 아닌 사람들도 있다. 예수님은 마태복음 7장 21절에서 이런 사람들을 가리켜 이렇게 말씀하셨다. "나더러 주여 주여 하는 자마다 다 천국에 들어갈 것이 아니요." 교회에서 만나는 사람 중 자기 자신을 속이고 있지만 실제로 구원받지 못한 사람들이 있다는 생각을 하면 두렵다. 예수 이름을 선포하고 주일날 교회에 출석한다고 그리스도인이 되지는 않는다. 예수님은 "좋은 나무마다 아름다운 열매를 맺는다"(마 7:17)고 말씀하신다. 그러므로 혹시 그리스도인이라고 자칭하는 사람에게 큰 손해를 입었다 해도 그는 실제로 허울만 그리스도인일 가능성이 있다.

그러므로 교회에 위선이 팽배한 이유는 때로 우리가 만나는 '그리스도인들'이 실제로 전혀 그리스도인이 아닐 수 있다는 간단한 대답에서 원인을 찾을 수 있다. 물론 그렇다고 주변 사람들이 구원을 받았는지 일일이 판단해야 한다는 뜻은 아니다. 오히려 이것을 하나님과 자신의 관계를 되돌아볼 기회로 삼아야 한다. 우리는 삶에서 하나님의 겸손한 종의 모습을 사람들에게 보여주고 있는가?

이유 2. 모든 그리스도인은 위선자이다

교회에 위선자가 있는 다른 중요한 이유는 모든 그리스도인이 다 위선자이기 때문이다.『메리엄 웹스터』사전은 위선자를 "스스로 공언한 신념이나 느낌과 모순된 행동을 하는 사람"[1]이라고 정의한다. 모든 그리스도인은 이 정의에 부합한다. 세상의 모든 그리스도인은 예수님이 부르신 "온전한 삶"(마 5:48)을 살아야 한다고 주장하지만, 매일 죄를 짓는다. 모든 그리스도인은 죄인이다. 따라서 모든 그리스도인은 위선자이다.

경건하게 살고자 노력한다 해도 위선자라 불릴 위험에서 면제되지는 않는다. 나아지는 면이 있다고 해도 계속 넘어지고 실패할 것이기 때문이다. 그러나 엄격히 말해 아마 극소수의 사람만이 그리스도인들에게 완벽한 삶을 기대한다고 대답할 것이다. 대부분 사람이 좌절하는 이유는 "덕망이 있는 척 혹은 신앙심이 깊은 척 거짓으로 포장하는 사람"[2]이라는 위선자를 설명하는 두 번째 정의와 연관이 있다. 한 점 흠도 없이 깨끗한 척하면서 조금이라도 미숙하고 서투른 모습을 보이는 사람이 있으면 비판하는 이들이 이런 사람들이다. 이것은 신약 성경에 나오는 바리새인들에 대한 묘사와 완벽히 일치한다. 오늘날 교회에서도 이런 사람들을 찾을 수 있는가? 당연히 그렇다. 모든 그리스도인의 삶에는 정도는 달라도 위선적인 모습이 있다.

그러나 예수님이 모든 유대인을 위선자로 정죄하실 수 있었음에도 바리새인들의 행동만 위선적이라고 집중 비판하신 사실을 생각해보라. 이 사실에서 죄인들과 위선자들은 중요한 차이점이 있음을 알 수 있다. 모든 그리스도인은 다 죄인이고 따라서 어느 정도는 위선자에 해당하지만, 모든 죄인이 바리새인과 같은 범주의 위선자는 아니다. 바리새인과 같은 부류의 위선자를 만난다면 우리도 예수님처럼 당연히 분노할 것이다.

그러나 성경은 우리 중 이런 부류의 사람들이 있을 것이라고 말한다. 그렇다면 교회에서 위선자들을 만날 경우 기독교에 대해 어떤 결론을 내려야 하겠는가?

이 사실을 통해 기독교에 대해 알 수 있는 점

우리가 교회에 나가거나 다른 그리스도인과 어울릴 때 우리는 대개 위선자를 만나거나 우리가 싫어하는 어떤 일도 교회에서 일어나지 않으리라는 기대를 갖는다. 그리스도인은 예수님 때문에 달라진 사람들이 아닌가. 하지만 이런 식의 기대가 낙심으로 바뀌기까지는 그리 오래 걸리지 않는다.

이런 기대는 애초에 잘못이다. 병원에 갔을 때 곳곳에 환자들이 보인다고 놀랄 사람이 있는가? 그들이 실제로 병자라고 해서 놀라겠는가? 교회와 그리스도인을 대할 때도 마찬가지이다. 우리는 완전하지 않다. 우리는 모두 여전히 중병에 걸려 있다. 다만 조금씩 나아지고 있을 뿐이다. 우리가 저마다 다른 상태에서 교회를 찾았다는 사실을 망각해서는 안 된다. 많은 사람이 인생이 망가진 상태로 교회에 왔지만 이제 치유를 받는 과정에 있고, 우리 대부분은 생각하는 것보다 더 중병에 걸려 있다. 저마다 호전된 정도가 다르다는 사실에 놀랄 필요는 없다('성화'에 대해서는 45장을 참고하라). 완벽한 상태를 기준으로 비교하기보다는 그리스도인이 되기 전의 상태를 기준으로 얼마나 나아졌는지 비교하는 것이 더 합리적이다. 교회는 완벽한 사람들만 모이는 곳이 아니다. 상하고 다친 사람들이 예수님으로 인해 천천히 회복되어가는 경험을 하는 곳이 교회이다. 여전히 죄를 짓고 있는 사람들과 위선적인 사람들을 교회에서 본다고 놀라거나 충격을 받는다면 가대치를 낮추어야 할 것이다.

그러나 위선자들은 종종 우리를 낙심하게 하는 것을 넘어 더 심각한 영향을 미친다. 하나님과 우리 관계에 영향을 미치는 것이다. 한편으로 위선이 왜 이런 영향을 미치는지 이해할 수 있다. 우리에게 상처를 준 사람에게서 하나님의 모습을 투영하는 것은 어쩌면 당연하다. 하지만 또 한편으로 인간의 실수가 우리가 하나님과 교제하는 방식을 결정하도록 방치하는 것 역시 이상하게 보인다. 하나님이 시켜서 그들이 그런 행동을 하는 것이 아니다. 그리스도인들로 인한 불쾌한 경험 때문에 때로 기독교 전체를 싸잡아 매도하거나 의심을 품는 것은 더 이상하다. 그런 사람들 때문에 하나님이 갑자기 사라지셨다는 말인가? 갑자기 우리를 사랑하지 않기라노 하신나는 말인가? 그렇다면 왜 사람들에게 상처를 입고 하나님을 외면한다는 말인가? 다행히 기독교는 그리스도인의 행실이 아니라 예수님의 인격에 기초를 둔다.

교회 안에서 위선자를 볼 때 그들을 타산지석으로 삼아 동일한 실수를 하지 않겠다고 결단하고, 하나님을 외면하는 대신 하나님께 힘을 달라고 간구하는 태도가 더 온전하고 타당한 반응이다. 우리 믿음의 대상은 예수님이며 그분은 우리를 실망시키지 않는다.

● 핵심 성구

마태복음 7:3-5	로마서 2:3	베드로전서 2:1
마태복음 7:16-20	로마서 12:9	
마태복음 23:1-36	야고보서 3:17	

■ 함께 나누기

1 교회에서 위선자들을 만난 적이 있는가? 기분이 어땠는가?

2 앞으로 더 심각한 위선자를 만날 가능성은 없는가? 우리로 인해 누군가 그런 경험을 할 가능성은 없는가?

3 친구를 교회에 초청했는데 그가 "내가 교회에 갈 일은 없어. 위선자들로 바글거리는 곳에 가고 싶지 않아"라고 반응한다고 해보자. 무엇이라고 대답하겠는가?

4 모든 그리스도인에게 나타나는 위선과 바리새인들의 위선에는 무슨 차이가 있는가?

5 위선적인 그리스도인들 때문에 신앙을 버렸다고 하는 사람을 어떻게 도와줄 수 있는가?

6 완벽하지는 않지만 점점 나아지고 있음을 보여주는 당신 안에 변화된 모습이 있다면 구체적으로 어떤 것인가?

Question & Answer

초자연적 영역

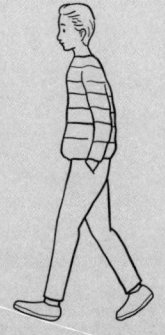

14

천사와 귀신은 정말 존재하는가?

초자연적 세계

"대단한 상상력이지?" 이 말은 디즈니사의 "판타스믹!" 쇼 마무리 부분에서 불을 내뿜는 용을 무찌르면서 미키 마우스가 의기양양하게 내뱉는 유명한 대사이다. 참 멋진 쇼이다. 음악과 창의성, 특수 효과까지 놀라울 정도로 뛰어나다. 나는 이 마법의 왕국 근방에 살고 있는 덕분에 가족과 함께 이 쇼를 여러 차례 관람했다.

그러나 상상과 현실을 혼동하면 안 된다. 아이들은 말하는 쥐, 왕자로 바뀌는 동물들, 거짓말을 할 때마다 코가 길어지는 소년의 이야기가 사실이 아닌 허구라는 것을 배워야 한다. 그렇다면 왜 어떤 사람들은 천사와 귀신의 존재를 여전히 믿고 있는가? 이런 고대와 중세의 생물들은 미신적 존재가 아닌가?

이런 존재들을 허구로 무시해버리면 처음부터 끝까지 이런 존재들로 지면을 채우는 성경이 문제가 된다. 성경은 창세기에서 뱀의 모습을 하고 사탄이 등장하는 내용으로 시작하여 요한계시록 20장에서 사탄이 영원히 멸망하는 것으로 끝난다. 성경의 처음과 끝을 이루는 이 두 책 사이에는 귀신들이 하나님과 그 뜻을 대적하고, 반대로 천사들은 그 뜻을 이루도록 하나님을 돕는 수많은 이야기가 등장한다. 첫 세 복음서에는 인간을 괴롭히는 귀신들과 예수님이 귀신 들린 사람들을 속박에서 풀어주시고 고쳐주시는 이야기들이 적지 않게 소개된다. 특별히 예수님과 사도 바울을 통해 그들의 본성과 특징과 활동에 대해 확실하게 배울 수 있다.

'과학적' 도전

성경을 받아들이고 신뢰한다면 천사와 귀신의 존재 역시 진지하게 받아들여야 한다. 그러나 오늘날 많은 학자는 이 초자연적 영역을 믿으면 요정과 용과 평평한 지구가 등장하는 과학 이전의 원시적 세계관으로 퇴보하는 것이라고 생각한다. 현대 과학, 특히 생체 화학과 심리학, 신경학 분야의 발전으로 축척된 지식을 존중한다면 천사와 귀신의 존재가 들어설 여지가 전혀 없다고 주장한다. 고대(성경이 쓰인 시대를 포함하여) 사람들은 무지해서 많은 것을 귀신 탓으로 돌렸다고 주장한다.

그러나 이런 식으로 단순히 성경과 과학이 대립한다고 보아서는 안 된다. 오늘날 초자연적 현상에 대한 우리 문화의 시각이 급속히 변화되고 있다. 특히 젊은 세대는 부모 세대의 회의론을 거부하고 영적 세계에 대해 훨씬 개방적이다. 최근 실시된 여론 조사에서

18-29세에 이르는 미국 청소년 중 3분의 2가 귀신이 들릴 수 있다고 믿는 것으로 드러났다.[1] 귀신과 천사의 존재를 인정하는 분위기가 전반적으로 증가 추세에 있다.

천사와 귀신의 존재를 믿어야 하는 이유

천사와 귀신의 존재를 믿으면 무식하고 순진한 사람인가? 전혀 그렇지 않다. 성경이 귀신의 존재를 인정한다는 사실 외에 이 영적 세계를 인정해야 하는 수많은 이유가 있다.

과학은 답할 수 없다

일부 비평가는 판단할 능력이 전혀 없는 영역들까지 판단할 권한을 가진 위치로 과학을 격상시킨다. 과학은 물리적 세계를 이해하는 데 크게 기여하지만 우리가 초자연적 세계를 만지거나 측정할 수 없기 때문에 과학이 이 영역에 대해 답해줄 수 있는 것은 거의 없다. 이것은 도덕성과 관련된 문제들에 대해 결정을 내릴 때 과학이 가진 한계와 비슷하다. 선과 악을 결정하는 일은 과학의 영역을 넘어선다.

극단적 형태의 악은 초자연적으로 설명할 수 있다

수많은 형태의 악이 광범위하게 존재하는 현실은 인간 영혼에 미치는 죄의 영향으로 설명하면 큰 도움이 된다. 이 세상에는 다른 기원이 아니고는 도무지 설명할 수 없는 끔찍한 상황들이 존재한다. 아우슈비츠의 무참한 살육과 공포에서 캄보디아의 킬링필드를 지나 4살짜리 자녀를 오븐에 넣어 죽인 엄마(1984년 미국 메인 주 오번에서 발생한 사건)에 이르기까지 사람들을 파멸로 이끄는 강력한 세력을 암시하는 극단적인 형태의 악이 존재한다.

어떤 치료 상황은 영적 존재의 활약으로만 설명할 수 있다

정신 분열, 해리, 그 외 심리적, 화학적 장애로 생긴 증상들을 종종 귀신의 탓으로 돌리는 잘못을 범하기도 하지만 영적 존재가 직접 영향을 미친 것으로 설명되는 상태들은 분명히 존재한다. 환청이나 환각, 무아지경의 경험, 악령이 실제로 나타나는 경험은 단순히 심리적이거나 신경학적 원인으로 설명하기에 모자란 감이 있다. 국제정신의학 전문가 집단은 이런 현상을 공식적으로 인정하고 '해리성 황홀경과 빙의 장애'(Trance and Possession Disorder)라고 명명했다. 황홀경과 빙의 경험은 비서구 문화권에서 매우 흔하게 나타난다. 미국과 서유럽권에서는 이런 현상을 회의적 시각으로 보는 경향이 있지만, 그렇게 성급하게 부정해서는 안 된다. 그리스도인이 초자연적 존재의 가능성에 대해 더 마음을 열고 우리 생활에 미치는 영향을 진지하게 고려할 타당한 이유들이 있다. 그 중 일부는 다음과 같다.

더 넓은 영역의 인간 역사와 문화로 배울 필요가 있다. 지난 300년 동안 서구 역사는 인류 역사상 악령의 존재에 대한 회의적 시각이 광범위하게 유포된 유일한 시기라고 할 수 있다. 서구인들만이 예외적으로 무엇인가를 놓치고 있는 것은 아닐까?

서구의 과학적 자연주의는 사탄과 천사의 초자연적 영역에 대한 믿음을 완전히 제거하지 못했다. 지난 300년 동안 퍼진 회의적 풍토에서도 이런 존재들이 실재한다는 믿음이 한편에서 여전히 강하게 살아남았다.

이 문제와 관련해 다른 문화권에서 배울 교훈이 있다. 여러 다른 문

화를 탐색해보면 아시아, 아프리카, 태평양 군도 그리고 비서구권의 여러 지역에서 악령에 대한 믿음이 여전히 수많은 민족 집단의 세계관에 중요한 일부를 차지하고 있음을 확인할 수 있다.

악령의 존재를 인정한다고 해서 일부 극단주의적 개인과 집단에서 성행하는 기괴하고 위험한 관습을 받아들이거나 무비판적으로 사고하는 어리석음을 범할 필요는 없다. 과거에 초자연적 세계를 부정하는 방향으로 추가 지나치게 기울어졌다면, 이제 정반대의 극단으로 지나치게 기울어져 초자연적 믿음과 행태를 무분별하게 수용하는 어리석음을 범하지 않도록 조심해야 한다.

천사와 귀신에 대한 성경의 핵심 가르침

그렇다면 초자연적 영역에 대해 우리가 무엇을 믿어야 할지 어떻게 결정할 수 있는가? 이럴 때에는 성경을 살펴보아야 한다. 하나님의 말씀은 천사와 귀신의 존재 그리고 그들이 역사하는 방식에 대해 유용한 정보를 제공해준다. 그렇다고 이 영역에 대한 우리의 모든 호기심까지 다 채워주지는 않는다. 하지만 이 주제에 대해 깊은 지혜를 습득할 적절한 근거를 알고 제시하기에 우리에게 필요한 정보는 충분히 제공한다.

그러므로 우리는 이 주제에 대한 성경의 가르침을 늘 가슴에 새기며 이 믿음을 우리 생각과 삶으로 통합하는 데 힘써야 한다. 그렇게 할 때 삶에 관한 확신에 도달할 수 있다.

1. 살아계시고 참되시며 인격적인 유일한 하나님이 계신다. 성경에 계시된 하나님과 같은 신적 존재는 없다(신 6:4, 32:39, 사 44:6).

2. 하나님은 만물의 주권자이시다. 수많은 영적 존재가 있지만 하나님은 그 모든 존재를 통치하는 분이다. 그분과 비길 자는 없다(신 10:17, 고후 2:5, 고전 8:5-6).
3. 우리는 비록 천사의 존재를 거의 혹은 전혀 감지할 수 없지만, 그들은 하나님을 섬기고 우리를 돕는 선한 영이다(출 23:20-23, 시 91:9-13, 히 1:13-14).
4. 악한 영들은 우두머리 영이 이끄는 조직에 소속된 일부이다. 지배자인 이 영(사탄으로 알려진)은 초자연적이고 매우 영리하며 강력하지만, 하나님과 겨루거나 그분의 뜻을 꺾을 정도로 위협적이지 않다(요 12:31, 고후 4:4, 엡 2:1-2, 6:12).
5. 악한 영들은 온갖 방법으로 하나님과 그분의 뜻을 반대한다(눅 22:3-4, 고전 2:6-8, 엡 6:12, 살전 3:5).
6. 악한 영들은 흔히 거짓된 신앙과 이데올로기를 주입해 사람들이 하나님을 외면하도록 만든다(왕상 22:22-23, 골 2:8, 계 12:9).
7. 하나님은 자기 백성에게 영적 능력을 나누어주심으로 악령이 미치는 영향에 대적할 수 있도록 해주신다(수 1:6-7, 엡 6:10, 골 2:9-10).
8. 우리는 우리 자신의 이기적 목표가 아니라 하나님의 뜻을 위해 영적 능력을 사용할 수 있다(엡 3:14-21, 5:1-2).

● **핵심 성구**

신명기 6:4	에베소서 3:14-21
신명기 10:17	에베소서 6:12
마가복음 1:21-28, 누가복음 4:31-37	골로새서 2:9-10
마가복음 1:32-34, 마태복음 8:16-17	히브리서 1:13-14
에베소서 2:1-2	

📘 함께 나누기

1. 영적 존재를 체험했다고 주장하는 사람을 알고 있는가? 그 주장을 어떻게 생각하는가?

2. 천사와 악마의 존재를 믿는가? 이유는 무엇인가?

3. 천사나 악마가 없다고 과학이 단정할 수 없는 이유는 무엇인가?

4. 그리스도인은 악마의 존재에 대해 어떻게 생각해야 하는가?

5. 사탄을 단지 악의 상징으로만 이해해야 하는가? 아니면 실제 존재하는 인격으로 생각해야 하는가?

15

그리스도인이 귀신에게 사로잡힐 수 있는가?

악령이 그리스도인의 삶에 미치는 영향

봄 학기가 한창이던 어느 날 오후 나(클린턴)는 학교 교수실에서 업무를 보다가 누군가가 큰 소리로 문을 노크하는 바람에 깜짝 놀랐다. 내게 지도를 받은 졸업생 중 한 명이었다. 좌고우면하지 않고 성장하는 그리스도인으로서 기대감이 컸고, 지도자로서 큰 가능성을 보여주던 친구였다. 절박한 표정으로 들어선 그는 당장 대화가 필요하다고 말했다. 나는 오후에 선약이 있다고 이해를 구하고 행정 조교에게 말해 주중에 만날 약속을 정해달라고 부탁했다. 그러자 그는 다급한 표정으로 사정했다. "하지만 교수님, 교수님은 이해하지 못하실 겁니다. 저에게 정말 안 좋은 일이 일어났습니다. 저를 위해 기도해주시지 않으면 이 자리를 떠날 수가 없습니다." 사태의 심각성을 알아차린 나는 다음 두 시간을 비워서 이 젊은이와 대화를 나누기로 했다.

그는 전날 밤 침실에 침입자가 있어 잠을 깼다고 설명했다. 침실 문은 잠겨 있었고, 실제로 침입한 사람은 없었다. 하지만 무엇인가 혹은 어떤 존재인가가 그곳에 분명히 있었다. 뚜렷이 느낄 수 있었다. 그 존재는 사악하고 비루했으며 공포스러웠다. 그를 주시하고 있었다. 갑자기 그는 무거운 무엇인가가 가슴을 누르는 것 같았고, 마치 질식할 듯 목 부위로 압박감을 느꼈다. 팔도 다리도 움직일 수 없었고, 숨을 쉬기도 어려웠다. 막연히 예수의 이름을 불러야 한다는 생각이 들었다. 그러자 곧 언제 그랬냐는 듯 모든 증상이 사라졌다.

"교수님, 제가 귀신에게 사로잡힌 걸까요? 꿈이 아니었어요. 진짜 일어난 일이에요. 이게 도대체 무슨 일인지 알려주시고 기도해주세요. 그렇지 않으면 오늘 밤 제 방에 돌아가고 싶지도 않고, 잠도 못 잘 것 같아요."

이 청년에게 어떻게 대답해주어야 하는지는 신학적 확신과 관련이 있었다. 먼저, 나는 귀신의 존재를 믿는가? (앞 장을 읽은 사람이라면 내가 영의 존재를 믿는다는 것을 알 것이다.) 그리고 그리스도인이 이런 식의 공격을 당하는 것이 가능하다고 믿는가? 혹은 진정한 그리스도인이라면 이런 종류의 공격에서 면제된다고 생각하는가? 마지막으로 그리스도인이 귀신에 들릴 수 있다고 생각하는가? 이 질문들에 대해 어떤 대답을 하느냐에 따라 내가 하는 조언과 개입의 성격이 달라질 수밖에 없었다.

귀신 들림: 없음

복음서는 귀신 들린 사람에 대한 이야기를 자주 한다. '귀신 들린 사람들'을 치유하는 일이 예수님이 하신 중요한 사역 중 하나였다. 예를 들어 마태복음은 이렇게 기록한다. "저물매 사람들이 귀신 들린 자를 많이 데리고 예수께 오거늘 예수께서 말씀으로 귀신들을 쫓아 내시고 병든 자들을 다 고치시니"(마 8:16). 그러나 이 번역의 원문에는 '들린'(possessed)에 해당하는 헬라어가 없음을 유의해서 보아야 한다. 헬라어 다이모니조마이(daimonizomai)는 '귀신의 공격을 받는'으로 번역할 수 있다. '사로잡힘'(possession)이라는 단어가 소유의 의미를 전달하기 때문에 이것이 더 정확한 번역일 것이다. 복음서에 나오는 이와 유사한 이야기들을 보면 모두 소유권이 아닌 귀신의 강력한 공격이라는 의미로 사용되고 있다.

그리스도인들에게 소유권의 문제는 이미 해결되었다. 예수 그리스도와 참된 관계를 누리고 성령을 받은 모든 사람은 이제 '하나님의 소유'가 되었다. 성경에서 소유와 관련된 실제적인 표현은 바로 이런 맥락에서 사용된다. 사도 바울은 에베소서 1장 13-14절에서 이 점을 명확히 한다. "그 안에서 너희도 진리의 말씀 곧 너희의 구원의 복음을 듣고 그 안에서 또한 믿어 약속의 성령으로 인치심을 받았으니 이는 우리 기업의 보증이 되사 그 얻으신 것을 속량하시고 그의 영광을 찬송하게 하려 하심이라." 마찬가지로 사도 베드로 역시 그리스도인을 가리켜 "너희는 택하신 족속이요 왕 같은 제사장들이요 거룩한 나라요 그의 소유가 된 백성이니"(벧전 2:9)라고 말한다. 두 절 모두 그리스도인은 하나님께 '소유된' 자들로 번역해도 무방하다.

이것이 함의하는 바는 명확하다. 우리는 이렇게 말할 수 있다. 그리스도인은 하나님의 소유가 되었기에 '귀신의 소유'가 될 수 없다.

공격: 가능

그럼에도 그리스도인은 귀신이 가하는 다양한 공격에서 예외가 아니다. 그래서 바울은 이렇게 말했다. "우리의 씨름은 혈과 육을 상대하는 것이 아니요 통치자들과 권세들과 이 어둠의 세상 주관자들과 하늘에 있는 악의 영들을 상대함이라"(엡 6:12). 베드로가 "너희 대적 마귀가 우는 사자 같이 두루 다니며 삼킬 자를 찾나니"(벧전 5:8)라고 말한 이유이기도 하다.

사탄은 우리 인생에 개입해 우리 영혼을 사로잡거나 우리가 받은 구원을 훔쳐갈 수 없다. 하지만 큰 영향력을 행사하고자 시도할 수는 있다. 그의 최종 목적은 하나님과 그 구속의 뜻을 반대하는 것이기 때문에 하나님이 그리스도인을 통해 하시는 선한 일을 뒤집고자 강력히 역사한다.

악한 영들이 우리 삶에 영향을 미치는 유일한 악이나 가장 일반적인 형태의 악은 아니다. 성경은 죄를 전 인류 종족에게 번진 전염병으로 소개한다. 죄는 하나님의 기준에 맞서는 반항적 행농일 뿐 아니라 또한 우리 안에 자리잡고 하나님께 반역하도록 우리 마음을 부추기는 힘이기도 하다. 사도 바울은 이것을 '육신'이라고 표현했다. 따라서 성령을 따라 행하여 육체의 소욕을 만족시키지 말라고 권면한다(갈 5:16). 육신의 부추김을 받을 때 우리는 유혹에 취약해진다. 그러나 사탄 역시 육신을 이용해 우리를 불순종의 길로 이끌 수 있다. 어떤 의미에서 그는 우리가 넘어지도록 유혹을 '대량 투하'할 수 있다. 다시 말해 우리가 하나님의 초자연적 힘을 의지해 서지 않으면 넘어진다는 뜻이다. 하나님은 그리스도와의 관계를 통해 우리에게 설 힘을 허락해주신다.

성경은 또한 우리가 싸우는 영향력 중 하나로 '세상'을 언급한다.

그래서 사도 요한은 "이 세상이나 세상에 있는 것들을 사랑하지 말라"(요일 2:15)고 말했다. 세상은 한 사회를 구성하여 신념 체계와 불의한 구조를 만들어 그 기준에 순응하도록 강력한(그리고 종종 매우 교묘한) 압력을 행사하는 사람들의 집단적 사상을 의미한다. 그러므로 성경은 "이 세대를 본받지 말라"(롬 12:2)고 말한다. 사탄과 그가 부리는 영들의 흔적이 수많은 문화 영역에서 발견된다.

사탄과 그 악령들은 아주 다양한 일을 할 수 있고, 수많은 방법으로 공격할 수 있다. 우리는 귀신에게 '사로잡힐 수 있는가, 아닌가' 정도의 단순한 사고를 버릴 필요가 있다. 나는 이런 영들이 개인에게 어떤 식으로 역사하는지 표현할 수 있는 가장 좋은 방법은 가벼운 공격의 형태에서 매우 심각한 형태에 이르는 사탄의 영향력 혹은 공격이라는 범주로 구분하는 것이라고 생각한다. 정리하면 아래와 같다.

단계별 사탄의 영향력

약함 ↓ 강함		
	• 유혹을 받음 • 나쁜 짓을 하고 싶다는 우발적이고 순간적인 충동	• 악의 존재를 간헐적으로 의식함
	• 나쁜 짓을 하고 싶다는 생각의 반복	• 어떤 방이나 공간에서 악의 존재가 느껴짐 • 끔찍한 상황이 벌어지는 무서운 꿈을 꿈
	• 특정 부분에서 통제력을 발휘하기 어려움 • 정체 상태: 성장이 멈춤	• 밤중에 공포감에 시달림: 가슴에 압박을 느낀 채 악령의 존재를 의식하고 방 안을 서성거림
	• 죄를 짓거나 남을 해치고 싶은 충동을 자제할 수 없음	• 밤중에 형체들이 보임: 이상한 형체들을 보거나 꿈을 꿈 • 목소리를 듣거나 대화를 나눔 • 이상한 존재들이 보임
	• 끊임없이 들려오는 강력한 목소리: 사라지지 않는 고통스러운 느낌 • 누군가를 죽이고 싶거나 남의 손에 죽고 싶은 충동	• 귀신이나 영에게 사로잡혔다는 느낌: 귀신 들림 • 자제력 상실 • 초자연적 능력 체험 • 영적 존재들과 대화함

대처 방법

악령의 공격에 맞서 무장할 수 있는 방법은 크게 5가지이다.

1. **예수 그리스도 안에 있는 새로운 정체성을 더욱 깊이 알아간다.** 사탄은 속이는 자로서 사실이 아닌 것, 즉 거짓을 주입하려 할 것이다. 하나님의 말씀을 깊이 묵상하고, 그리스도와의 관계에서 성경이 우리 신분에 대해 무엇이라 말하는지 잘 알아야 한다. 우리는 모든 죄를 완전히 용서받았다(골 2:14). 그리스도 안에서 새로운 피조물이 되었다(고후 5:17). 그분의 죽으심과 장사되심, 부활과 승천에 그분과 함께 참여하였다(롬 6:3-4, 엡 2:6, 골 2:12). 그리고 이제 성도가 되었다(롬 1:7, 고전 1:2).

2. **사탄의 공격에 대해 기도하라.** 하나님은 모든 일에 기도하도록 우리를 초청하신다. 혼자가 아님을 기억하라. 우리는 우리 대신 싸워주시는 전능하신 하나님께 속해 있다. 하나님은 "너희의 하나님 여호와께서 친히 너희를 위하여 싸우시리라"(신 3:22)고 거듭 말씀하시며 자기 백성에게 그 원수들 때문에 두려워하지 말라고 하셨다. 하나님께 전쟁에서 대신 싸워달라고 요청하는 간구를 영적 전쟁의 중심에 두라.

3. **공격의 원인을 분별하라.** 때로 악한 세력의 공격을 받는 원인이 있다. 어떤 사람들은 태어나면서 악한 영들에게 봉헌되었다. 여러 세대 전 조상들에게서 시작된 공격 양식이 단절되지 않고 계속되는 경우도 있다. 다시 말해 한 가정에 흔히 보이는 건강하지 못한 악한 행동 양식은 그 원인이 영적일 수도 있다는 뜻이다. 때로 죄악된 행동이 영적 공격을 당하는 원인이 되기도 한다. 악한 영의 주장을 거부하고 그리스도에 대한 충성을

다시 확인하는 작업이 매우 중요하다.

4. **그리스도 안에서 악한 세력에 대해 우리가 가진 권위를 기억하라.** 바울은 골로새 교인들에게 "그 안에는 신성의 모든 충만이 육체로 거하시고 너희도 그 안에서 충만하여졌으니 그는 모든 통치자와 권세의 머리시라"(골 2:9-10)고 말한다. 우리는 그리스도와 맺은 관계 덕분에 사탄의 세력에 대해 그리스도가 주신 권세와 권위를 행사할 수 있다.

5. **그리스도 안에 있는 권세를 행사하라.** 기도하는 것과 권위를 행사하는 것은 다르다. 기도는 수직적이고 하나님을 향하지만, 후자는 수평적이며 영적 세력을 향한다. 영을 향해 직접 경고하며 그리스도의 권세로 명해야 할 때가 있다. 예를 들어 이렇게 할 수 있다. "예수[즉 그의 권세]의 이름으로 명하노니 당장 여기를 떠나고 다시는 이 일을 하지 말지어다."

대략 이런 식으로 그날 오후 교수실을 방문한 청년과 대화를 나누며 해결책을 상의했다. 그리고 그는 그런 악몽에 다시 시달리지 않았다.

● **핵심 성구**

로마서 6:3-4	에베소서 6:12	베드로전서 2:9
고린도후서 5:17	골로새서 2:9-10	베드로전서 5:8
에베소서 1:13-14	골로새서 2:14-15	

▶ 함께 나누기

1. 그리스도인이 귀신에게 사로잡힐 수 있는가?

2. 영적 세력의 공격을 받아본 적이 있는가?

3. 귀신은 어떤 방법으로 우리를 공격할 수 있는가? 악한 세력이 공격하지 못하는 부분은 어디인가?

4. 악령은 왜 우리를 공격하려고 하는가?

5. '사로잡혔다'는 표현이 부적절한 이유는 무엇인가?

6. 그리스도인은 절대 귀신의 공격을 받지 않는다고 생각하는 사람들이 있다. 그런 생각에 대해 무엇이라 대답해주겠는가?

7. 영적 공격을 받고 있다고 생각하는 그리스도인에게 어떤 조언을 해주고 싶은가? 그리스도인은 아니지만 같은 상황에 처한 사람에게는 어떤 조언을 해주고 싶은가?

16

기적이 정말 일어날 수 있는가?

하나님의 초자연적 사역

당신이 기적을 믿는다면 비록 줄어드는 추세이기는 하지만 다수의 무리에 속하는 셈이다. 2007년 바나 그룹이 조사한 결과 약 3분의 2가 넘는 미국인이 성경에 기록된 예수님의 부활과 모세가 홍해를 가른 기적 이야기를 문자 그대로 믿었다.[1] 그러나 반대로 이러한 기적 이야기 때문에 기독교를 받아들이기 힘들어하는 사람들도 적지 않았다. 그리고 이 수는 점점 증가 추세에 있는 것으로 보인다.

토머스 제퍼슨(Thomas Jefferson)은 신약의 초자연적 이야기가 너무나 불쾌해서 1819년 기적이나 초자연적 사건을 기록한 부분을 칼로 모두 도려낸 다음 '제퍼슨 바이블'을 만들었다. 기적을 미심쩍게 생각한 이들 중 가장 유명한 회의론자로 철학자 데이비드 흄(David Hume)이 있다. 그는 1748년 "기적은 자연법칙에 위배되며" "자연의 일반적 과정에서 일어난 일이 아니라면 어떤 것도 기적으로 간주되어서는 안 된다"고 썼다.[2] 이런 식의 사고 흐름은 전 세계의 대학과 출판물에 여전히 반영되고 있다. 실제로 대학 생활을 한 사람이라면 이런 사고방식을 분명히 접해본 적이 있을 것이다. 그리스도인은 이런 생각을 어떻게 받아들여야 하는가?

기적을 반대하는 입장

기적에 대한 회의론자들의 고민은 데이비드 흄이 지적한 대로 자연법칙과 연관이 있다. 그들은 자연이 특정 법칙을 따라 움직이며, 그 법칙이 침해되어서는 안 된다고 주장한다. 절대 안 된다. 기적으로 보이는 것은 모두 아직 자연스럽게 설명할 수 없는 이상하고 비정상적인 것이다.

그러나 기적을 체험했다고 주장하는 많은 사람은 어떻게 이해해야 하는가? 흄은 그에 대해 이렇게 말했다. "그런 구름 같은 증인들이 말하는 기적적인 사건이 절대적으로 불가능하다고 반박하는 것 외에 우리가 달리 무엇을 할 수 있겠는가? 그리고 이것은 합리적인 사고를 하는 모든 사람이 보기에 분명히 충분한 반박의 근거로 인정받을 것이다"[3]고 말했다. 다시 말해 그들이 말하는 기적은 불가능하므로 소위 기적이라고 불리는 것들을 인정할 필요가 없다는 것이다. 하지만 우리는 그들이 틀리다는 것을 이미 알고 있다.

기적을 대하는 또 다른 문제는 나 자신을 비롯해 많은 사람이 본성상 회의적이라서 들은 대로 다 믿지 못한다는 것이다. 솔직히 말해보자. 누군가 친구의 먼 친척의 친구가 4기 암에서 기적적으로 치유되었다고 말한다고 해보자. 그 말을 쉽게 믿겠는가? 중요한 한 가지를 지적하자면 기적을 믿는 사람은 직접 눈으로 목격한 사람일 경우가 많다. 그래서 기적은 우리를 둘러싼 회의론적 문화 때문에 그 영향력의 범위가 매우 협소하고, 믿지 않는 사람들은 기적이 있었다고 들어도 사실로 받아들일 가능성이 거의 없다.

자연주의의 문제

그렇다면 데이비드 흄처럼 이 우주에 초자연적 세계가 존재하지 않는다고 믿는 사람에게 그리스도인은 어떻게 대응해야 하는가?

데이비드 흄과 같은 주장을 하는 사람의 가장 심각한 문제는 그가 갖고 있는 자연주의 세계관이다. 자연주의 세계관은 기적이 들어설 여지를 인정하지 않는다. 그러므로 증거와 상관없이 그들은 언제나 "아니, 그런 일은 자연스럽게 설명이 되어야 해"라고 대답할 것이다. 이런 접근 방식에는 심각한 문제가 있다. 단순히 협소한 시야로 증거를 바라보는 차원의 문제가 아니다. 마치 색맹인 사람이 하늘의 색이라는 주제로 토론에 나서는 것과 비슷하다. 증거를 있는 그대로 다 받아들이지 않고 자신의 시각에 부합하는 것만 취사선택한다.

하나님이 실제로 계신다면 자연주의는 세상을 보는 올바른 시각이 아니다. 그러므로 그런 협소한 렌즈로 세상을 볼 이유가 없다. 나아가 하나님이 살아계시다면 그분이 자신이 지은 피조물을 위해 기적을 행하신다 해도 의심할 이유가 없다. 이 책은 두 장(23장과 24장을 참고하라)을 할애해 과학적이고 철학적인 관점에서 하나님이 계시다는 증거를 보여준다. 그러므로 최소한 우리 자신이 직접 경험한 것은 없더라도 하나님을 믿을 매우 타당한 이유가 있으며, 기적이 가능하다는 주장이 허황되지 않다고 주장하는 것이 합리적이다. 그러나 여기서 한 걸음 더 나아갈 필요가 있다.

이 문제에 대한 또 다른 접근 방식은 우리가 말하려는 주제를 명확하게 하는 것이다. '자연법칙' 운운할 때 실제로 이것이 의미하는 바는 무엇인가? 문제는 뉴턴의 중력 법칙이나 운동 법칙처럼 과학자들이 언급하는 이런 법칙은 시간이 흐르면서 관찰할 수 있었던 패턴을 이야기한다는 점이다.

그렇다면 기적은 그 패턴을 깨뜨리는 것이라고 할 수 있다. 열린 사고를 하는 사람이라면 이런 일이 논리적으로 가능하다는 사실을 최소한 인정할 필요가 있다. 그렇다면 마음은 열려 있지만 회의적인 사람은 기적이 일어날 수 있으나 그 가능성은 매우 희박하다고 말할 것이다. 특별히 자연의 패턴이 깨진 경우를 한 번도 본 적이 없는 사람이라면 그렇게 말하는 것이 당연하다.

기적은 불가능하지 않고 단지 그 가능성이 희박할 뿐이므로 이제 우리는 스스로 그 증거를 판단해야 한다. 그 증거 중 몇 가지를 살펴보자.

성경에 나오는 기적

성경에 기적과 관련한 이야기와 기사들이 가득하다는 사실을 모르는 사람은 별로 없다. 그러나 그 이야기들을 기적의 진정한 증거로 받아들여도 되는가? 성경의 증언을 무시하는 이들이 없지 않다. 하지만 성경 이야기의 신빙성을 인정할 수 있는 타당한 이유들이 분명히 있다(참고. 2-6장).

성경을 통틀어 가장 놀라운 기적, 즉 예수 그리스도가 죽은 자 가운데서 부활하신 사건처럼 방대하게 연구되고 기록된 기적은 없다. 이 놀라운 기적은 우리 신앙의 핵심을 차지한다(고전 15:13, 19). 이 기적이 실제 있었던 사건임을 보여주고자 이 책에서는 한 장을 할애했다(28장).

성경에는 이 외에도 병자를 고치시고, 물 위를 걸으시며, 심지어 죽은 자들을 살리신 사건처럼 예수님이 행하신 기적에 관한 수많은 이야기가 등장한다. 이런 기적들을 일고의 여지도 없이 무시한다면 올바른 태도라 할 수 없다. 이런 기적이 일어나지 않았다고 주장하기 위해서는 성경 저자들이 보고한 그 사실들이 틀렸음을 입증해야 한다. 단순히 "나는 기적을 믿지 않으니까 그런 일들은 절대 일어나지 않았다"고 우긴다고 해서 끝나는 것이 아니다.

그러나 성경에는 훨씬 더 분명하게 입증할 수 있는 다른 종류의 기적들이 있다. 신약 성경보다 수백 년 전에 기록되었고 쉽게 입증할 수 있는 구약은 많은 부분이 후대에 성취될 예언들을 기록하고 있다. 예를 들어, 예수님이 탄생하시기 수백 년 전에 기록된 예언들을 살펴보자. 실제로 이루어진 예언들 중 일부는 아래와 같다.

- 메시아가 베들레헴에서 탄생하실 것이다(미 5:2, 마 2:1).
- 메시아가 예물을 받으실 것이다(시 72:10, 사 60:6, 마 2:1,11).
- 메시아가 다윗의 혈통에서 나실 것이다(삼하 7:1–14, 특히 12–13절, 마 1:1).
- 메시아가 나귀를 타고 예루살렘에 입성하실 것이다(슥 9:9, 눅 19:35–37).
- 메시아가 친구에게 배신당하실 것이다(시 41:9, 마 10:4).
- 메시아의 손과 발이 못 박히실 것이다(시 22:16, 눅 23:33).
- 메시아가 강도들과 함께 죽으실 것이다(사 53:12, 마 27:38).

예수님의 삶으로 성취된 예언들은 이외에도 적지 않다. 예수님의 생애에서 보이는 놀라운 증거들을 살펴보면 탄생에서 죽음에 이르는 그분의 전 생애가 기적임을 인정하게 된다.

오늘날 일어나는 기적

애즈베리 신학교 교수 크레이그 키너(Craig Keener) 박사는 고대와 현대에 일어난 기적과 관련된 방대한 연구 문헌들을 『기적: 신약 기사의 신빙성』(Miracles: The Credibility of the New Testament Accounts)이라는 제목의 12권짜리 책으로 편찬하였다.[4] 2012년 〈허핑턴 포스트〉(The Huffington Post) 기사에서 그는 또한 전 세계 1억 명이 넘는 그리스도인이 실제로 기적을 목격했음을 보여주는 수많은 연구와 보고서를 인용하였다.[5] 요점은 기적을 믿는 사람들이 순진한 소수의 사람으로 한정되지 않는다는 말이다. 기적을 믿는 사람들이 도처에 있는데, 어린아이에서부터 의사와 물리학자에 이르기까지 다양하다.

나(제프)는 분명히 기적이라고 할 수밖에 없는 매우 극적인 체험을 한 적이 있다. 간단히 소개하면 이렇다. 어렸을 때 내가 탄 유모차가 갑자기 10미터 아래의 돌투성이 개울 바닥을 향해 빠르게 굴러가기 시작했다. 나는 필사적으로 유모차 벨트를 분리하려고 애썼지만 마음대로 되지 않아 누군가 뒤에서 나를 잡아주기만을 빌었던 기억이 지금도 생생하다. 나를 잡아주는 사람이 아무도 없음을 확인하자 공포감이 엄습했다. 그런데 어찌된 일인지 유모차가 개울가에 거의 다 다른 순간 아무 이유 없이 갑자기 멈췄다. 그때를 떠올리면 지금도 나는 (어머니도 역시) 온 몸에 소름이 돋는다. 그리고 하나님이 나를 돌보셨다는 놀라운 감사의 마음이 생긴다.

기적은 가능할 뿐 아니라 지금도 곳곳에서 일어나고 있다. 직접 경험하지 못했다 해도(혹은 기적이 일어났는지 깨닫지 못했다 해도) 예수님이 지상에서 행하신 놀라운 기적 이야기들이 여전히 성경에 기록되어 있다. 그리고 그리스도인인 우리는 언젠가 반드시 하늘에서 매일 놀라운 신비와 기적을 목격하며 살 날이 올 것이다.

● 핵심 성구

마태복음 10:8, 누가복음 10:9	요한복음 3:2	고린도전서 12:28-29
마태복음 12:28, 누가복음 11:20	요한복음 6:2	데살로니가후서 2:9
누가복음 7:20-23	요한복음 12:37	히브리서 2:4
요한복음 2:23	사도행전 26:8	

■ 함께 나누기

1 기적을 경험한 적이 있는가?

2 기적이라고 생각했지만 간단한 설명으로 이해할 수 있는 현상임을 알게 되었을 때 신앙에 영향을 받겠는가?

3 어느 날 해변에서 우연히 만난 한 연인에게 말을 걸게 되었다고 해보자. 그 중 남자가 당신의 등에서 점 하나를 발견하고 걱정스러운 표정으로 자신이 의사이며 즉시 검진을 받아야 한다고 알려준다. 나중에 그 점이 암이었음을 알게 되었고, 그때 즉시 치료를 시작하지 않았더라면 사망했을 수도 있는 상황이 벌어졌다고 해보자. 암이 기적적으로 낫지는 않았지만 어쨌든 회복되었다. 그 사건을 기적으로 보아야 한다고 생각하는가? 왜 그런가? 혹은 왜 그렇지 않은가?

4 당신이 어떤 일을 기적이라고 말했는데 무신론자인 친구가 기적이 불가능하다고 응수한다고 해보자. 친구에게 어떻게 대답해주겠는가?

5 예수님의 일생을 기적으로 보아야 하는가?

6 하나님의 뜻을 이루는 기적이 되기 위해서는 그것이 반드시 '엄청난' 것이어야 하는가? '소소한' 기적들은 어떤 목적을 이루는 데 기여하는가?

Question & Answer

죽음
이후의 삶

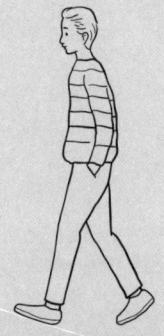

17

그리스도인도 하나님의 심판을 받는가?

하나님의 최후 심판

성경은 그리스도인이 하나님의 심판을 받을 것이라고 분명히 말한다. 사도 바울은 로마에 있는 성도들에게 이렇게 말했다. "우리가 다 하나님의 심판대 앞에 서리라"(롬 14:10). 고린도 교인들에게는 이렇게 말했다. "우리가 다 반드시 그리스도의 심판대 앞에 나타나게 되어"(고후 5:10). 그렇다면 우리는 예수님의 재림과 하나님의 최후 심판을 두려워하며 살아야 하는가?

대부분 그리스도인은 그리스도가 십자가에서 죽으심으로 우리 죄를 용서받았다는 사실에 위로를 받으며, 그리스도를 거부한 자들만 하나님의 최후 심판을 받는다고 생각한다. 그들 자신도 심판의 대상이라고 생각하지 않는다. 그러나 그리스도인 역시 하나님 앞에 서서 자신의 행위를 직고해야 한다는 것은 틀림없는 사실이다.

이는 두려운 경고가 아닐 수 없다. 그리고 전능하시고 전지하신 하나님의 절대적 거룩하심과 의에 비교할 때 죄로 얼룩진 우리의 참된 모습에 대해 많은 의문이 생긴다. 대표적인 궁금증은 아래와 같다.

- 그리스도인이 되기 전에 지은 큰 죄는 어떻게 되는가? 하나님은 그 죄들을 엄중히 판단하시고 책임을 물으시는가?
- 그리스도인이 되기 전에 지은 수많은 소소한 죄는 어떻게 되는가? 아무 문제 의식도 느끼지 못할 정도로 사소하다고 생각했던 죄들은 어떻게 되는가? 험담, 진실을 왜곡한 일, 친구의 소유(차, 집, 컴퓨터, 옷)를 탐낸 것, 음욕을 품은 등의 죄는 어떤가? 예수님께 이런 죄들을 추궁받고 수치와 벌을 받는 것은 아닌가?
- 그리스도인이 된 후 저지른 적지 않은 과오들은 어떻게 되는가? 개인적으로 나는 모든 죄를 다 용서받았으므로 그리스도가 다시 오시더라도 걱정할 필요가 없다고 생각했다.
- 내가 지은 죄의 전부나 일부에 대해 대가를 치러야 하는가?

성경 저자 중 바울만 그리스도인의 심판을 주장한 것이 아니다. 히브리서는 죽으면 누구나 "심판이 있으리니"(히 9:27)라고 말한 후 "주께서 그의 백성을 심판하리라"(히 10:30)고 말한다. 베드로는 "하나님의 집에서 심판을 시작할 때가 되었나니 만일 우리에게 먼저 하면 하나님의 복음을 순종하지 아니하는 자들의 그 마지막은 어떠하며"(벧전 4:17)라고 말한다. 야고보 역시 그리스도인이 받을 심판을 언급하며 교회 선생들이 더 엄중한 심판을 받는다고 경고한다(약 3:1).

그렇다면 장차 올 이 심판의 때를 어떻게 받아들여야 하는가? 두려움과 불안 속에서 살아야 하는가? 이 심판과 관련해서는 모든 그리스도인이 알아야 할 4가지 중요한 진리가 있다.

예수님이 우리 죄에 대한 하나님의 진노를 이미 다 담당하셨다

성경은 하나님이 "그의 피로써 믿음으로 말미암는 화목제물로"(롬 3:25) 그리스도를 세우셨다고 말한다. 화목 제물이 많은 사람에게 익숙한 용어는 아니지만 매우 중요하다. 이 단어는 '달래다'는 의미의 라틴어(propitio, 프로피티오)에서 유래했다. 분노하시고 죄에 대해 진노를 발하시는 하나님의 모습에 거부감을 갖는 사람들이 있지만, 성경은 바로 그런 하나님을 강조한다(롬 1:18, 2:5). "죄의 삯은 사망"(롬 6:23)이라는 말씀을 절대 잊어서는 안 된다. 그러나 예수님은 십자가에서 피 흘려 죽으시는 고통을 당하심으로 우리 죄에 대한 하나님의 진노를 감당하시고 그 진노를 진정시키셨다. 이 희생 제사로 하나님의 공의가 충족되었고, 하나님은 진노를 돌이키셨다. 그래서 사도 요한은 "사랑은 여기 있으니 우리가 하나님을 사랑한 것이 아니요 하나님이 우리를 사랑하사 우리 죄를 속하기 위하여 화목 제물로 그 아들을 보내셨음이라"(참고. 요일 4:10, 히 2:17, 요일 2:2)고 선언할 수 있었다. 바울은 우리가 그리스도와 동일시되었기에 마지막 심판을 두려워할 필요가 없다고 말한다. "그러므로 이제 그리스도 예수 안에 있는 자에게는 결코 정죄함이 없나니"(롬 8:1).

하나님의 심판대에서 내려질 판결을 우리는 이미 알고 있다

범죄한 우리 인생에 대한 하나님의 판결은 이미 공포되었고 현재까지 적용되고 있다. '무죄' 판결을 받고 방면된 것이다. 이것이 바로

'칭의'라는 교리로서 위로와 격려의 진리이다. 그리스도를 믿는 사람은 누구든지 "그리스도 예수 안에 있는 속량으로 말미암아 하나님의 은혜로 값 없이 의롭다 하심을 얻은 자"(롬 3:24)가 되었다. 성경은 또한 "그러면 이제 우리가 그의 피로 말미암아 의롭다 하심을 받았으니 더욱 그로 말미암아 진노하심에서 구원을 받을 것이니"(롬 5:9)라고 말한다. 칭의는 하나님의 최종 심판을 염두에 둔 법정 용어이다. 우리를 대신한 그리스도의 희생적 죽음을 근거로 죄에 대한 하나님의 진노가 충족되었고, 죄의 값이 지불되었다. 우리는 심판의 날이 임하기 전에 하나님의 법정에서 무죄를 선고받았다. 그러므로 심판날 하나님 앞에 설 때 우리가 지은 죄 때문에 두려워 숨을 필요가 없다. 우리는 의롭다고 여겨졌다. 이는 요한이 말한 대로 "우리로 심판 날에 담대함을 가지게 하려 함이"다(요일 4:17).

우리가 생전에 행한 모든 일이 심판받을 것이다(보상을 위한 심판)

그리스도인에 대한 하나님의 심판을 가르치는 핵심 성경 구절 중 하나는 고린도전서 3장 10-15절이다. 이 구절은 건축을 빗댄 은유와 심판을 의미하는 불의 이미지로 각 개인이 한평생 행한 노력과 시간에 대해 하나님의 평가를 받을 것이라고 설명한다. 이 심판의 목적은 그리스도의 대의를 위해 제대로 헌신하지 못한 그리스도인을 정죄하거나 처벌하려는 것이 아니다. 오히려 보상하기 위한 것이다. 바울은 "만일 누구든지 그 위에 세운 공적이 그대로 있으면 상을 받고 누구든지 그 공적이 불타면 해를 받으리니 그러나 자신은 구원을 받되 불 가운데서 받은 것 같으리라"(고전 3:14-15)고 결론짓는다. 그들이 받을 해는 무엇인가? 분명히 영생을 박탈당하지는 않는다. 대신 받아야 할 상을 받지 못한다. 그때 우리는 형언할 수 없는 하나님의 선하심과 자비와 사랑을 온전히 깨닫고, 그분께 영광을 돌려드리고 싶은 뜨거운 열정이 샘솟을 것이다. 오직 하나님께만 인정받기를 바랄 것이며, 그분의 나라를 섬기는 데 자신을 온전히 바침으로 그분에 대한 감사를 삶으로 드러내기를 사모할 것이다.

심판으로 하나님의 절대적 공의와 공평하심이 드러날 것이다

끔찍한 범죄를 저지른 사람이 아무 처벌도 받지 않고 빠져나가거나 자유롭게 거리를 활보하는 모습을 보고 걷잡을 수 없는 분노로 절규하던 때가 얼마나 많았는가. "그동안 저지른 악행으로 처벌받아 마땅한데 그들은 어떻게 아무 단죄도 받지 않고 빠져나간단 말인가." 이런 분노로 치를 떤 적이 있다면 하나님의 공의와 심판의 이유를 조금이나마 미리 맛본 것이다. 하나님이 모든 악행을 심판하시는 날에는 어떤 죄도 은폐되거나 간과되지 않을 것이다. 모든 잘못이 바로 잡히고, 모든 악행이 대가를 치를 것이다. 그러나 예수님은 그분을 믿는 사람들을 위해 죄에 대한 하나님의 의로운 심판의 형벌을 직접 담당하셨다. 하지만 그리스도를 영접하지 않은 사람들은 그 대가를 치를 때가 가까이 다가오고 있다. 요한계시록을 보면 그리스도를 신실하게 섬기다가 순교당한 자들이 이렇게 부르짖는다. "거룩하고 참되신 대주재여 땅에 거하는 자들을 심판하여 우리 피를 갚아 주지 아니하시기를 어느 때까지 하시려 하나이까"(계 6:10). 그 심판의 날은 분명히 올 것이다. 이 사실을 아는 우리는 우리를 박해하는 사람들을 향한 복수심을 심판하실 그분 앞에 내려놓을 수 있다. 또한 조금도 치우지지 않고 공평하게 심판하실 하나님을 신뢰할 수 있다 (롬 2:11, 벧전 1:17).

주를 따르는 자들은 심판의 날 영원한 정죄를 당하지 않으리라고 분명하게 확인해주신 예수님의 말씀으로 이 장을 마무리하고자 한다. "내가 진실로 진실로 너희에게 이르노니 내 말을 듣고 또 나 보내신 이를 믿는 자는 영생을 얻었고 심판에 이르지 아니하나니 사망에서 생명으로 옮겼느니라"(요 5:24).

● **핵심 성구**

요한복음 5:24	로마서 14:10	히브리서 9:27
로마서 5:9	고린도전서 3:14-15	히브리서 10:30
로마서 8:1	고린도후서 5:10	베드로전서 4:17

■ **함께 나누기**

1. 사람들은 내세의 가능성에 대해 말하면서 하나님께 자기 인생을 결산해야 하는 문제는 거의 이야기하지 않는다. 사람들 대부분이 하나님의 심판을 믿는다고 생각하는가? 아니면 심판이 있을 것을 알면서도 그 가능성을 억지로 외면하고 있다고 생각하는가?

2. 당신이 수를 헤아리기 어려울 정도로 많은 사람이 있는 거대한 방에 앉아 있고, 하나님은 바로 앞에 위풍당당한 보좌에 앉아 계신다고 해보자. 이제 당신이 심판받을 차례라면 어떤 생각이 들겠는가?

3. 인생을 마무리할 때 가장 후회할 것 같은 일은 무엇인가?

4. 그리스도인도 마지막 날에 하나님 앞에서 심판을 받는가?

5. 모든 악행이 심판을 받는다면 그 기간이 얼마나 걸리리라고 생각하는가? 처벌을 다 받은 후에도 그들은 여전히 자기 자신을 '좋은 사람'이라고 생각할 수 있겠는가?

6. 최후의 심판이 있을 경우 정말 좋은 점은 무엇이라고 생각하는가?

18

지옥은 실제로 있는가?

지옥 교리

이 시대의 문화적 정서를 거스르는 기독교 교리 중 단연 으뜸은 지옥 교리이다. 하나님이 사후에 우리 죄를 심판하셔서 영원히 고통 당하는 곳으로 보내신다는 개념을 어떤 이들은 지극히 혐오하고, 일부 그리스도인도 여기에 동조한다. 그들은 지옥이 존재한다는 자체를 믿지 않는다. 지옥은 우리 머리로 받아들이기 쉽지 않은 교리임이 틀림없다. 하지만 진실은 우리 감정에 좌우되지 않으므로 결국 지옥에 대한 진실 여부는 이에 대해 우리가 따라야 할 권위, 즉 성경으로 확인해야 한다. 지옥은 실재하는 곳인가? 영원히 존재하는가? 불 못이 있는가? 이런 질문에 대한 답변에는 받아들이기 어려운 것도 있을 것이다.

지옥은 정말 있는가?

그렇다. 지옥은 실재하는 곳이다. 성경에서 여러 차례 언급하고 있으므로 외면하고 싶어도 그리스도인이라면 그렇게 해서는 안 된다. 지옥에 관한 내용은 세 가지로 요약된다. 지옥은 실제로 있고, 자각할 수 있는 고통의 장소이며, 영원하다는 것이다.

성경에서 지옥은 하나님께 죄를 지은 자들이 가는 최종 목적지이자 실제 장소로 언급된다. 간단히 살펴보겠지만 지옥을 묘사하는 데 사용된 상징적 용어들이 있다. 하지만 지옥 자체는 멸절을 의미하는 상징적 용어가 아니다. 성경에서 지옥을 가리켜 사용된 단어가 여러 가지 있다. 대표적으로 게헨나(가령, 마 5:22, 29, 30), 하데스(가령, 마 11:23, 16:18, 눅 10:15), 스올(가령 창 37:35, 신 32:22, 삼상 2:6), 심연(가령, 눅 8:31, 롬 10:7), 연못(계 20:15), 무저갱(가령, 계9:1-2, 11, 11:7), 어두운 구덩이(벧후 2:4)로 모두 장소를 의미한다.

지옥은 또한 사람들이 스스로 당하는 고통을 의식하는 곳이 분명하다. 지옥은 "울며 이를 가는" 곳으로 수차례 묘사된다(마 8:12, 13:42, 50, 22:13). 발가락이나 손을 찧고 고통으로 이를 다물 때를 생각해보라. 이를 간다는 의미가 바로 이런 뜻이다. 지옥은 이런 고통의 자각이 있는 곳이다. 요한계시록 20장 10절 역시 사람들이 "밤낮 괴로움을 받는" 곳으로 지옥을 묘사하고 있다. 우리가 그냥 사멸한다면 이런 식의 언어를 사용하지 않았을 것이다.

요한계시록 20장 10절은 지옥이 고통을 자각하는 곳이라고 지적하고, 이 절의 후반부는 우리가 "세세토록 밤낮 괴로움을 받을" 것이라고 말한다. 지옥은 일시적으로 거쳐 가는 곳이 아니라 영원히 머

무는 곳이다. 유다서 1장 7절은 지옥을 "영원한 불의 형벌"이라고 말한다. 마태복음 25장 46절에서 예수님은 구원받지 못한 자들에 대해 "그들은 영벌에…들어갈" 것이라고 말하고, 마가복음 9장 48절은 지옥에서는 "구더기도 죽지 않고 불도 꺼지지 아니하느니라"고 말한다. 요한계시록 14장 11절은 "그 고난의 연기가 세세토록 올라가리로다"고 말한다. 성경은 하나님과 함께하든지 혹은 하나님께 버림받든지 사후의 인생이 영원하다는 사실을 다각도로 우리에게 알려주고 있다.

지옥은 불 못인가?

지옥이 실재하지만 아마 우리가 상상하는 모습과는 매우 다를 것이다. 지옥에 대한 묘사에는 대부분 불과 흘러내리는 용암, 시커먼 유황이 등장한다. 지옥을 묘사하는 데 사용되는 이미지가 거의 대부분 불과 관련이 있기 때문에 어느 면에서 이해가 된다. 그러나 실제 지옥의 모습과는 거리가 있을지 모른다.

지옥이 '불'과 '어두움'으로 묘사된 부분을 생각해보라(마 8:12, 22:13, 25:30). 그러나 완전히 어두운 불에 대해 들어본 적이 있는가? 불은 빛을 밝혀주기 때문에 불과 어두움을 함께 연관시키는 경우는 거의 없다. 본문에 나오는 다른 단서들과 더불어 이 어두운 불은 이 이미지를 문자적으로 받아들여서는 안 된다고 암시하는 것 같다. 다시 말해 예수님은 비유법을 사용해 지옥을 묘사하시는 것으로 보이며, 불과 어두움은 말로 표현하기 어려운 어떤 것을 묘사하는 메타포이다. 사람들은 이런 식의 표현을 즐겨 사용한다. 지루하고 듣기 싫은 강의를 억지로 들으며 앉아 있어야 할 때 우리는 보통 비유적 표현을 사용해 그 심정을 묘사한다. 가령, "칠판을 손톱으로 긁는 것" 같다는 식이다.

그러므로 지옥은 문자 그대로의 불 못은 아닐 가능성이 높다. 그러나 안도의 한숨을 쉬기 전에 예수님이 말로 지옥을 묘사하기에는 너무 끔찍한 곳이라서 이런 식의 강렬한 이미지를 사용하셨을 뿐이라는 점을 기억하라. 다시 말해 지옥은 불 못보다 더 나을 것도 없는 고통스러운 곳이라는 말이다. 존 파이퍼(John Piper)는 이렇게 말한다. "그러므로 성경이 지옥 불에 대해 말할 때 '그건 상징일 뿐이다'고 말하는 사람에게 저주가 있을 것이다. 그것이 상징이라면 실제로 지옥은 뜨거운 불보다 더하면 더하지 덜하지는 않다는 말이다. '불'이라는 단어는 실제를 부풀려 공포감을 조성하기 위해서가 아니라 상상할 수 없을 정도로 끔찍한 것을 사실감 있게 전달하고자 사용되었다."¹ 그러므로 우리는 불 못에서 영원을 보내는 것보다 더 끔찍한 것이 무엇이 있는가라는 의문을 갖게 된다.

하나님의 선하심이 없는 세계를 상상해보라. 그리스도인이 아닌 사람도 인생의 많은 좋은 것을 누리며 살아간다. 우리는 누구에게나 허락된 이런 좋은 것을 하나님의 일반 은총이라고 부른다. 하나님은 절대적으로 선하신 분이며 이 우주를 창조하신 분이므로 우리가 누리는 모든 좋은 것은 다 하나님이 주신 것이다(약 1:17). 그러나 하나님이 사라진다면, 그래서 모든 좋은 것이 세상에서 사라진다면 어떻게 될까? 무엇보다 우리는 희망과 행복과 사랑을 모조리 상실할 것이다. 그 자체만으로도 끔찍하다. 그러나 이것이 다가 아니다.

하나님의 선하심이 사라질 경우 우리 주변 사람들이 어떻게 행동할지 생각해보라. 하나님이 이 땅의 우리와 함께하시는 이 와중에도 사람들은 때로 말로 표현하기 어려운 끔찍하고 무서운 일을 저지른다. 지금까지 본 뉴스 중 가장 끔찍한 것을 떠올려보라. 지금도 그런 일이 벌어진다면, 하나님 없는 세상에서 사람들이 계속 살아야 할 때는 얼마나 더 끔찍하겠는가? 매일 어떤 참혹한 일들로 뉴스가 도배되겠는가? 인생이 더 나아질 수 있다는 희망 따위는 아예 포기해야 할 것이다. 선한 모든 것은 하나님이 주셨으므로 모든 선한 것이 사라질 것이다. 또한 하나님을 거부한 사람들뿐 아니라 하나님을 배반한 사탄과 모든 악한 영도 지옥에 가게 된다는 사실을 기억하라. 그들이 어떤 끔찍한 일을 저지르겠는가? 하나님이 계시지 않은 세상을 상상해보면 예수님이 지옥을 '이를 가는' 곳이라고 표현하신 이유가 무엇인지 이해하기 어렵지 않다.

지옥은 공정한 대가인가?

C. S. 루이스(C. S. Lewis)는 『천국과 지옥의 이혼』(The Great Divorce, 홍성사 역간)에서 사람들이 지옥에 가는 이유를 잘 이해하게 하려고 논쟁의 여지가 있는 비유를 사용한다.[2] 이 책에는 지옥에서 천국행 버스를 탄 승객들의 이야기가 등장한다. 하지만 천국에 도착한 사람들은 결국 지옥으로 되돌아가기로 결정한다. 이 이야기는 얼핏 구원받지 못한 자들이 지옥에 가는 이유를 제대로 설명하지 못하는 것처럼 보인다. 무엇보다 제정신인 사람이라면 누가 천국이 아닌 지옥을 택하겠는가?

천국과 지옥이 단순히 목적지에 불과하다면 그의 설명은 부족한 것이다. 하와이나 고비 사막으로 가는 비행기 티켓 중 하나를 선택하라고 하면 사람들은 당연히 하와이행을 택할 것이다. 낙원과 태양이 이글거리는 뜨거운 사막 중 하나를 선택하는 일은 단순하다. 그러나 누군가에게 영원히 자신을 의탁하는 것과 독립적인 삶을 사는 것 중 택하라는 제안을 받는다면 어떻게 하겠는가? 답이 뻔한 선택은 아니지만 이 질문에 어떤 대답을 하느냐에 따라 영원한 미래가 결정된다. 그러므로 하나님과의 관계는 정말 중요하다.

천국이 낙원이 되는 이유는 하나님과 압도적일 정도로 놀라운 친밀한 관계가 이루어지는 곳이기 때문이다. 지옥은 그 관계가 부재하다. 둘 다 실재하는 장소이지만 이 두 곳을 나누는 결정적 차이는 하나님의 현존과 부재에 있다. 우리가 그리스도인이 되는 이유는 단순히 낙원이라는 곳에 가기 위해서만은 아니다. 우리가 구원받은 이유는 하나님을 원하기 때문이다. 휴양지를 선택하는 문제가 아니라 결혼 관계를 선택하는 문제에 가깝다. 주님은 원하지 않는 사람이 억지로 하나님께 인생을 의탁하게 만드시지 않는다. 따라서 우리가 죽을 때 우리가 이미 원했던 것, 즉 그분 없는 인생을 우리에게 주실 것이다. 팀 켈러(Tim Keller)는 그것을 이렇게 설명한다. "간단히 말해 지옥은 무한으로 가는 궤도에서 자기 의지로 하나님과 격리된 정체성을 선택한 것이다."[3]

기독교와 관련해 이것은 꼭 이해해야 할 중요한 부분이다. 사람들은 종종 기도하지 않았다고 처벌하려고 기다리는 복수심에 불타는 치사한 존재로 하나님을 인식하는 경우가 있다. 하지만 하나님은 그런 분이 아니다. 팀 켈러는 "결국 하나님은 사람들에게 그들이 가장 원하는 것을 주실 뿐이다. 그분 없이 사는 자유도 여기에 포함된다. 이 이상 어떻게 더 공평하겠는가?"[4] 구원은 절대 일종의 마술쇼처럼 일회적인 일로 끝나지 않는다. 구원은 지금 시작해서 앞으로 훨씬 더 중요해지는 하나님과의 결혼 생활 같은 것이다. 그 결혼 생활을 받아들이거나 거부하는 것은 각자의 선택이다. 유명한 작가 존 밀턴(John Milton)은 구원받지 못한 모든 영혼이 내린 선택을 이렇게 요약했다. "그들은 천국에서 섬기기보다 지옥에서 통치하며 사는 게 더 낫다"⁵고 결정한 것이다.

● **핵심 성구**

| 마태복음 25:30, 41-46 | 누가복음 16:19-31 | 요한계시록 14:9-11 |
| 마가복음 9:47-48 | 유다서 1:7 | 요한계시록 20:10 |

■ **함께 나누기**

1 하나님은 우리를 영원한 지옥에 보낼 권리가 없다고 항변하는 사람에게 무엇이라고 대답해주겠는가?

2 지옥에 가고 싶지 않다는 마음이 그리스도인이 되는 충분한 이유가 될 수 있는가? 이유는 무엇인가?

3 성경은 지옥을 불과 연관된 장소로 여러 차례 표현한다. 지옥이 문자 그대로 불 못이 아니라는 설명이 타당한 이유는 무엇인가?

4 지옥은 문자 그대로의 불 못이 아니라는 설명이 지옥을 '희석시키는' 설명이 아닌 이유는 무엇인가?

5 사람들이 지옥을 선택한다고 말해도 틀리지 않는 이유는 무엇인가?

6 하나님과 그분의 선하심이 없는 세계가 불 못보다 더 고통스럽다는 설명에 동의하는가? (비위가 약한 사람은 이 질문을 하고 싶지 않을 수도 있다.)

19

천국은 어떤 곳인가?

천국 교리

잠시 천국을 상상해보자. 구름을 타고 나른하게 떠다니며 때로 하프를 연주하고 (역시 하프를 뜯고 있는) 천사들을 지나쳐 가는 모습을 그려보라. 완벽하지 않은가?

그렇지 않다고 말해도 괜찮다. 안심해도 된다. 천국은 그런 곳이 아니다. 실제로 천국이란 우리가 좋아하는 모든 일이 성취되는 곳이다. 천국에 대한 이해가 현실을 인식하는 데 엄청난 영향을 미치기 때문에 기독교에 대한 가장 심각한 오해가 천국과 관련이 있다는 사실은 전혀 놀랍지 않다.

어릴 때 부모님이 이사하게 되었다고 말씀해주셨을 때 그곳이 어디일지 궁금하지 않았는가? 마찬가지로 우리가 장차 살 고향에 대해 알고 싶은 것은 인지상정이다. 성경에서 천국을 언급한 분량은 상대적으로 많지 않다. 하지만 분량이 적다 해도 실제로 당장 확인 가능한 내용은 놀라울 정도로 많다.

예수님을 믿는 사람이라면 누구나 천국에 가기를 사모한다. 천국을 사모하면 현실의 삶도 훨씬 풍족해진다. 하나님은 우리가 죽을 때 어떤 일이 생길지 알려주기를 원하신다(참고. 살전 4:13).

천국의 본질

천국이 어떤 곳인지 질문할 때 보통 우리는 그곳에서 벌어지는 세세한 일상생활이나 사소한 부분들을 거론한다. 그러나 그런 문제들은 천국의 본질과는 동떨어진 사소한 내용에 불과하기에 그런 지엽적 문제들에 관심을 집중하는 태도는 바람직하지 않다. 밀라드 에릭슨(Millard Erickson)은 "무엇보다 하나님의 임재가 이루어지는 곳이 천국이다"[1]고 주장한다. 요한계시록 21장 3절은 하나님이 인간과 함께 거하시러 내려오시는 아름다운 그림을 묘사한다. 천국은 하나님의 면전에서 살고, 그분과 얼굴을 맞대고 대화하며, 인격적으로 그분을 예배하는 삶이 영위되는 곳이다. 천국에서 우리가 누리는 최고의 경험이 바로 그분과 나누는 이런 경험이다. 무엇보다 우리는 타락 이전의 아담과 하와처럼 하나님과 그런 관계를 누리기 위해 창조되었다. 우리 마음의 갈망은 많은 부분에서 하나님과 이 친밀한 관계를 상실하여 생긴 허무함 때문이다. 그러나 많은 사람이 바로 지금 이 땅에서 하나님과 관계를 누릴 수 있으며, 따라서 이 세상에서도 천국을 경험할 수 있음을 망각하고 있다(요 17:3).

천국은 실제로 존재하는 장소이다

천국은 실제로 손으로 만질 수 있는 물리적 장소인가? 천국은 우리가 현재 경험하는 세상과 조금도 다를 바 없이 실재하는 장소이지만 또한 그 이상의 곳이다. 사람들은 천국에 대해 흔히 구름을 타고 하늘을 떠다니는 듯한 경험을 하는 곳이라고 오해한다. 플라톤처럼 먼 과거의 사람들은 육체를 입고 이 땅에서 사는 삶을 열등하다고 생각했다. 그러나 성경은 그렇게 가르치지 않는다. 구약과 신약은 여러 곳에서 하나님이 우리를 위해 "새 하늘과 새 땅"을 준비하고 계신다고 가르친다(사 65장, 요 14장, 계 21장). 다시 말해 새 하늘과 새 땅, 심지어 새로운 우주가 우리를 기다린다. 하늘을 떠다니듯이 지금껏 경험하지 못한 낯설고 새로운 삶이 아니다. 우리와 예수님이 부활한 몸으로 살아갈 물리적인 장소가 있다.

하나님은 우주와 지구와 에덴동산을 창조하시고 "심히 좋다"(창 1:31)고 생각하셨다. 이 새 하늘과 새 땅은 지금 우리가 보는 세상보다 훨씬 완벽한 곳이겠지만, 현재 세상과 많은 부분에서 공통점이 있을지도 모른다는 말이다. 우렛소리를 내며 떨어지는 폭포, 아름다운 석양, 무성한 숲이 여전히 그곳에 있다는 의미이다. 하나님의 탁월한 창조성과 미적 감각을 감안할 때 상상할 수 있는 이상의 아름다운 곳이 우리를 기다리고 있을 것이다.

그러나 새 땅에서 가장 위엄 있고 웅장한 곳은 한 성, 즉 새 예루살렘이다. 범죄가 횡행하고 더러운 대도시에서 자란 사람들은 이 새 예루살렘이 그리 달갑지 않을 수도 있다. 하지만 요한계시록 21장에서 묘사한 내용을 보면 이 성은 우리가 여태 보지 못한 아름답고 웅장한 곳이다. 성경은 그 성의 가로와 세로 높이가 각각 12,000스타디온(약 2,300킬로미터)이라고 말한다(16절). 이 정도 크기는 미국 전체와 맞먹는다. 그 규모가 어마어마할 뿐 아니라 수정과 금을 비롯해 "각색 보석"(19절)으로 꾸며진다. 그러나 그 성의 가장 놀라운 점은 외관과는 전혀 상관이 없다. 하나님이 직접 그곳에 거하실 것이고, 해와 달이 없더라도 새 예루살렘은 "하나님의 영광이 비치기"(23절) 때문에 어둡지 않을 것이다. 또한 놀랍게도 25절을 보면 하나님의 성문이(그리고 그분의 임재하심이) 절대 닫히지 않는다고 한다.

우리의 부활한 몸

성경은 또한 우리가 새로운 천상의 몸을 덧입게 된다고 가르친다. 그 새로운 몸이 어떤 것인지 정확히 말해주지는 않지만 현재 우리가 입고 있는 몸보다는 훨씬 나은 것임은 분명하다. 사도 바울은 "만일 땅에 있는 우리의 장막 집이 무너지면 하나님께서 지으신 집 곧 손으로 지은 것이 아니요 하늘에 있는 영원한 집이 우리에게 있는 줄 아느니라 참으로 우리가 여기 있어 탄식하며 하늘로부터 오는 우리 처소로 덧입기를 간절히 사모하노라"(고후 5:1-2)고 말한다. 장막과 집(빌딩)이 확실히 다르듯이 우리의 부활한 몸과 기존의 몸이 확실한 차이가 있을 것을 예상할 수 있다. 우리의 현재 몸은 앞으로 입게 될 몸의 그림자에 불과하다. 고린도전서 15장 35-44절 역시 우리의 부활한 몸에 대해 시사하는 점이 많다. 우리 몸은 "영광"과 "강함"과 "썩지 아니할 것"으로 부활할 것이다. 육신의 질병과 한계와 싸우는 지금 이 말씀이 얼마나 힘이 되는가.

천국에서는 어떻게 생활할까?

지금 하는 일 중 천국에서도 연장될 일이 얼마나 많은지 알면 놀랄 것이다.

먹고 마시고 즐길 것이다. 예수님이 부활하신 몸으로 제자들과 먹으신 일, 구원받은 모든 자가 어린양의 혼인 잔치에 초청받는 내용(계 19:9), 먹고 마시며 잔치하는 상황을 긍정적으로 제시하는 여러 곳에서 보듯이(창 1-3장, 고전 10:31) 성경은 우리가 천국에서도 먹고 마시며 즐길 것임을 암시한다. 요한계시록 22장 2절은 "열두 가지 열매"를 맺는 새 예루살렘의 생명 나무를 소개한다. 열매의 가치는 아름다움이 아니라 그 맛에 있다. 맛이 있으면 먹게 된다.

안식할 것이다. 그리스도 안에서 안식을 누릴 뿐 아니라(마 11:28, 히 4:1-11, 계 14:13) 심지어 하나님은 창조 제7일에 안식하심으로 처음부터 안식의 가치를 우리가 맛보게 해주셨다.

일할 것이다. 여기서 일은 아침 8시부터 5시까지 이어지는 단조로운 사무직을 말하지 않는다. 하나님은 우리가 선한 일과 행위에 만족감을 누리고, 그 일이 없을 때 만족하지 못하도록 창조하셨다. 요한계시록 22장 3절은 주의 종들이 "그를 섬긴다"고 말한다. 디모데후서 2장 12절은 우리가 그리스도와 함께 다스린다고 말한다. 이 다스림 자체가 일이다. 지금 일에서 만족감을 누리고 있다면(이런 만족감이 가능하지만 알다시피 누구나 다 이 만족감을 경험하지는 못한다) 당연히 하나님이 우리에게 주실 일을 즐기고 만족할 것이다. 하나님의 나라에서 맡을 역할은 우리가 누릴 명예나 마찬가지일 것이다. 실제로 천국 생활의 즐거움 중 하나는 일일지도 모른다.

천국에서도 죄를 짓는가?

요한계시록 21장 4절은 천국에는 더는 고통이 없다고 말한다. "모든 눈물을 그 눈에서 닦아 주시니 다시는 사망이 없고 애통하는 것이나 곡하는 것이나 아픈 것이 다시 있지 아니하리니 처음 것들이 다 지나갔음이러라."

더는 고통이 없다면 우리가 죄를 짓지 않는다는 뜻인가? 그리스도인 작가 랜디 알콘(Randy Alcorn)은 신자들이 천국에서 영위할 삶을 이렇게 요약한다. "죄의 삯은 사망'(롬 6:23)이므로 더는 사망이 없다는 약속은 더는 죄가 없다는 약속과 같다. 죄인은 언제나 죽어야 할 운명이므로 결코 죽지 않는다면 절대 죄를 짓지도 않는다. 죄는 애통, 눈물, 고통의 원인이다. 그런 일이 다시 일어나지 않는다면 죄도 다시 발생하지 않는다는 말이다."[2] 요한계시록 21장 27절은 이 사실을 다시 확인해주며 '속되고' '가증하고' '거짓된' 어떤 것도 새 예루살렘에서 발을 붙일 수 없다고 이야기한다. 천국에서는 죄를 짓게 하는 죄성이 영원히 제거될 것이다. 다시 말해 랜디 알콘이 지적한 대로 "예수님을 아는 사람이라면 아무 나쁜 점이 없이 영원히 자기 자신이 될 것이다."[3]

다시 시도해보라

천국을 다시 상상해보라. 그러나 이번에는 그동안 경험해보지 못한 참으로 순수한 우정, 한 번도 지어본 적 없는 미소를 지으며, 매일 더 많은 친구를 사귀고 있다고 생각해보라. 매일 입안에서 눈 녹듯이 사라지는 진미를 맛본다. 자연은 조금도 망가지거나 훼손되지 않고 상상할 수 없을 정도로 완벽한 아름다움을 자랑한다. 색은 더 선명하고 생동감이 흘러넘친다. 향은 더 풍성하다. 그리고 무엇보다 매일 넘치는 사랑을 경험한다. 하나님의 성문은 늘 열려 있으며 온 우주에서 가장 위대한 분을 만나고 싶으면 그냥 그 문으로 들어가기만

하면 된다. 그것이 성경에서 말하는 천국이자 우리가 장차 살 집이다. 가슴 설레며 사모해도 되는 곳이다.

● 핵심 성구

누가복음 23:43	요한복음 17:3	요한계시록 21장
요한복음 14:1-7	베드로후서 3:13	요한계시록 22:1-5

● 함께 나누기

1. 천국을 지루한 곳이라고 생각한 적이 있는가? 그렇다면 당신이 상상한 천국은 어떤 모습인가? 천국에 대해 가진 또 다른 오해는 무엇인가? 그것이 오해라는 사실을 알았을 때 안도감을 느꼈는가?

2. 당신은 천국에 대해 많이 생각하는 편인가? 사람들이 천국에 대해 더 관심을 가져야 한다고 생각하는가? 아니면 무관심해야 한다고 생각하는가?

3. 언젠가 지금 사는 곳보다 훨씬 좋은 곳에서 영원히 산다는 사실을 알게 될 때 그것이 현재 삶에 어떤 영향을 끼치겠는가?

4. 그리스도와 동행하며 직접 얼굴을 맞대고 대화하는 경험은 어떤 것이라 생각되는가? 그분을 처음으로 직접 뵙게 될 때 어떻게 반응할 것 같은가?

5. 천국의 생활과 현재의 생활이 어떤 면에서 서로 비슷하겠는가?

6. 모든 죄가 사라질 때 일상생활에 미칠 모든 영향을 생각해보라.

7. 어떤 이는 행복의 조건으로 고통이 반드시 필요하다고 말한다. 이 말을 어떻게 생각하는가? 천국에서도 이 사실이 해당되겠는가?

20

우리는 죽음을 두려워해야 하는가?

죽음 그리고 죽음 이후의 삶

남부 캘리포니아의 아름다운 가을볕이 한창인 주일 오후였다. 나(클린턴)는 고속도로를 타고 남쪽으로 이동하던 중이었다. 그리피스 공원을 지나 도저 스타디움 방향 출구를 향해 가고 있었다. 주말에 가족을 방문하고 대학 기숙사로 돌아가는 길이었다. 그런데 미처 대비할 시간도 없이 갑자기 백미러에 움직이는 물체가 보였고 차가 무엇인가에 부딪힌 듯 충격을 느꼈다. 코카인에 취한 누군가가 모는 신형 콜벳이 내 차를 들이박은 모양이었다. 내 차는 중앙 분리대 쪽으로 미끄러졌고, 나는 운전대를 놓치지 않으려고 죽을힘을 다했다. 그러다가 어찌된 일인지 남쪽 방향으로 5차선 도로를 벗어났다. 18

류 대형 트럭 한 대가 나를 향해 곧장 달려오고 있었고, 나는 이제 끝이구나 하는 생각이 들었다. 하지만 그게 아니었다. 어찌된 일인지 내 차는 도로 가에서 멈추었고 구사일생으로 목숨을 건졌다. 하나님의 보호하심이 아니고는 그날 내가 어떻게 살 수 있었는지 설명할 길이 없다. 그러나 이 경험으로 나는 예기치 못한 순간에 너무나 쉽게 죽을 수도 있음을 깨달았다.

죽음은 종종 고통스럽고 최종적이다

죽을 준비가 되어 있는가? 죽는 것이 두려운가? 죽음을 원하는 사람은 거의 없다. 사도 바울은 죽음을 하나님이 결국 파멸하실 원수라고 불렀다(고전 15:26). 죽음과 관련된 그런 끔찍한 생각을 어떻게 두려움 없이 받아들일 수 있겠는가? 죽음의 과정은 종종 고통스럽다. 죽음으로 가장 가까운 친지나 가족, 친구들과 이별하게 된다. 우리의 죽음으로 많은 사람이 슬퍼하고 상실감으로 고통당할 수 있다. 죽음과 더불어 우리가 즐기던 모든 일과 세운 모든 계획이 중단된다. 더는 가족 모임도, 축구 경기도, 친구들과 즐거운 저녁 수다도 즐길 수 없다. 다 끝이다. 우리 인생이 끝난다.

대부분 사람은 아예 죽음을 생각하지 않는 식으로 죽음을 회피한다. 그냥 무시해버리면 두렵지 않다. 그러나 이런 태도는 바람직하지 않다. 누구도 죽음을 피할 수 없다. 죽음을 무시하는 이유는 죽음 이후가 어떻게 될지 불확실하기 때문이다. 그냥 그대로 인간의 존재가 중단되는가? 아니면 일종의 영적 존재가 되어 구름을 타고 떠다니는가? 그것도 아니면 육체는 없이 마치 보이지 않는 그림자처럼 가족을 배회하며 삶을 이어가는가?

하나님은 죽을 때 어떤 일이 생길지 우리에게 알려주기 원하신다

사실 하나님은 우리가 죽을 때 어떤 일이 생길지 알려주기를 원하시며, 우리가 그것을 고대하기 원하신다. 물론 죽는 과정이 아니라 그 이후의 삶을 말이다. 죽는 일 자체는 고통스럽지만 사후에 곧바로 놀라운 삶이 펼쳐진다. 지상에서 어떤 기쁨과 즐거움을 누렸든지, 어떤 멋진 미래를 꿈꾸었든지 간에 천국의 삶과는 비교가 되지 않는다. 죽음의 공포에서 벗어나도록 해주고 예수 그리스도의 제자로서 고대해야 할 사후의 인생과 관련해 알아야 할 7가지 중요한 진리가 있다.

1. **죽는 순간 바로 그리스도의 존전에 있게 된다.** 예수님은 자신의 옆에서 죽음을 기다리고 있던 강도에게 "오늘 네가 나와 함께 낙원에 있으리라"(눅 23:43)고 말씀하셨다. 사도 바울은 로마의 감옥에 갇혀 무자비한 네로 황제 앞에서 심문받을 날을 기다리던 중 빌립보의 그리스노인들에게 편지를 쓰면서 임박한 죽음에 대한 심경을 솔직하게 털어놓았다. 죽음이 큰 유익이라고 말한 그는 "내가 그 둘 사이에 끼었으니 차라리 세상을 떠나서 그리스도와 함께 있는 것이 훨씬 더 좋은 일이라 그렇게 하고 싶으나"(빌 1:23)라고 설명했다. 우리가 죽은 직후 일어날 일은 조금도 베일에 싸여 있지 않다.

2. **놀라운 기쁨을 경험할 것이다.** 죽고 나서 하나님의 존전에 즉각 들어갈 것이므로 더는 슬픔도 눈물도 절망도 없으리라고 확신할 수 있다. 오히려 정반대 세상과 만난다. 시편 기자는 이렇게 선포한다. "주께서 생명의 길을 내게 보이시리니 주의 앞에는 충만한 기쁨이 있고 주의 오른쪽에는 영원한 즐거움이 있나

이다"(시 16:11).

3. **천국에서는 더는 고통이 없다.** 너무나 많은 사람이 중병에 걸려 긴 투병 생활로 고통스러워하다가 삶을 마감한다. 어떤 이들은 사고나 전쟁 혹은 학대가 남긴 심각한 육체적 트라우마에 시달리다 삶을 마감한다. 장수를 누리다가 몸이 쇠약해져 숨을 거두는 사람도 있다. 많은 이에게 죽음은 너무나 고통스럽다. 몸의 죽음은 육체적 고통의 끝을 의미한다.

4. **죽은 후 사람은 천사나 영이 되지는 않지만 결국 변화된 몸을 가질 것이다.** 숨을 거두고 그리스도의 존전에 들어서는 순간 우리 영혼은 몸과 분리된다. 우리는 몸은 무덤에 남겨둔 채 이제 그리스도와 온전하고 완전한 교제를 누리며, 우리보다 앞서 간 하나님의 모든 백성과도 교제를 누릴 것이다. 성경은 이 기간에 대해 구체적으로 이야기해주지 않는다. 하지만 예수님이 재림하시면 우리 몸이 다시 일어나 하나님의 영으로 완전히 회복되어 우리 영혼과 재결합할 것이다(살전 4:13-18). 부활하여 이렇게 영화롭게 된 몸은 노화나 부패에서 자유롭게 된다. 바울은 이것을 "신령한 몸"(고전 15:44-46)이라고 부른다.

5. **죽은 후에도 심판을 받지 않을 것이다.** 오래전 하나님이 기뻐하시는 삶을 살지 않았다는 사실을 시인하며 괴로워하던 한 부부에게 예수 그리스도의 복음을 알려주었던 때가 기억난다. 특히 부인은 복음을 받아들이기 어려워했다. 복음이 진리라는 것은 믿었지만 하나님이 자신을 용서하신다는 사실을 믿으려 하지 않았다. 그녀는 "저는 제가 한 일에 대해 상응하는 대가를 치러야 한다고 생각해요. 살아오면서 얼마나 끔찍한 짓을 저질렀는지 모르실 거예요"라고 말했다. 그러나 성경은 단호하게 "그

러므로 이제 그리스도 예수 안에 있는 자에게는 결코 정죄함이 없나니"(롬 8:1)라고 말한다. 나는 그리스도가 십자가에서 이루신 사역으로 우리가 지은 모든 죄가 사함받았다는 성경 본문을 읽은 다음 설명해주고 기도해주었다. 하나님의 성령이 그녀가 진리를 이해하도록 도와주셨고, 그녀는 그날 그리스도를 영접했다. 성경은 "하나님이 그와 함께 살리시고 우리의 모든 죄를 사하시고"(골 2:13)라고 말한다. 그리스도께 속한 사람들은 심판을 받지 않는다.

6. **가치관이 변하기 때문에 지상에서 누렸던 것을 더는 그리워하지 않을 것이다.** 때로 사람들은 죽음을 생각하며 그들이 사랑하는 이들, 행사, 뜻깊은 추억이 묻어 있는 장소들처럼 그들이 이별하게 될 모든 것을 생각하고 슬퍼한다. 성경은 "우리가 지금은 거울로 보는 것 같이 희미하나 그 때에는 얼굴과 얼굴을 대하여 볼 것이요 지금은 내가 부분적으로 아나 그 때에는 주께서 나를 아신 것 같이 내가 온전히 알리라"(고전 13:12)고 말한다. 우리 육신이 죽고 우리 영혼이 하나님의 존전에 들어갈 때 만물을 보는 시각이 근본적으로 달라질 것이다. 모든 인생사에 대해 마침내 하나님과 같은 시각을 지니게 될 것이다. 우리의 애정과 갈망, 우선순위의 성격이 근본적으로 달라질 것이다. 하나님의 지혜와 사랑을 이해하는 차원이 달라질 것이다. 하나님의 계획에 대한 심오한 이해력이 생기고, 그분이 자비와 사랑의 구속적 계획을 이루고자 어떻게 일해오셨는지 온전히 이해할 것이다. 그리스도 안에서 하나님의 넘치는 사랑을 직접 경험함으로 우리가 집착하던 모든 것에서 자유로워질 것이다.

7. **가족과 친구들이 우리를 그리워하겠지만 우리가 그리스도와**

함께할 것이기에 언젠가 그들도 우리와 다시 만날 수 있다는 소망이 있다. 사랑하는 이를 여의고 슬퍼하는 것이 문제가 있거나 비신앙적인 태도는 절대 아니다. 사도 바울은 빌립보 성도들에게 자신의 동역자인 에바브로디도가 만일 죽었다면 "내 근심 위에 근심"(빌 2:27)이 더했을 것이라고 편지했다. 이전에 바울은 같은 빌립보 성도들에게 죽음은 사실상 그리스도와 함께 있는 것이므로 죽은 자가 실제로 이득이라고 말했다(빌 1:21-23). 그럼에도 남겨진 자들은 여전히 고통스럽다.

그리스도를 아는가?

그리스도를 모르는 사람들은 두려워할 이유가 분명히 있다. 지금까지 논의한 내용은 그들에게는 해당되지 않는다. 그러나 그리스도를 알고 그분이 우리 죄를 용서하신 것을 경험한 사람이라면, 또한 죽음 이후 영원한 삶에 대해 보증으로 성령을 받은 사람이라면 죽음을 두려워할 필요가 조금도 없다. 이 모든 진리를 따져볼 때 나는 삶보다 죽음이 더 낫다고 생각한다. 그러나 하나님은 내게 다른 뜻이 있으시다. 우리는 이 세상에서 우리에게 허락된 이 짧은 시간을 허비하지 않고 하나님의 뜻을 이루는 데 우리 몫이 어떤 것인지 확인하고 감당하고자 하는 열정을 가져야 한다.

● **핵심 성구**

| 시편 16:11 | 고린도전서 15:26 | 빌립보서 1:21-23 |
| 누가복음 23:43 | 고린도전서 15:44-46 | 데살로니가전서 4:13-18 |

■ 함께 나누기

1\. 그동안 참석한 장례식이나 추도 예배는 몇 번이나 되는가? 추모 모임에 참석하면서 죽은 자들이 현재 어떤 상태일지를 생각해본 적이 있는가?

2\. 당신도 언젠가 죽는다는 사실을 자주 생각하는 편인가? 그때 두려운 생각이 들지는 않는가?

3\. 죽음의 공포로 짓눌리는 사람이 있다면 어떤 위로의 말을 해주겠는가? 그 위로가 그리스도인이 아닌 사람에게는 어떻게 들리겠는가?

4\. 장례식에서 한 친구가 이렇게 속삭인다고 해보자. "이 사람들은 왜 울고 있는 거야? 다 그리스도인이잖아? 사랑하는 사람이 지금 하나님과 함께 있다면 좋아해야 하는 거 아냐?" 이 친구에게 무엇이라고 대답해주겠는가?

5\. 죽음을 인생의 마지막이라고 보는가? 아니면 시작이라고 보는가?

6\. 우리는 죽음 이후의 삶에서 무엇을 기대할 수 있는가?

Question & Answer

하나님

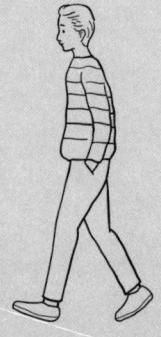

21 하나님은 어떤 분인가?

하나님의 인격적 속성

하나님이 어떤 분인지에 대해 사람들은 저마다 생각이 다르다. 사람들에게 하나님에 대한 솔직한 생각을 물어본다면 대략 다음과 같이 대답할 것이다.

- 하나님은 멀리 떨어져 우리를 지켜보시는 창조주
- 하나님은 강력한 세력
- 신비한 수단으로만 소통이 되는 다른 영역에 있는 존재
- 만물을 아우르며 주재하는 신
- 분노로 불타오르는 복수의 신

• 집단에 따라 다르게 자신을 계시하는 존재

많은 사람은 하나님이 누구시며 어떤 분인지 확실히 알 수 없다고 말한다. 그렇다면 우리는 어떤가?

하늘과 땅을 창조하시고 중요하게는 우리를 지으신 하나님이라는 존재가 계시다면, 당연히 우리에게 자기 존재를 알리고 싶어 하실 것이다. 그리스도인은 하나님이 성경, 즉 자신에 대한 계시와 수백 년 동안 사람들과 나눈 관계를 기록한 문서로 그분 자신을 알려주셨다고 믿는다. 그러나 궁극적으로 그분은 육신을 입은 하나님이신 예수 그리스도를 통해 자기 자신을 알리셨다. 그리스도는 천지의 창조주로서 보이지 않는 하나님의 속성을 가장 잘 설명해주는 분이다. 그러므로 우리는 하나님이 어떤 분인지 알 수 있다. 한 마디로 그분은 인격적이고 우리를 지극히 사랑하는 분이다.

하나님은 우리를 창조하시고 우리와 교제하기 원하신다

성경의 첫 문장은 하나님을 창조주로 소개한다. "태초에 하나님이 천지를 창조하시니라"(창 1:1). 그는 최초의 남자와 여자를 만든 분이다(창 1:26-27). 하나님은 성경에서 시종일관 경이롭고 놀라운 창조의 행적으로 찬양을 받으신다. 시편 기자는 "그것들이 여호와의 이름을 찬양함은 그가 명령하시므로 지음을 받았음이로다"(시 148:5)고 선포한다.

그러나 하나님은 아름다운 피조물을 만들고 뒤로 물러서서 어떤 상황이 벌어지는지 보고만 계시는 분(이신론으로 알려진)이 아니다. 하나님은 처음부터 피조물과 상호 교감을 나누셨다. 최초의 남자와 여자가 살며 누릴 아름다운 낙원을 만들어주셨다. 이 최초의 부부가 얼마나 환상적이고 목가적인 생활을 했을지 상상만 해도 즐겁다. 하나님은 이 아름다운 동산에서 그들과 만나주시고 교제를 나누셨을 것이다(창 3:8).

성경을 읽어보면 먼저 사람들에게 다가가 관계를 맺으시고, 자신을 계시해주시며, 그 사랑을 표현하시고, 자신의 소유로 삼으시고 그들을 아끼시는 하나님의 모습을 무수히 발견한다(심지어 그들에게 그런 자격이 없을 때조차). 성경은 처음부터 끝까지 하나님이 인격적인 분인 것을 보여준다. 그분은 사람들과 인격적 관계를 누리시며 그 사랑을 폭포수처럼 부어주는 분이다.

하나님은 도덕적으로 완벽하시지만 우리는 그렇지 않다

그러나 하나님은 또한 도덕적으로 거룩하고 완벽한 분으로 계시되어 있다. 그는 철저히 거룩한 분이며, 자기 백성 역시 그들의 삶에서 이 성품을 반영하기 원하신다(레 11:44-45). 그는 악을 무시하지도 관용하지도 않으신다. 그분의 성품은 어떤 형태의 악도 용납하실 수 없다. 모든 악을 철저히 혐오하신다. 당연히 이로 인해 심각한 문제가 발생한다. 아담과 하와가 범죄함으로 하나님과의 관계에 거대한 균열이 발생했다. 그들의 도덕적 타협은 마치 전염병과 같아서 그들 이후 태어난 모든 인간에게 번졌고, 그 결과 하나님과 분리되었다. 그들을 사랑하시는 하나님은 근심하시고 슬퍼하셨다.

성경은 "곧 인생의 마음에는 악이 가득하여 그들의 평생에 미친 마음을 품고 있다"(전 9:3)고 말한다. 인류가 처한 이런 비극적 상태로 인해 인격적인 사랑의 하나님은 큰 난제에 봉착하신다. 자석의 양극처럼 하나님은 자기 백성을 사랑하시지만 그들의 죄는 용납하실 수 없다. 해결하기 어려운 딜레마가 아닐 수 없다.

하나님은 관계를 회복할 길을 찾으신다

그러나 하나님은 사랑과 지혜로 길을 찾으신다. 구약을 보면 그분은 죄 문제를 다루고 깨진 관계를 회복할 수 있도록 제사 제도를 만드셨다. 짐승의 제물을 잡아 그 피를 흘리게 하심으로 죄가 하나님께 절대 사소한 문제가 아님을 끊임없이 백성이 기억하게 하셨다. 죄는 치명적인 것이었다. "미안해요, 하나님"이라는 한 마디로 넘어갈 수 있는 문제가 아니었다. 주님은 자기 백성에게 "육체의 생명은 피에 있음이라 내가 이 피를 너희에게 주어 제단에 뿌려 너희의 생명을 위하여 속죄하게 하였나니 생명이 피에 있으므로 피가 죄를 속하느니라"(레 17:11)고 말씀하셨다. 그분은 하나님이자 창조주이시기 때문에 모든 인간에게 그들이 행한 대로 책임을 물으신다. 그분은 지금도 그렇고 장차 올 심판의 날에도 심판자 하나님으로서 죄를 물으실 것이다.

하나님은 제사 제도로 자기 백성과 관계를 누리실 수 있게 되었다. 하나님의 백성은 그들의 현재와 미래의 죄가 용서받았다고 믿을 수 있었다. 다윗 왕은 유부녀와 간통한 죄를 지은 후 "하나님이여 주의 인자를 따라 내게 은혜를 베푸시며 주의 많은 긍휼을 따라 내 죄악을 지워 주소서"(시 51:1)라고 말할 수 있었다. 그는 하나님이 자신의 죄를 용서해주시고 관계의 기쁨을 회복해주실 것을 알았다.

하나님은 관계를 영원히 회복할 궁극적 방법을 마련하신다

그러나 구약을 지나 신약으로 들어가면 "황소와 염소의 피가 능히 죄를 없이 하지 못함이라"(히 10:4)는 사실을 알게 된다. 예루살렘 성전의 제사 제도는 일시적인 것이었다. 하나님이 특단의 방법으로 죄 문제를 최종적이고 영원히 해결하시기까지 임시 운영된 제도였다.

그리스도가 오시기 수백 년 전에 하나님은 선지자 이사야가 만민을 위한 대표적 희생 제사에 대해 예언하게 하셨다. "그가 찔림은 우리의 허물 때문이요 그가 상함은 우리의 죄악 때문이라 그가 징계를 받으므로 우리는 평화를 누리고 그가 채찍에 맞으므로 우리는 나음을 받았도다"(사 53:5). 그러나 이상하게도 이 예언은 또한 화목 제물로 희생된 이 사람이 살아서 여호와를 섬기게 된다는 사실을 지적하고 있다. "그가 씨를 보게 되며 그의 날은 길 것이요 또 그의 손으로 여호와께서 기뻐하시는 뜻을 성취하리로다"(사 53:10). 이 궁극적이고 영원한 제사를 성취한 이는 나사렛 예수였다. 그가 그들의 죄를 대신 지심으로 많은 사람이 의롭다고 여겨지게 되었다(사 53:11).

하나님을 알 수 있는 최고의 자료는 예수 그리스도시다

사도 요한은 복음서 서두에서 예수님이 우리에게 하나님을 설명해 주신다고 이야기한다(요 1:18). 그의 생애는 사실상 하나님이 어떤 분인지 알려주는 해설서나 마찬가지였다(요 1:1, 18). 이것은 예수님이 임마누엘이시기 때문에, 즉 "하나님이 우리와 함께 계시기"(마 1:23) 때문이었다. 혹은 요한이 명확히 밝힌 대로 예수님이 하나님이시기 때문이었다(요 1:1). 히브리서 저자는 이 점을 이렇게 명시한다. "옛적에 선지자들을 통하여 여러 부분과 여러 모양으로 우리 조상들에게 말씀하신 하나님이 이 모든 날 마지막에는 아들을 통하여 우리에게 말씀하셨으니 이 아들을 만유의 상속자로 세우시고 또 그로 말미암아 모든 세계를 지으셨느니라"(히 1:1-2). 다시 말해 하나님이 어떤 분인지 알고 싶으면 예수님을 보면 되는 것이다. 그분은 하나님이 우리를 사랑하신다는 표현이었다. 또한 하나님이 얼마나 간절히 우리와 인격적으로 관계를 맺기 바라시는지 보여주는 방법이었다.

하나님은 사랑의 주도권을 발휘하셔서 예수 그리스도를 통해 우리에게 다가오셨고, 그리스도를 믿는 믿음으로 하나님과의 관계에 들어온 사람은 누구든지 그분을 아버지라 부를 수 있다(갈 4:6). 또한 하나님은 우리에게 그분의 자녀가 되는 권세를 주셨다(요 1:12). 실제로 우리를 입양하시고(롬 8:15, 23, 갈 4:5) 양자로 삼아주셨다.

우리 하나님은 절대 우리에게 무관심하지도, 방관자로 계시지도 않는다. 우리에게 자기를 계시하시고, 우리와 관계를 회복할 수 있는 확실한 조치를 단계적으로 밟으셨다. 우리 하나님은 진노하시며 복수심에 불타는 분이 아니다. 도덕적으로 순결하시기에 우리에게도 동일한 거룩을 요구하시는데, 이것은 창조주로서 그분이 갖는 당연한 권리이다. 그러나 우리의 부족함에도 불구하고 그분은 우리 죄를 해결하고 그 의를 우리에게 전가하시기 위해 은혜와 자비의 계획을 마련하셨다. 우리는 하나님에게서 소외된 채 하나님에 대해 무지할 필요가 없다. 하나님을 인격적으로 알 수 있고, 그분이 자녀 된 우리에게 주시는 생명을 누릴 수 있다. 예수님이 직접 말씀하신 대로 "영생은 곧 유일하신 참 하나님과 그가 보내신 자 예수 그리스도를 아는 것"(요 17:3)이다.

그렇다면 어떻게 하나님을 알 수 있는가? 명망 있는 한 기독교 지도자는 이렇게 설명한다.

> 하나님을 안다는 것은 먼저 하나님의 말씀에 귀 기울이고, 성령이 해석해주시는 대로 그 말씀을 받으며, 자신에게 적용하는 것이다. 둘째, 하나님의 말씀과 행적이 계시하는 대로 하나님의 속성과 성품을 인정하는 것이며, 셋째, 그분의 초청을 수락하고 그 명령대로 순종하는 것이다. 넷째, 그분

이 이 거룩한 관계를 맺으심으로 보여주신 사랑을 깨닫고 기뻐하는 것이다.[1]

● 핵심 성구

창세기 1:1	요한복음 1:12	갈라디아서 4:5-6
레위기 11:44-45	요한복음 17:3	히브리서 1:1-2
시편 51:1	로마서 8:15	

■ 함께 나누기

1. 하나님이 어떤 분인지 가까운 동료 세 사람에게 질문하면 그들이 어떻게 대답할 것 같은가? 이웃에 사는 세 사람에게 질문해보면 어떤 대답을 할 것 같은가?(당신은 왜 그런 질문을 하지 않는가?)

2. 당신은 십대 시절 하나님을 어떤 분이라 생각했는가? 지금은 그 생각이 어떻게 달라졌는가? 그런 변화가 생긴 이유는 무엇인가?

3. 하나님은 어떤 분인가?

4. 우리는 하나님과 어떻게 다른가?

5. 예수 그리스도가 하나님을 이해하는 최고의 자료인 이유는 무엇인가?

6. 우주의 창조주가 관계를 열망하는 분이라는 사실이 우리에게 좋은 일인가?

22

하나님이 삼위일체라는 말은 무슨 뜻인가?

하나님의 삼위일체적 본성

그리스도인들은 한 하나님을 믿는다고 주장하면서 왜 성부와 성자와 성령을 섬기는가? 하나님이 총 세 분이라는 말인가? 어떻게 세 분을 한 분이라 할 수 있는가? 삼위일체라는 개념이 불합리하며 비논리적이라고 주장하는 이는 무신론자들과 무슬림을 비롯해 수많은 부류가 있다. 이들은 기독교 교리를 신뢰하기 어려운 증거가 바로 이 삼위일체 교리라고 주장한다. 이런 주장에 무엇이라고 반박할 수 있는가?

세 인격, 한 존재

흔히 삼위이자 한 분이신 하나님의 속성을 가리키는 데 삼위일체(Trinity)라는 용어를 사용한다. 어떤 경우이든, 삼위일체 하나님을 믿는다고 말해도 논리상 하등 문제가 되지 않는다. 그러나 하나님이 자신에 대해 세세하게 말씀해주시지 않기 때문에 우리가 하나님을 이해하기에는 어려움이 따른다.

세 하나님이 한 하나님을 이룬다고 말하면 논리상 말이 안 된다. 대부분 혼란은 이 지점에서 발생한다. 마치 3은 1이라고 말하는 셈이나 마찬가지이기 때문이다. 당연히 3은 1이 아니다.

그러나 하나님이 세 개의 독립된 인격, 즉 아버지, 아들, 성령이시며, 이들이 한 존재를 이룬다고 말하면 비논리적이지 않다. 삼위의 각 인격은 고유하고 독자적이다. 각 인격은 동등하고 거룩하다. 세 분이 별개의 신이 아니라 독립된 세 인격으로 한 신적 존재를 이룬다. 혼란스러운가? 몇 가지 사례를 들어 설명해보겠다.

그러나 그 전에 명확히 해둘 사실이 있다. 삼위일체를 완벽하게 설명해줄 비유는 없다는 사실이다. 실제로 삼위일체를 설명하고자 하는 시도는 위험할 수 있다. 비유는 언제나 그 자체로 한계가 있고, 때로 하나님에 대해 오해를 불러일으킬 수도 있다. 여러 유비는 단순히 삼위일체의 여러 면을 전달하고자 하는 다양한 시도일 뿐이며 각자 장단점이 있다. 우리가 비유를 활용하는 경우는 단지 어떤 설명이 논리적인 성립이 가능한지 확인하고, 난해한 문제를 시각적으로 이해하도록 돕는 데 목적이 있다. 이 책은 한 존재 안에 어떻게 세 인격이 있는지를 설명하려 한다. 그러므로 삼위일체는 삼각형의 세 모서리와 같다거나 계란(달걀 노른자, 흰자, 껍질)이나 심지어 물의 세 상태(물, 얼음, 수증기)와 같다는 설명을 듣더라도 삼위일체가 실제로 그런 설명의 어떤 것과도 닮지 않았다는 사실을 기억해야 한다. 첫째, 이런 비유는 그 어떤 것도 세 인격체로서 하나님을 이해하는 데 전혀 도움이 되지 않는다. 그러나 삼위의 복잡한 서로 다른 특성을 이해하는 데 어느 정도 도움을 얻을 수 있다.

  세 인격이 한 존재를 이룬다는 삼위일체의 비유는 찾기가 쉽지 않다. 우리 각 개인은 한 인격에 한 존재를 이루기 때문이고, 경험의 한계를 벗어나 사고하는 자체도 어렵기 때문이다. 그러나 그리스 신화에서 지하 세계에 사는 머리 셋 달린 수호신 케르베루스(해리포터 팬들에게는 플러피로 알려진)를 생각해보라. 케르베루스가 비록 세 개의 머리와 생각을 가졌지만, 다시 말해 세 인격을 가졌지만 온전한 한 존재를 이룬다고 해도 말이 안 되는 생각이라고 거부하지 않는다. 비록 불완전한 비유이기는 하지만 하나님에 대해 한 존재 속의 세 인격이라는 어려운 개념을 이해하는 데 도움이 된다. 분명히 지적할 것은 하나님은 머리 셋 달린 피조물은 아니라는 점이다. 그러나 케르베루스가 한 존재를 이루는 세 인격이라는 점을 이해할 수 있다면 하나님이 한 존재를 이루는 세 인격체라는 기본 개념 역시 절대 비논리적이라고 할 수 없다. 삼위일체를 설명하는 또 다른 방법은 동일한 신적 본성을 지닌 세 인격체로 설명하는 것이다.

  그러나 우리가 삼위일체를 꼭 믿어야 하는가? 실제로 이것이 우리 신앙에 영향을 미치는가?

삼위일체가 성경적인지 어떻게 알 수 있는가?

삼위일체라는 용어가 성경에 없다는 사실을 알고 있는가? 얼핏 보면 이 사실이 문제가 될 수 있다. 성경에 전혀 사용되지 않는 단어를 가지고 어떻게 이토록 중요한 교리를 구축한다는 말인가? 그러나 좀 더 찬찬히 살펴보면 이 점은 그다지 문제가 되지 않는다. 삼위일체는 성경이 기록된 이후 성경 전반에서 드러나는 한 주제를 전달하기 위해 거의 계속 사용된 아주 간단하지만 적절한 용어이다. 이미 3세기부터 그리스도인들은 하나님의 본성을 표현하기 위해 '삼위성'[trinitas(트리니타스), 여기서 trinity가 파생함]을 의미하는 간단한 라틴어 단어를 사용하기 시작했다. 다시 말해 이 용어는 이 주제에 대해 성경이 가르치는 내용을 압축적으로 드러낼 목적으로 사용되었다는 것이다. 이런 식의 작업은 꽤 흔히 보인다. 성경은 무신론자라는 단어를 한 번도 사용한 적이 없지만, 대부분 사람은 시편 14편 1절과 같은 절들이 이런 무신론자들에 대해 말하고 있음을 인정하는 데 아무 어려움이 없다. "어리석은 자는 그의 마음에 이르기를 하나님이 없다 하는도다." 마찬가지로 이 용어 역시 삼위일체 교리에 별다른 영향을 미치지 않는다. 성경적인 개념인지 확인하기 위해서는 한 단어나 한 절에 집착하지 말고 성경 전체를 살펴보아야 한다.

그렇다면 삼위일체가 성경적 개념이라는 사실을 어떻게 확인할 수 있는가? 성경은 오직 한 분 하나님만 계신다고 분명히 못 박고 있다. 신명기 6장 4절은 "이스라엘아 들으라 우리 하나님 여호와는 오직 유일한 여호와이시니"라고 말한다. 이사야 43장 10절은 "나의 전에 지음을 받은 신이 없었느니라 나의 후에도 없으리라"고 덧붙인다. 이런 사상은 성경에 수없이 등장한다(사 44:6, 8, 45:5, 14, 18, 21-22, 46:9, 고전 8:5-6).

성경의 여러 곳에서 서로 구별되시는 분으로 삼위를 언급한 장면을 볼 수 있다. 마태복음 28장 19절의 대위임령에서 예수님은 "그러므로 너희는 가서 모든 민족을 제자로 삼아 아버지와 아들과 성령의 이름으로 세례를 베풀고"라고 말씀하셨다. 나중에 바울은 고린도후서 13장 13절에서 이렇게 축복한다. "주 예수 그리스도의 은혜와 하나님의 사랑과 성령의 교통하심이 너희 무리와 함께 있을지어다." 에베소서 4장 4-7절과 유다서 1장 20-21절에도 비슷한 내용의 구절이 등장한다. 이 구절들은 삼위 하나님이 서로 구별되실 뿐 아니라 서로 동등하되 하나이심을 암시한다.

마지막으로 이 삼위가 각기 성경에서 수차례 '하나님'으로 언급되고 있음을 볼 수 있다. '성부'는 하나님으로 불리는 경우가 많다. 시편 89편 26절은 "주는 나의 아버지시요 나의 하나님이시요 나의 구원의 바위시라"고 말한다. 이사야 9장 6절에서는 "영존하시는 아버지"로 불린다. 그러나 단순히 '아버지'로 언급될 때가 가장 많다(가령, 요 13:3, 16:27).

성자 예수님 역시 여러 차례 하나님으로 언급된다. 아마 이와 관련된 가장 유명한 구절은 요한복음 1장 1절일 것이다. "태초에 말씀이 계시니라 이 말씀이 하나님과 함께 계셨으니 이 말씀은 곧 하나님이시니라." 이 구절은 뒷부분에서 말씀이 예수님이심을 분명히 명시한다. 골로새서 2장 9절은 그리스도 안에서 "신성의 모든 충만이 육체로 거하시고"라고 말함으로 이 점을 더욱 명확히 한다.

성경은 또한 성령 역시 하나님이라고 명시한다. 이 내용은 마태복음 28장 19절, 고린도후서 13장 14절, 에베소서 4장 4-7절, 유다서 1장 20-21절에서 볼 수 있다. 성부와 성자와 더불어 성령이 언급된 대표적 구절들이다. 성령은 신비한 힘이 아니라 예수님과 성부 하나님처럼 인격이시다. 요한복음 14장 16절은 성령을 "보혜사", 곧 우리의 변호사로 묘사한다. 또한 우리의 위로자, 돕는 자, 카운슬러로 이해할 수도 있다(참고, 요 14:26, 15:26, 16:7).

삼위일체와 관련된 이단들

하나님과 삼위일체를 제대로 이해하는 것은 사소한 기술상의 문제가 아니다. 아주 중요한 본질적 문제이다. 구원이 오직 하나님이 주시는 선물이라면 그분이 아닌 다른 대상을 예배하는 것은 잘못된 곳에서 구원을 찾는 것이나 같다. 두 사람이 조슈아라는 이름의 남자를 알고 있다고 말하면서 한 사람은 조슈아가 키가 크고 빨간 머리를 했다고 하는데, 다른 사람은 조슈아가 키가 작고 검은 머리를 했다고 말한다면, 그들은 서로 다른 사람을 말하고 있는 것이다. 하나님에 대해서도 같은 원리가 적용된다.

역사적으로 삼위일체에 관해 성경에서 소개하는 하나님에 대한 묘사와 명백히 상충하는 유명한 몇 가지 주장이 있다. 아래는 성경의 가르침과 일치하지 않아 기독교 교리로 인정하지 않는 이단에 속하는 대표적 주장이다.

유니테리언주의(Unitarianism): 명칭이 시사하듯이 이 이론은 삼위일체를 부인하고 하나님의 단일적 인격성을 주장한다. 유니테리언 교회와 여호와의 증인처럼 이 주장을 옹호하는 이들은 예수님이 실제로 계신다고 인정하지만, 그분이 동등한 하나님이라는 것은 부인한다.

양태론(Modalism): 이것은 하나님이 독립된 세 위격이 아니라 때에 따라 역할 혹은 양태만 다른 한 인격이라고 주장한다. 예를 들어 하나님은 어떤 때는 예수로 자신을 드러내시고, 어떤 때는 성령으로 기능을 하신다는 식이다. 단일 오순절교(Oneness Pentecostal) 교회가 이 견해를 지지한다고 알려져 있다.

아리우스주의(Arianism): 성부 하나님이 역사의 어느 시점에 예수님을 창조하셨다고 주장한다. 따라서 그는 피조된 존재이므로 성부 하나님과 동등한 존재가 아니라는 것이다.

예수님이 삼위일체의 동등한 한 인격이 아니라면 그분이 십자가에서 죽으신 것은 우리의 모든 죄를 대속하기에 충분하지 않을 것이다. 오직 무한히 강력하고 완전한 제사만이 이 일을 이룰 수 있다. 하나님이 삼위이신 한 분 하나님이라는 진리가 여전히 이해가 안 될 사람들도 있을 것이다. 하지만 이 교리가 성경적이고 합리적이며, 각 위가 여러 다른 방법으로 우리 삶에 영향을 미친다는 사실은 분명하다.

● **핵심 성구**

창세기 1:26	마태복음 28:19	고린도후서 13:14
신명기 6:4	요한복음 1:1	에베소서 3:14-17
시편 110:1(또한 마가복음 12:35-37, 누가복음 20:41-44)		유다서 1:20-21
마태복음 3:16-17	고린도전서 12:4-6	

■ **함께 나누기**

1 세 인격으로서 한 존재를 이룰 수 있는 또 다른 사례를 생각해볼 수 있는가?

2 성부 하나님만이 아니라 전체 삼위 하나님을 아는 것이 중요한 이유는 무엇이라고 생각하는가?

3 어느 날 무신론자인 친구가 "어떻게 삼위일체를 믿을 수 있지? 말이 안 돼"라고 말한다면 무엇이라고 대답해주겠는가?

4 비행기로 장거리 여행을 하던 중 옆 자리에 앉은 사람과 대화를 나누게 되었다고 해보자. 그가 작은 소책자를 꺼내 오직 성부 하나님만 계시고 예수님과 성령은 하나님이 아니라고 설명한다. 그들은 하나님 아래에 있는 강력한 초자연적 존재이지만 하나님은 아니라고 주장한다. 무엇이라고 반박하겠는가?

5 하나님을 설명하기 위해 비유를 들 때 신중해야 하는 이유는 무엇인가?

23

하나님이 존재하심을 증명할 수 있는가?

1부

우주론적 증명

이런 대담한 질문은 어느 정도 면책이 필요하다. 과학 교사라면 누구나 인정하겠지만 우리는 어떤 것도 완벽하게 증명할 수 없으며, 다만 모든 정보 중에서 가장 설득력 있게 들리는 설명과 이론을 제시할 뿐이기 때문이다. 중력에 관해 우리가 탐구한 이론은 틀릴 수도 있다. 눈에 보이지 않는 작은 화성인들이 우리를 끌어당기고 있을지 누가 알겠는가. 그러나 틀릴 가능성이 언제나 조금씩 있다 하더라도 이 분야 전문가들의 주장을 믿을 타당한 이유들이 있다는 점은 인정해야 한다.

하나님이 존재하신다는 것을 증명할 때 역시 같은 사실이 적용된다. 그리스도인으로서 우리는 성령의 증언 덕분에 하나님이 계심을 알 수 있다. 하지만 다른 사람들에게 그 사실을 보여주고 증명하는 일은 그렇게 쉬운 것이 아니다. 하나님의 살아계심을 믿는 것이 무엇보다 더 합리적임을 보여줄 수는 있지만, 믿지 않는 누군가에게 그것을 완벽하게 증명해줄 수는 없다.

하지만 어느 정도는 증명이 가능하다.

우주의 시작

그리스도인으로서 우리의 증언은 우리를 위해 십자가에서 죽으시고 부활하심으로 죽음에 대해 승리하셨음을 보여주신 예수님의 놀라운 사역과 희생에 대한 좋은 소식, 즉 복음으로 시작한다. 하지만 때로 사람들은 더 근본적인 의구심, 즉 하나님을 믿어야 할 타당한 이유가 없으리라는 의구심 때문에 예수님의 이야기를 받아들이기 어려워한다. 이런 사람들에게 하나님이 계심을 믿어야 할 가장 확실한 과학적 증거의 한 부분을 제시한다면 우주에 시작이 있다는 사실이다. 그 시작은 오직 하나님과 같은 존재에 의해서만 가능하다.

우주에 시작이 있다는 사실은 누구나 다 인정한다. 어떤 이들은 우주의 나이가 약 6천 년에서 1만 년 정도라고 믿고, 어떤 이들은 약 140억 년 전에 일어난 빅뱅으로 우주가 시작되었다고 믿는다. 우주의 나이가 얼마이든, 우리는 우주가 어느 시점에 시작되었음을 믿으며 그것이 핵심이다. 그러나 대부분 사람이 이 사실에 합의를 본 것은 최근의 일이다.

과학은 시작이 있었음을 증명했다

수백 년 동안 많은 비그리스도인 철학자들과 과학자들은 우리 우주가 영원히 존재했고, 앞으로도 영원히 존재하리라 믿었다. 그러나 에드윈 허블과 알버트 아인슈타인과 같은 과학자들이 등장하여 우주에 시작이 있었음을 증명하면서 그 믿음은 깨졌다. 이것으로 모든 것이 달라졌다.

1915년 26살의 아인슈타인은 그의 업적 중 가장 유명한 일반 상대성 이론을 발표했다. 이 획기적인 방정식과 씨름하면서 아인슈타인은 풀리지 않는 수수께끼를 두고 고민했다. 아무리 계산해도 우주가 팽창하고 있다는 결과가 나왔다. 그는 자신의 방정식에 문제가 있다고 생각했다. 당시 우주는 정적이며 변하지 않는다는 생각이 절대적 주류였고, 우주가 팽창한다는 생각은 우주에 시작이 있다는 생각처럼 받아들이기 불편한 주장이었기 때문이다. 우주에 시작이 있다면 시작의 방식과 같은 문제처럼 대답하기 어려운 질문들도 있을 것이다. 그는 우주가 변하지 않으며 안정적 상태를 유지한다는 것을 보여주고자 방정식을 수정했다. 후에 그는 이것이 자기 생애에 가장 큰 오점이었다고 털어놓았다.

그러나 1929년 에드윈 허블이라는 천문학자가 우주가 끊임없이 팽창하고 있으며, 은하계들이 정지 상태가 아니라 서로 끊임없이 멀어지고 있음(풍선을 부는 것처럼)을 발견했다. 만물이 팽창하고 있다면 역사를 뒤로 돌릴수록 모든 별과 은하계가 더 가까워질 것이라는 뜻이었다(바람이 빠지는 풍선을 생각해보라). 결국 과거를 계속 돌이키다보면 어느 시점에선가 우주는 무(無)로 줄어들고 사라진다. 반대로 이것은 어느 시점에선가 무엇인가가 무에서 나타났다는 뜻이다.

아인슈타인은 허블의 발견에 대해 듣고 그 유명한 자신의 일반 상대성 이론을 결국 확정하게 되었다. 그가 정립한 방정식들의 정확성과 유용성은 우주에 시작이 있었다는 또 다른 증거일 뿐이다. 그렇다면 우주에 시작이 있다는 증거가 창조주가 있다는 증거가 될 수 있는가? 우주의 시작이 있음을 인정한다면 누군가가 혹은 무엇인가가 그것을 존재하게 했다고 볼 수밖에 없기 때문이다.

우주는 어디서 나왔는가?

우주의 시작이 있음이 거의 확실하다면 확인해야 할 질문이 있다. "우주는 어떻게 시작되었는가?" 이 질문에 가능한 대답은 몇 가지로 정리된다.

우주가 자신을 스스로 만들었다. 이것은 당연히 논리적으로 말이 안 된다. 이 주장을 옹호하는 사람은 거의 없다. 존재하지 않은 상태에서 우주가 자신을 스스로 창조할 수는 없다.

무에서 나왔다. 이상하게 들리겠지만 최근에 이 개념을 옹호하는 무신론자 교수들이 대거 등장했다. 그리고 실세로 그들은 달리 주장할 방법이 없으므로 이런 개념을 옹호할 수밖에 없다. 유명한 무신론자인 빅터 스팅어와 로렌스 크라우스(Laurence Krauss)는 양자 역학이 무에서 유가 나올 수 있음을 보여준다고 주장한다. 스팅어는 시공간 곡률과 에너지 바다가 결국 '시공간 거품'을 일으켜 무한히 자라고 팽창할 수 있다고 주장한다. 다행히 굳이 양자 역학 분야의 전문가가 아니어도 이 주장의 맹점을 찾아낼 수 있다. 그가 말하는 에너지 바다나 시공간 거품은 무가 아니라 유에 해당한다. 단언컨대 우리가 가진 기본적인 상식뿐 아니라 과학 역시 무에서 유가 나온 것이 아님을 말해주고 있다. 그러므로 선택은 나머지 하나밖에 없다.

초자연적인 초월적 창조주가 우주를 만들었다. 우주가 자신을 스스로 만들지 않았거나 무에서 나오지 않았다면 우주를 있게 한 누군가가 있었다는 뜻이다. 이 누군가는 비물질적이고 전능하며 인격적 존재여야 한다. 판단할 수 있고 창조성과 의도성을 가진 존재여야 한다. 우주의 복잡함과 창조성을 연구할수록 매우 구체적이고 의도적으로 이 우주가 만들어졌다는 사실이 더욱 분명하게 드러난다. 그렇다고 이것이 기독교가 말하는 하나님을 직접 증명해주지는 않는다. 다만 반드시 우리가 섬기는 하나님이 아니더라도 어떤 신적 존재가 우주를 만들었음을 보여준다. 하지만 우리만 이런 주장을 하는 것은 아님을 확인하는 데 큰 도움이 된다.

요약

기독교를 대표하는 철학자인 윌리엄 레인 크레이그(William Lane Craig)는 이런 사상적 흐름의 선두주자로서 무신론자들과 여러 차례 중요한 논쟁을 통해 효과적으로 이 점을 활용했다. '칼람 우주론적 논증'(Kalam Cosmological Argument)이라고 이름 붙인 그는 이 논증을 다음과 같은 순서로 주장한다.

1. 존재하기 시작한 모든 것은 원인이 있다.
2. 우주는 존재하기 시작했다.
3. 그러므로 우주는 원인이 있다.[1]

이 논증이 하나님이라는 표현을 직접 사용하지는 않지만, 우주가 어떤 원인으로 시작되었음을 주장함으로 그 우주를 있게 한 누군가가 있어야 한다고 주장한다.

일반적 반응

그렇다면 하나님은 누가 창조했는가? 우주를 있게 한 원인이 있다는 우주론적 논증에 대한 가장 흔한 반응이다. 상당히 타당한 반응이지만 우주를 시작하도록 한 원인이 무엇인가에 대한 질문을 회피하고 주제를 바꾸는 우를 범한다. 이런 반응에서 나온 질문은 누구도 하나님을 창조한 이가 없다는 말로 대답할 수 있다. 하나님은 시작도 끝도 없는 분이다. 이 답을 모두가 다 만족스럽게 받아들이지는 않겠지만 우주가 시작되기 전을 생각해보면 무엇인가가 영원한 것이 있어야 하고, 우리는 그것이 물리적 우주일 수 없음을 알고 있으며, 따라서 초월적 원인자가 있어야 한다. 또한 칼람 우주론적 논증은 존재하는 모든 것에는 원인이 있어야 함을 강조한다. 하나님은 존재의 시작이 없으므로 원인이 있을 필요가 없다.

과학은 언젠가 그 이유를 밝혀낼 것이다. 이 논증에 대한 또 다른 흔한 반응으로, 이해기 되지 않으면 그리스도인들은 무소선 하나님을 들먹인다는 비아냥이 포함된다. 이렇게 비아냥거리는 사람들은 언젠가 과학이 우주가 있게 된 원인을 설명해줄 것이라고 말한다. 기도로만 병이 낫는다고 믿거나, 지구가 우주의 중심이라고 믿는 사람들에게는 이런 비난이 해당될지 모른다. 그러나 과학이 정확히 어떤 방법으로 우주가 무에서 나왔음을 증명해준다는 말인가? 이런 일이 불가능함을 알려준 것이 바로 과학 아닌가? 무에서 유가 나오는 것이 정상이라면 지금도 계속 무에서 유가 나오는 장면을 보아야 하지 않겠는가?

그렇다면 우리 우주는 어떻게 존재하게 된 것인가? 과학과 논리에 근거해 그 답을 정리하면 다음과 같다. 즉 우주는 영원하지 않고, 스스로 창조되지 않았으며, 무에서 나온 것도 아니다. 다음 장에서 살펴보겠지만 우리 우주는 누군가에 의해 설계된 증거들을 뚜렷이 지니고 있다. 하나님을 믿는 것은 참으로 타당할 뿐 아니라 믿지 않는 것이 더 어렵다.

▶ 함께 나누기

1. 하나님의 존재를 의심해본 적이 있는가? 있다면 이 논증이 믿음을 강화하는 데 도움이 되었는가?

2. 8살 꼬마에게 우주론적 논증을 어떻게 설명해주겠는가?

3. 어떤 식으로 질문해야 사람들이 이 우주론적 논증에 대해 생각해보도록 할 수 있겠는가?

4. 우주의 시작이 기독교의 하나님을 증명하는가? 아니면 단순히 신적 존재를 증거하는가? 기독교적 하나님을 증명하는 데 설명이 필요한 내용은 또 어떤 것이 있는가?

5. 하나님이 어디서 오셨는지 모르기 때문에 이 논증이 효과가 없다는 반대 주장을 짧게 반박한다면 어떻게 대답해주겠는가?

24

하나님이 살아계심을 증명할 수 있는가?

2부

미세 조정 논증

2010년 텍사스 비숍의 작은 마을에서 생각지도 못한 일이 일어났다. 은퇴한 62세의 조안 긴더가 긁는 복권을 사서 100억 원에 당첨된 것이다. 별 것 아니라고? 그렇다면 이것은 어떤가? 이번이 그녀의 네 번째 복권 당첨이라는 것이다. 그녀는 그 전 10년 동안 복권 당첨으로 약 200억 원을 벌었다. 복권에 당첨될 확률보다 번개에 맞을 확률이 더 높다고 한다면 복권에 네 번이나 당첨될 확률은 얼마인가? 그 가능성을 계산해보면 확률은 2억분의 1이라는 보도가 나왔다. 18자분의 1이다. 1자(septillion, 셉틸리언)는 10의 24제곱이다.[1] 마을 주민들은 그녀가 하나님의 축복을 받았다고 믿었다. 그러다가 조안이 스탠포드 대학교에서 통계학으로 박사 학위를 받았음이 알려졌다. 이것을 단서로 내막이 밝혀지기까지 긴 시간이 걸리지 않았다. 그녀는 당첨 확률이 높은 복권을 확인하기 위해 복권에 사용되는 알고리즘을 밝히는 데 몰두했음이 드러났다. 그러자 조작의 가능성이 제기되었다.

속임수를 쓰지 않고서 복권에 네 번 당첨되기가 어렵다고 한다면 서른다섯 번이나 당첨된 사람에게도 동일한 원리가 적용될 것이다. 바로 이런 일이 실제로 일어났고, 그 이익은 우리 모두에게 골고루 나누어졌다. 당첨된 복권은 바로 우리 우주이다. 우주의 작동 원리에 대해 더 깊이 배울수록 천문학적으로 정교한 균형을 이루어야 생명이 존재할 수 있다는 사실을 깨닫는다. 휴 로스(Hugh Ross) 박사에 따르면 생명체가 시작할 기회라도 가지려면 우주의 최소한 35가지 상수가 완벽하게 맞아 떨어져야 한다.[2]

이 믿을 수 없는 '우연의 일치'는 하나님의 존재를 증명하는 강력한 과학적 논증으로 사용되었고, 흔히 미세 조정 논증 혹은 목적론적 논증(teleological argument)으로 알려져 있다. 텔로스(Telos)는 '목표'라는 뜻이고, 이 단어 전체는 목적이 있어서 우주가 창조되었음을 의미한다. 많은 사람은 이것이 오늘날 하나님의 존재를 지지하는 가장 강력한 과학적 증거라고 생각한다. 단, 이 신이 반드시 기독교적 신을 의미하지는 않으며, 일종의 창조주를 가리킨다는 사실을 염두에 두어야 한다. 앞 장에서 지적한 것처럼 하나님이 어떤 분인지 알려 주는 것은 아니다. 단지 하나님이 계시다는 것만 알려준다.

이 상수 중 일부를 소개하면 다음과 같다.

중력. 물리학자 브랜든 카터(Brandon Carter)는 중력이 지금보다 10의 40승분의 1보다 강하거나 약해도 별들은 존재할 수 없다고 설명한다.[3] 별이 없으면 열이 없고, 열이 없으면 생명체는 존재하지 못한다.

우주의 팽창 속도. 우리 우주를 생겨나게 한 폭발이 10의 60승분의 1보다 강하거나 약했다면 우주는 바로 붕괴해 원상태로 돌아가거나 너무 급속히 팽창해 별들이 형성될 수 없었을 것이다. 어느 경우이든 생명체는 존재할 수 없었을 것이다. 과학자 마크 호턴(Mark Horton)과 힐 로버트(Hill Roberts)는 이렇게 설명한다. "중력과 팽창 속도의 균형이 100만분의 1, 10억분의 1, 10억분의 10억분의 10억분의 10억분의 1이라도 달라졌다면 은하계도, 별도, 행성도, 생명체도 존재하지 못했을 것이다."[4]

강력과 전자기력. 강력은 원자 안의 양성자와 중성자를 하나로 결합시키는 힘으로 우리 우주는 기본적으로 원자로 구성되어 있다. 강력이 약화된다면 원소 주기율표상의 원소들은 거의 대부분 존재할 수 없을 것이다. 그런 일이 생기면 우리의 열 공급원인 별들을 비롯한 많은 사물이 영향을 받는다. 강력이 증가한다 해도 동일한 문제가 발생한다.

중성자 질량. 미세 조정 논증의 전문가, 로빈 콜린스(Robin Collins)에 따르면 중성자가 정확히 양성자 질량의 1.001배가 아니라면 모든 양성자는 중성자로 붕괴하거나 모든 중성자가 양성자로 붕괴되어 생명체가 생길 수 없다고 한다.[5]

미세 조정을 설명하는 이런 각 예시는 다이얼로 가득한 공명 장치에 비유해 생각해볼 수 있다. 모든 다이얼이 하나도 빠짐없이 정확히 제자리에 있어야 한다. 그렇지 않으면 소리, 즉 생명이 존속할 수 없다. 이런 모든 것이 우연히 제자리에 있도록 우리가 조정하게 될 경우 어떻게 될까? 우리가 이런 것들을 정확히 조정할 확률은 조안 긴더가 우연히 네 차례나 복권에 당첨될 확률과는 도무지 비교되지 않을 정도로 힘들 것이다. 이제 우리가 더 알아야 할 것은 무엇인가? 불가능한 일일 경우라면 우리가 확률을 아무리 높인다 해도 아무 변화가 일어나지 않을 것이다.

많은 사람이 이런 확률을 보고 우리가 지금 존재하는 것은 단순한 우연으로는 불가능하다고 생각한다. 하지만 영화 "덤 앤 더 머"(Dumb and Dumber)의 로이드 크리스마스처럼 보다 낙관적인 시각을 유지하며 이런 생각을 받아들이지 않는 이들도 여전히 있다. 그는 한 여성에게서 그녀와 함께 하룻밤을 보낼 확률이 1백만분의 1이라는 말을 듣자 "그럼 기회가 있다는 말이지?"라고 신이 나서 웃었다.

요약

미세 조정 논증 혹은 목적론적 논증은 아래와 같이 요약된다. 이런 방식의 논증은 또한 기독교 철학자 윌리엄 레인 크레이그가 제시한 틀을 기초로 한다.

1. 우주의 미세 조정은 물리적 필요성이나 우연 혹은 설계에 기인한다.
2. 미세 조정은 물리적 필연성이나 우연에 기인하지 않는다.

3. 그러므로 그것은 설계에 기인한다.[6]

물론 우주가 설계되었다면 이렇게 우주를 만든 설계자가 있었다는 뜻이다. 오늘날 우리가 보는 이대로의 우주를 만들고 아주 세세한 부분까지 정교하게 조율한다는 것은 인격적이고 지적이며 전능하고 창의적이며 목적 의식을 가진 창조주가 있음을 암시한다.

일반적 반응

다중 우주론

과학자들이 우주가 왜 정교하게 조율되었는지 온갖 설명을 하려고 시도했지만, 오늘날 실제로 인정받는 유일한 이론은 '다중 우주론'이다. 열광적인 다중 우주론자들은 우주가 우연히 이토록 완벽하게 조율될 확률이 참으로 불가능함을 인정하면서도 각기 아주 사소한 차이만 존재하는 수백억만 개의 우주가 존재하며, 각 우주가 나른 우주를 낳는다고 생각한다. 이 이론은 너무나 많은 가능성이 있으므로 생명체가 살 수 있는 우주가 최소한 하나는 있을 것이고, 우리가 이토록 완벽한 우주에서 살고 있기 때문에 우주가 마치 정교하게 조율되어 있는 것처럼 보일 뿐이라고 주장한다. 하지만 다중 우주론은 최소한 두 가지 심각한 문제가 있다.

첫째, 이 이론을 증명할 방법이나 증거가 실제로 전혀 없다. 다시 말해 맹목적 믿음으로만 받아들일 수 있다는 말이다. 무신론자들이 기독교를 공격할 때 종종 이런 이유를 댄다는 사실을 생각하면 아이러니하지 않을 수 없다. 다중 우주론은 맹목적 믿음이 필요한 반면, 누군가가 우주 물리를 정교하게 조율했다고 믿는 사람들은 실제로 더 과학적인 시각의 소유자들이다.

둘째, 다중 우주론은 최초의 우주가 어떻게 시작되었는가와 같은 기본적 물음에 대답해주지 못한다. 또한 '무'에서 '무엇인가'가 나올 수 없다고 설명하는 칼람 우주론적 논증(참고. 23장)에 전혀 대응하지 못한다. 우리 우주 이전에 수없이 많은 우주가 존재했다 해도 여전히 최초의 우주가 있어야 하고, 그 최초의 우주는 원인이 있어야 한다.

복권 당첨자로 인한 깨달음

미세 조정 논증에 반대하는 다소 비과학적인 반박이 또 있다. 처음 듣는 사람들은 이해하기 쉽지 않은 반박이다. 이들이 주장하는 논리는 이렇다. 복권에 당첨된 사람이 당첨 번호가 어떻게 '정교하게 조율되었는지' 꼼꼼히 조사하다가 단 한 숫자만 바뀌었어도 당첨될 수 없었음을 깨닫는다. 그들은 우리 우주도 마찬가지라고 말한다. 우리가 일종의 복권 당첨자라서 정교하게 조율된 우리 우주를 보고 경이롭게 생각할 수 있다는 것이다. 누군가가 복권에 당첨된다면 그것은 놀랄 일도, 미세하게 조정된 일도 아니라는 사실은 인정한다. 그것은 단지 우연일 뿐이고 누군가는 복권에 당첨되게 되어 있는 것이다. 그러나 네 번이나 복권에 당첨되면 우리는 의심하기 시작하고, 서른다섯 번이나 당첨되면 배후에 누가 있다고 확신하게 된다.

볼테르는 "시계가 시계공의 존재를 증명하고 우주는 신의 존재를 증명한다는 사실을 언제나 믿는다"[7]고 말한 적이 있다. 실제로 배후에 지성적이고 강력한 창조주의 존재를 인정하기 위해 이 이상 얼마나 더 정교한 우주가 필요하겠는가?

▶ 함께 나누기

1. 위에서 논의한 것 이외에 우주에서 하나님이 정교하게 조율하셨음이 분명하다고 보이는 것은 무엇인가?

2. 헤아릴 수 없는 우주의 광대함과 복잡성에 대해 알게 되면 하나님을 예배하고 싶은 마음이 더욱 강렬해지지 않는가?

3. 칼람 우주론적 논증이나 목적론적 논증 중 어느 것이 더 설득력 있어 보이는가?

4. 미세 조정 혹은 목적론적 논증을 간단히 요약해보라.

5. 우주가 정교하게 조율되었을 가능성을 반박하기 위해 사용할 수 있는 또 다른 비유는 무엇인가?

6. 현재의 중력에 조금이라도 변화가 일어나면 어떤 일이 일어나리라고 생각하는가?

7. 다중 우주론이 옳다고 해도 하나님의 존재를 무시하기에 부족한 이유는 무엇인가?

25

하나님께 결점이 있는가?

하나님의 도덕적 완전성
(하나님의 거룩하심)

사람은 누구나 부족한 면이 있다. 특별히 다른 친구들보다 더 실망스러운 친구들이 있지만, 불행하게도 아무리 가까운 친구라도 우리의 기대를 모두 다 충족해주지는 못한다. 모든 인류가 죄의 얼룩이 묻었기 때문이다.

증조 할머니가 심하게 저속한 말을 쓰는 나(클린턴)를 보시고 "애야, 갑자기 왜 그러는 거니?"라고 물어보시던 일을 지금도 기억한다. 대부분 신혼 부부는 결혼 첫해에 배우자가 그동안 생각하던 거의 완벽에 가까운 사람과 거리가 멀다는 사실을 발견한다. 제직회 리더들은 목회자나 사역자들에게서 차라리 몰랐으면 좋았을 흠을 발견한다.

그러면 하나님은 어떤가? 어느 날 아침에 눈을 떠서 문득 하나님의 어두운 면을 보게 될 가능성은 없는가? 언젠가 인격적 결함이 드러날 가능성은 없는가?

성경은 절대 그럴 가능성은 없다고 대답한다. 하나님의 두드러지는 한 속성은 거룩함이다. 다시 말해 하나님께는 조금도 어두운 면이 없다는 말이다.

하나님의 '거룩하심'

성경에서 사용하는 '거룩'의 기본 의미는 '구별되다'는 뜻이다. 하나님은 창조주시라는 면에서 피조물과 '구분된다.' 그러나 또한 죄와 더러움과 전혀 무관하다는 면에서 '구분되는' 분이기도 하다. 그분은 완벽하게 성실하시고 순결하시다. 성경은 하나님 안에 "회전하는 그림자"(약 1:17)도 없으시고, 그 눈이 너무 순결하셔서 악을 차마 두고 보지 못하시며(합 1:13), 악에게서 유혹을 받지 않으신다(약 1:13)고 단호하게 말한다. 모세는 하나님을 찬양하는 노래에서 "여호와여 신 중에 주와 같은 자가 누구니이까 주와 같이 거룩함으로 영광스러우며 찬송할 만한 위엄이 있으며 기이한 일을 행하는 자가 누구니이까"(출 15:11)라고 선포한다.

인간의 상상력이 만들어낸 신들이나 전설에 등장하는 신들은 이런 이상적인 모습과는 동떨어져 있다. 제우스는 성질이 사납고 툭하면 다른 신들과 인간들에게 번개를 휘둘러 분을 푸는 신이었다. 심지어 그의 아내 헤라도 "내 남편의 성정이 얼마나 잔인하고 오만한지 나도 알아요"라고 인정한다.[1] 고대인들은 자신들이 믿는 신들을 설명할 때 거룩이라는 표현을 전혀 사용하지 않았다.

반대로 우리 하나님은 살아계시고 참된 분일 뿐 아니라(렘 10:10, 살전 1:9) 절대적으로 완벽한 도덕성을 지니셨다는 면에서 그분이 만든 모든 피조물과 구분되신다. 간단히 말해 그는 생각하고 계획하고 행동하는 모든 일에서 절대적으로 선한 분이다. 언제나 선한 분이다. 온 세계 열방은 장차 이 사실을 인정할 것이다. "오직 주만 거룩하시니이다 주의 의로우신 일이 나타났으매 만국이 와서 주께 경배하리이다"(계 15:4).

하나님의 이런 특성(혹은 속성)은 모든 다른 속성의 발현을 통합하고 영향을 미치기 때문에 아마 가장 중요한 속성일 것이다. 예를 들어 성경은 하나님이 전능한 분이라고 가르치지만("나는 전능한 자라", 계 1:8), 또한 선한 분이기 때문에 자제력을 갖고 그 능력을 사용하신다. 그분의 거룩하심과 완전히 상충되기 때문에 하나님이 부정하게 권능을 행사할 분이 절대 아님을 우리는 확신할 수 있다.

하나님의 거룩하심이 우리에게 갖는 의미

하나님의 거룩하심이 우리에게 미치는 영향은 엄청나다. 몇 가지 긍정적인 혜택을 소개하자면 아래와 같다(그리고 다른 혜택들도 살펴보기 바란다).

- 하나님은 예견 가능한 분이다. 그분은 자신의 선한 성품에 맞게 행동하시기 때문에 갑자기 변덕을 부리거나 진노를 쏟지 않으신다. 그분은 믿을 수 있다.
- 분위기에 휩쓸리시지 않는다. 그분의 선하심이 감정과 기분을 조절하고 제어한다. 하나님이 갑자기 기분이 돌변하시는 경우는 없다.
- 하나님은 절대 우리를 학대하시지 않는다. 하나님이 누군가를

학대하실 수 있다고 생각하는 자체가 이상하다. 그분은 언제나 우리의 최선을 생각하신다. 세상에서 우리에게 가장 안전한 곳은 그분 옆이다.
- 하나님은 절대 우리를 실망시킬 분이 아니다. 친구나 가족이 때로 우리를 실망시키고 낙심하게 하고, 심지어 우리 스스로 낙심할 수는 있어도 하나님은 절대 우리를 실망시키시지 않는다.

하나님의 거룩하심은 죄를 철저히 미워하신다는 사실로 드러난다. 그분은 거룩하신 성품 때문에 모든 형태의 죄를 미워하신다. 노아 시대 사람들이 홍수로 멸망한 사건이 바로 하나님의 거룩하심이 드러난 대표적인 경우이다(참고. 창 6-8장). 모든 이스라엘 사람의 의식에도 이 사실은 깊이 각인되어 있었다. 7장에서 살펴본 대로 하나님은 자기 백성과 화해하시는 방편으로 짐승의 제사 제도를 제정하셨다(참고. 레 1-7장). 성전 제사는 하나님이 얼마나 죄를 미워하시는지를 보여주는 정기적인 실물 교육이었다.

구약의 선지자들은 하나님의 거룩하심과 순결하심을 두려워했다. 하나님이 부르신 선지자라는 위치에도 불구하고 이사야는 보좌에 계신 하나님의 환상을 보고 그분의 거룩하심에 압도당했다. 이사야는 그 환상을 보고 두려워 떨었다. 하지만 그것은 하나님이 아니라 그 자신 때문이었다. 자신의 죄악 된 모습을 깨닫고 무너져내렸다. 마치 슈퍼모델이 거울로 본 자기 모습이 사마귀로 덕지덕지 뒤덮이고 주름진 얼굴을 한 기괴한 마녀인 심정과 흡사했을 것이다. 이사야는 이렇게 소리쳤다. "화로다 나여 망하게 되었도다 나는 입술이 부정한 사람이요 나는 입술이 부정한 백성 중에 거주하면서 만군의 여호와이신 왕을 뵈었음이로다"(사 6:5). 무죄하고 거룩하신 하나님과 비교되는 우리 모습을 발견할 때 우리가 실제로 얼마나 추하고 죄악 된 존재인지 깨닫는다. 하나님께 자랑할 어떤 업적도, 선한 행위도 없으며, 내세울 만한 어떤 것도 없음을 인정하게 된다. 우리는 그분의 거룩하심에 조금도 미치지 못한다.

하나님의 거룩하심에 우리는 어떻게 반응해야 하는가?

그분의 거룩하심에 미치지 못하는 우리가 해야 할 일은 무엇인가?

1. **하나님의 거룩하심이라는 선물을 받으라.** 이사야가 처한 상황이 절망적이지 않았듯이 우리도 마찬가지다. 시중을 드는 천사 중 하나가 제단의 숯불을 가져와 이사야의 입술에 대며 "네 악이 제하여졌고 네 죄가 사하여졌느니라"(사 6:7)고 선언했다. 그리스도를 따르는 제자인 우리는 우리를 만지는 제단 숯불로서 하나님의 아들이 당하신 십자가의 고난과 죽음을 끊임없이 묵상해야 한다. 우리는 하나님이 값없이 주시는 선물로 의와 거룩함을 입는다. 이것은 그리스도가 우리를 위해 이루신 사역으로, 하나님이 우리에게 주시는 선물이다(롬 3:21-26, 4:23-25). 이 선물로 이제 우리는 '거룩함'(hagios, 하기오스)을 입게 되었다. 이사야가 본 환상에서 하나님을 가리키는 특징적인 단어로 사용된 그 표현이 이제 우리에게도, 다시 말해 예수 그리스도를 따르는 진정한 모든 제자에게도 적용되는 것이다. 실제로 바울 사도가 서신서에서 그리스도인을 가리켜 가장 빈번히 사용한 단어는 그리스도인(실제로 한 번도 이 단어를 사용한 적이 없다)이 아니라 성도였다. 원문을 보면 정확히 거룩과 같은 단어이다. 둘 다 헬라어 하기오스를 반영한다.

2. **거룩하신 하나님을 섬기고 높이라.** 이사야의 환상에서 보좌를 둘러싼 천사들은 하나님을 예배하며 "거룩하다 거룩하다 거룩하다 만군의 여호와여"(사 6:3. 참고. 계 4:8)라고 외쳤다. 성급하게 요구 목록을 들이대며 하나님께 나아가지 마라. 영화로우시며 거룩한 위엄으로 가득한 하나님을 묵상하는 시간을 가져라. 그 속성과 거룩함의 선물을 주신 하나님께 감사하고 예배하며 찬양하라.

3. **하나님을 신뢰하라.** 사람들은 죄에 휘둘리고 우리를 실망시키기 때문에 냉소적이고 불신에 빠지기 쉽다. 하나님은 다르다. 그분을 신뢰하라. 그분은 진심으로 우리의 최선을 생각하신다.

4. **죄를 가벼이 여기지 마라.** 거룩하신 하나님이 죄를 얼마나 역겹게 생각하시는지 심각하게 받아들여야 한다. 그러나 많은 그리스도인은 죄를 은폐하고 축소하며 미화하거나, 하찮은 문제인 것처럼 보이게 하고 싶은 유혹을 받는다. 그러나 하나님은 절대 죄를 가벼이 생각하시지 않는다는 것을 기억하라. 그럼에도 자비로우신 하나님은 우리가 지은 모든 죄를 낱낱이 용서하실 방법을 마련해주셨다.

하나님께는 어두운 면이 조금도 없다. 믿기 어렵겠지만 사실이다. 하나님은 철저히 완벽하게 거룩한 분이다. 우리를 절대 낙심하게 하시지 않는다. 우리는 인생을 그분께 의탁할 수 있다. 모든 일에 순결하고 정의로우며 신뢰할 만한 분보다 우리를 의탁하기에 더 적합한 분이 누구이겠는가?

● 핵심 성구

레위기 11:44
신명기 32:4
시편 5:4

시편 92:15
이사야 6:3-5
하박국 1:13

야고보서 1:13, 17
요한계시록 4:8, 15:4

■ 함께 나누기

1. 하나님이 아주 간혹이라도 악한 면모를 드러내신다면 세상이 어떻게 달라지겠는가?

2. 하나님의 완전하심에 조금이라도 흠이 있다면 기독교가 어떻게 달라지리라 생각하는가?

3. 하나님의 완전하심에 대해 이야기하던 중 누군가가 "무슨 상관이야. 완벽하면 지루하지"라고 응수한다고 해보자. 이런 반응에 무엇이라 대답하겠는가? 이런 반응에서 하나님에 대한 어떤 시각을 엿볼 수 있는가?

4. 하나님의 거룩하심과 맞닥뜨릴 때 이사야 선지자 같은 사람이 두려움으로 압도당한 이유는 무엇인가?

5. 우리는 나보다 낫다고 생각하는 누군가가 주위에 있으면 보통 자의식을 느낀다. 완전하시고 전능하시며 전지하신 하나님이 늘 우리와 함께 계신다는 생각을 하면 위축될 때가 있는가?

26

하나님은 우리 일상에 적극적으로 개입하시는가?

하나님의 섭리

사는 게 지옥처럼 느껴질 때가 있다. 감당하기 힘든 일들이 연거푸 생긴다. 그 상황에서 어려운 일이 또 생기면 완전히 무너져버릴 것 같은 생각이 든다. 하나님을 의심하게 된다.

- 하나님이 정말 세상을 다스리시는가?
- 하나님은 정말 우리 가까이 계시는가?
- 그분은 정말 사랑의 하나님인가?
- 하나님은 정말 나를 도와주시는가?

성경은 이런 각각의 질문에 대해 분명하게 대답해준다. 하나님은 정말 세상을 다스리시고, 우리와 함께하시며, 우리를 깊이 사랑하시고 도와주겠다고 약속해주신다.

하나님은 세상을 창조하시고 그대로 방치하시지 않았다. 적극적으로 피조물을 붙들고 계시며, 우리가 그것을 느낄 수 없고 의심스러워할 때조차 우리 삶에 깊숙이 개입하고 계신다. 하나님은 미래를 아시고, 자기 백성을 돌보시며, 우리 삶에 개입하셔서 때에 따라 지혜를 주시고 인도하시며 도와주신다. 신학자들은 이것을 하나님의 '섭리'(providence)라고 부른다.

영어권에서 이 단어는 그 자체로는 더는 사용되지 않는다. 특히 기독교계 외부에서는 더욱 외면당하는 단어이다. 우리 대부분은 그 단어를 프로비던스라 불리는 로드 아일랜드의 한 성 이름으로만 알고 있다. 흥미롭게도 이 성의 이름을 지은 사람은 영국 출신의 헌신적 그리스도인인 로저 윌리엄스였다. 그는 정착지를 세우도록 하나님이 그곳으로 자신을 이끄셨다고 믿었다. 그에게 그 땅은 하나님의 자비로운 돌보심과 섭리의 증거였다.

'섭리'라는 단어가 성경에 거의 사용되지 않지만, 그 이면에 담긴 사상은 성경 곳곳에 스며들어 있다. 이 단어는 '선견'(foresight)을 의미하는 라틴어에서 파생했다(pro=앞에, video='보다'). 이 단어는 보통 자신의 피조물을 돌보시고 자기 백성을 살피시는 그분의 반응과 연관하여 미래를 아시는 하나님의 능력을 가리켜 사용되었다.

하나님의 섭리는 합력하여 우리의 선을 이루게 하시는 가장 두드러진 하나님의 속성과 관련이 있다. 여기에는 그가 전능하시고(그래서 주권자가 되시며) 전지하시며(특별히 미래에 대해), 절대적으로 지혜로우시고 사랑이 풍성한 분이라는 사실이 포함된다. 하나님의 이런 확실한 성품 때문에 우리는 돌보시는 그분의 사랑을 확신할 수 있다.

환경과 세계 정치

하나님의 주권적 사랑은 대부분 그 아들 예수 그리스도를 통해 성취된다. 그 아들이 태초에 아버지와 함께 계셨고, 하나님은 그분을 통해 세상을 창조하셨다(요 1:1-3). 성경은 주 예수 그리스도를 통해 하나님이 피조물을 붙들고 유지하신다고 말한다(히 1:3, 골 1:17). 다시 말해 소위 자연법은 단순히 하나님이 자기 피조물을 다스리시고 지탱하시는 방식의 일부라는 말이다. 단언컨대 하나님이 지속적으로 붙들고 돌보아주시지 않으면 이 세상은 무너질 수밖에 없다. 다시 말해 우리와 관련이 있는 심각한 문제들, 곧 지구 온난화, 오존층 파괴, 열대 우림의 소실, 지질 구조판의 압력 증가, 화석 연료 고갈과 같은 문제를 그분이 이미 알고 계시며, 더 큰 뜻 안에서 그분이 통제하고 계시다는 말이다. 우리는 피조 세계를 관리할 책임이 있고, 하나님은 그 관리에서 우리가 선택한 대가를 치르도록 하신다. 그러나 그분은 자신의 피조물과 관련된 모든 문제를 다 알고 계시며 다루실 수 있다.

한 국가의 행정 주체인 정부에 대해서도 동일한 원리가 적용된다. 하나님은 무관심한 관찰자가 아니라 비중이 가장 큰 주전 선수이시다. 그분이 궁극적 주권자이시고 절대적 왕이시기 때문이다. 불의하고 악한 사람들은 종종 책략과 음모로 권력을 차지한다. 따라서 세상 정부들이 하나님과 그 뜻에 대적하는 경우가 종종 있다. 시편 기자는 그것을 이렇게 말했다. "세상의 군왕들이 나서며 관원들이 서로 꾀하여 여호와와 그의 기름 부음 받은 자를 대적하며"(시 2:2). 그럼에도 하나님은 이 통치자들과 정부를 주권적으로 다스리신다.

그분은 그들이 반대해도 그 뜻을 이루실 것이다. 예를 들어 주님은 불의한 바사 왕 고레스를 통해 그 뜻을 이루셨다(사 44:28, 45:1). 다니엘서는 하나님이 제국의 흥망성쇠를 알고 계심을 보여준다(미래의 제국도 마찬가지이다). 그러나 그분은 계속 주권자로 통치하시며 그 뜻을 온전히 이루실 것이다.

자기 백성을 돌보시는 하나님

자기 백성을 향한 하나님의 섭리적 주권 중 우리에게 가장 힘이 되는 특징을 하나 꼽는다면 하나님이 우리 삶에 개입하시고 돌보신다는 것이다. 이것은 하나님을 우리 '아버지'로 묘사하는 성경 구절에서 잘 드러난다(예를 들어, 산상설교에서 하나님을 우리 아버지로 언급한 수많은 사례, 마 5:16, 45, 48, 6:1, 4, 6, 8-9와 그 밖의 수많은 구절). 우리 아버지 되신 그분은 우리를 이끄시고 돌보시며 도우시고, 심지어 징계하심으로 우리와 친밀한 관계를 유지하신다.

구약에는 하나님이 자기 백성을 인도하시고 도우신 이야기로 가득하다. 아브라함을 선택하시고 인도하신 것부터 이삭의 종을 주권적으로 인도하셔서 그 아내가 될 리브가를 찾도록 하신 놀라운 이야기가 대표적이다(창 24장).

'선한 목자'로서 예수님의 이미지는 우리 삶을 돌보시고 인도해주시는 그분의 모습을 아주 간결하게 드러낸다(요 10장). 예수님은 "나는 내 양을 알고 양도 나를 아는 것이…내 양은 내 음성을 들으며 나는 그들을 알며 그들은 나를 따르느니라"(요 10:14, 27)고 말씀하셨다. 새 언약 아래서 우리가 누리는 인생의 큰 축복을 하나 꼽는다면 주님께 더 가까이 나아갈 수 있다는 점이다(엡 2:13). 예수님은 실제로 우리가 겪는 모든 일을 아시고, 우리에게 다가오시며, 우리를 목자처럼 돌보시고 도우시며 우리와 함께해주신다.

　도우시고 인도하시는 예수님의 능력은 그분의 몸된 교회의 '머리'로서 그 역할을 보여주는 이미지에 잘 드러나 있다(엡 1:22, 4:15, 5:23, 골 1:18, 2:19). 바로 이 순간에도 예수님은 하나님 우편에서 교회 생활에 매우 적극적으로 개입하고 계신다. 아버지가 세상으로 다시 보내셔서 자기 백성을 데려오고 세상을 심판하게 하실 때까지 수동적으로 기다리시지 않는다. 교회의 '머리'로서 교회를 인도해주시며, 힘과 도우심과 자양분을 공급해주신다. 우리에게 섬길 힘과 지혜와 은사를 주시는 성령을 통해 바로 이 일을 하신다.

하나님은 심지어 악을 통해서도 역사하신다

악의 문제를 다 이해하기란 쉽지 않다. 그러나 성경에서 한결같이 입증하는 사실을 하나 소개한다면 하나님은 절대 어떤 악도 행하시지 않지만 이미 발생한 악을 더 큰 뜻을 이루는 데 사용하신다는 것이다. 구약성경 창세기에 나오는 요셉 이야기가 이것을 가장 잘 보여준다. 질투심에 눈이 먼 형들이 그를 죽이려고 모의했지만 그는 목숨을 보전했고, 결국 노예상들에게 팔려 애굽으로 갔다. 그는 애굽 왕가에 노예로 팔렸다(창 37장). 하나님은 애굽에서 요셉과 함께하셨고 그를 축복해주셨다. 하나님은 요셉을 사용해 그 아버지와 형제들(다시 말해 이스라엘 민족의 족장들)이 대기근에서 목숨을 부지하도록 인도하셨다. 표면적으로 보면 요셉이 악한 인간의 덫에 걸린 불행한 희생자인 것처럼 보이고 실제로도 그랬다. 하지만 하나님이 그 형들의 악행을 사용해 더 큰 선을 이루셨기 때문에 이 이야기에는 더 심오하고 중요한 측면이 존재한다. 요셉은 "하나님이 생명을 구원하시려고 나를 당신들보다 먼저 보내셨나이다"(창 45:5)고 밝혔다. 그러므로 "당신들은 나를 해하려 하였으나 하나님은 그것을 선으로 바꾸사 오늘과 같이 많은 백성의 생명을 구원하게 하시려 하셨나니"(창 50:20)라는 요셉의 말은 사실이었다.

이 점은 십자가에서 가장 극명하게 드러난다. 사탄은 인간 통치자들을 이용해 예수님을 죽이고 메시아를 통한 하나님의 구원 계획을 망치려고 작정했지만(참고. 눅 22:3, 고전 2:6-8), 악한 통치자들은 하나님의 지혜를 과소평가했다. 하나님이 인류의 구속 계획을 성취하신 것은 바로 예수님의 수난과 죽으심을 통해서였다.

1세기에 한 유대 그리스도인 부부가 겪은 일에서도 하나님의 섭리를 볼 수 있다. 브리스길라와 아굴라는 1세기에 일어난 가장 극렬한 인종주의적 박해의 희생양이었다. 주후 49년 글라우디오 황제는 모든 유대인에게 수도 로마를 즉각 떠나라고 명령했다. 브리스길라와 아굴라는 모든 것을 정리하고 사업체와 집과 많은 친구를 뒤로한 채 떠나야 했다. 그러나 하나님은 이 불행을 자신의 뜻을 이루는 데 사용하셨다. 그들을 고린도로 인도해주셨고, 그곳에서 바울을 만나 그의 신실한 동역자가 되게 하셨다. 그들은 바울이 고린도 교회를 세우도록 도왔을 뿐 아니라 나중에는 에베소 교회를 세우는 데 큰 도움을 주었다(참고. 행 18장).

우리는 하나님의 섭리하심에 감사할 수 있다. 상황이 암울해 보여도 하나님은 어렵고 고통스러운 상황을 사용해 결국 하나님께 영광을 돌리게 하실 수 있다(참고. 롬 8:28). 하나님은 멀리 계시는 분이 아니다. 우리와 함께 계시고, 우리를 돌보아주시며, 우리 일에 개입하신다.

● **핵심 성구**

시편 23편	요한복음 10:1–20	골로새서 2:19
시편 37:23	에베소서 2:13	
이사야 40:10	골로새서 1:17	

■ **함께 나누기**

1. 버스에서 만난 옆 사람과 대화하던 중 그가 하나님은 시계공과 비슷하다고 말한다. 다시 말해 세상을 만드시고 세상이 작동하게 한 다음 알아서 돌아가도록 방치해두신다는 말이다. 이에 대해 어떻게 성경적으로 답변해줄 수 있는가?

2. 일상에서 우리를 향한 하나님의 사랑을 엿볼 수 있는 일이 있다면 무엇인가?

3. 불행한 일이 생기면 하나님이 우리와 함께 계시지 않아서 그런 것인가? 혹은 하나님이 그 일이 일어날지 모르셔서 그런 것인가? 자세히 설명해보라.

4. 하나님은 어떤 방법으로 악한 상황을 사용해 선을 이루시는가?

5. 하나님이 실제로 우리 인생과 이 세상에 적극적으로 개입하고 계심을 알 수 있는 한 가지 증거를 제시할 수 있다면 무엇인가?

Question & Answer

예수님과 성령

27

예수님은 정말 하나님이셨는가?

그리스도의 신성

어릴 때부터 교회에 다닌 사람들은 예수님이 하나님이라고 배운다. 모든 성탄절 프로그램도 예수님을 '임마누엘'(하나님이 우리와 함께 계시다) 하나님으로 찬양한다. 모든 신앙 고백 역시 예수님을 육신을 입으신 하나님이라고 고백한다.

그러나 이 믿음은 종종 의심의 대상이 된다. 산타클로스가 허구의 인물임에 눈떴던 것처럼 청소년들은 대학에 가서 인본주의 강의를 들으며 예수님이 일개 인간에 불과하다는 생각을 갖게 된다. 분명히 그는 위대한 인물이지만 스스로 하나님이라고 주장한 적이 없으며, 실제로 하나님이 아니었다고 믿게 된다. 그를 신의 반열로 올린 이들은 후대 그리스도인들이었다고 말한다. 그들이 예수님에 대해 이상적 이미지를 만들었고, 결국 중요한 기독교 전통이 되었다는 것이다. 어떤 이들은 역사의 예수가 신앙의 대상인 그리스도가 되었다고 주장한다. 다시 말해 예수님의 정체성에 대한 우리의 이해가 진화되었다는 것이다. 그리스도인들은 그를 하나님으로, 신앙의 대상으로 숭상하게 되었다.

예수님을 이렇게 서술하는 학자들의 주장은 지난 몇백 년 동안 큰 영향력을 발휘했다. 이런 시각은 기적의 가능성, 예언의 타당성, 성경의 진실성, 때로는 하나님의 존재 자체에 의문을 제기한 1700년대 학문적 회의주의가 발호하면서 시작되었다. 그러나 당연히 우리는 이 시각(예수님이 처음부터 하나님으로서 숭배의 대상이 된 것이 아니라 시간이 지난 뒤 그리스도인들이 하나님으로 신격화했을 뿐이라는 시각)이 옳은지 질문해보아야 한다. 이 시각을 주창하는 많은 사람은 예수님에 대한 과학적, 역사적 이해와 역사적 사실과 부합하지 않는 교회의 전통적 이해 중 하나를 골라야 한다고 말한다. 하지만 우리가 선택할 대안은 이 두 가지만 있는 것이 아니다. 실제로 문제는 예수님에 대한 정확한 역사적 이해가 어떤 것인가이다. 예수님이 스스로 하나님이라고 주장하셨는가? 그가 육신을 입은 하나님이라는 분명한 증거가 있는가? 성경은 그가 하나님이라고 가르치는가? 초대 교인들은 그를 하나님이라고 이해했는가? 이 4가지 질문의 대답은 단언코 '그렇다'이다.

예수님은 스스로 하나님이라고 주장하셨는가?

예수님이 자기 자신을 어떻게 주장하셨는지 알 수 있는 가장 명확한 진술 한 가지를 든다면 유대인 지도자들이 그의 신분을 탐색하며 던진 질문에 하신 대답이 대표적이다. 그들은 예수님이 사마리아 사람이며 귀신이 들렸다고 거짓으로 비난했다(요 8:48). 예수님은 이 비난을 정면으로 반박하시고 이렇게 말씀하셨다. "진실로 진실로 너희에게 이르노니 아브라함이 나기 전부터 내가 있느니라(ego eimi, 에고 에이미)"(요 8:58). 얼핏 예수님의 대답은 불완전해 보인다. "나는 너희가 알고 있는 바로 그이다?" 그러나 구약에 정통한 유대 지도자들은 예수님의 주장이 불타는 떨기나무에서 모세에게 알려주신 하나님의 자기 계시와 연관이 있음을 직감했다. "나는 스스로 있는 자이니라(ego eimi)"(출 3:14). 이때는 하나님이 모세에게 야훼('스스로 있다'에 해당하는 히브리식 표현)라는 자기 이름을 밝히신 중요한 순간이었다. 예수님은 종교 지도자들이 이해하리라 생각하는 표현을 빌려 "나는 불타는 떨기나무에서 모세에게 자신을 계시한 바로 그이다", 다시 말해 "나는 하나님이다"고 말씀하신 것이다. 그리고 자신을 야훼 하나님과 동일시하는 그 주장을 듣고 그들은 그를 돌로 쳐 죽이려 했다.

또 유대인 지도자들에게 "나와 아버지는 하나이니라"(요 10:30)고 말씀하신 적도 있다. 이때도 그들은 그분이 하신 충격적인 주장의 심각성을 알고 돌로 쳐 죽이고자 했다. "네가 사람이 되어 자칭 하나님이라 함이로라"(요 10:33). 예수님의 이런 말씀은 당시 종교 지도자들에게 최악의 이단적 주장이나 마찬가지였다.

많은 사람이 지적했듯이 예수님이 하신 놀라운 주장들을 보고 우리는 그가 희대의 거짓말쟁이(그리고 돌팔이 사기꾼)든지, 아니면 자기기만적인 미치광이든지, 아니면 그가 스스로 주장한 대로 육신을 입으신 하나님이든지 결정해야 한다.

성경에서 예수님을 하나님으로 인정하는 또 다른 증거는 무엇인가?
성경은 또한 하나님께만 적용될 수 있는 수많은 내용을 예수님께 적용한다. 성경은 예수님이 베들레헴 마구간에서 태어나신 순간에야 비로소 존재하게 된 분이 아니라고 말한다. 그전에 이미 계셨다는 것이다. 실제로 그분은 세상이 창조되기 전에 계셨고, 그 창조 행위에 친히 관여하셨다. 요한은 "만물이 그로 말미암아 지은 바 되었으니 지은 것이 하나도 그가 없이는 된 것이 없느니라"(요 1:3)고 선언한다. 바울은 예수님이 또한 그 피조물을 붙드시고 지탱하신다는 사실을 덧붙인다(골 1:16-17). 이것은 예수님을 "나는 알파와 오메가요 처음과 마지막이요 시작과 마침이라"(계 22:13)고 묘사한 요한계시록과 일치한다.

예수님이 지상에 계시면서 행하신 기적 중에는 그분이 단순히 인간 이상의 존재, 즉 하나님이라는 사실을 암시하는 기적들이 적지 않다. 물을 포도주로 만드셨고(요 2:1-11), 문둥병자를 고치셨으며(요 5:1-18), 눈먼 자의 눈을 뜨게 하셨고(요 9:1-7), 5천 명이 넘는 사람을 먹이셨으며(요 6:5-14), 물 위로 걸으셨고(요 6:16-21), 죽은 사람을 살리셨다(요 11:1-44). 이 기적들은 틀림없는 사실이므로 예수님은 일개 인간이 아닌 그 이상의 존재임이 분명하다.

성경은 예수님이 하나님이라고 가르치는가?

구약은 메시아가 하나님이라고 예언했다. 선지자 이사야는 "그러므로 주께서 친히 징조를 너희에게 주실 것이라 보라 처녀가 잉태하여 아들을 낳을 것이요 그의 이름을 임마누엘[하나님이 우리와 함께하신다는 뜻]이라 하리라"(사 7:14)고 선포했다. 또한 이사야는 예수님이 오시기 약 9백 년 전에 그 어깨에 정사를 메고 갈 아이가 태어날 것이며, 그 이름은 "기묘자라, 모사라, 전능하신 하나님"(사 9:6)이라고 예언했다.

요한복음의 첫 절은 예수님이 하나님임을 확실하게 선언한다. "태초에 말씀이 계시니라 이 말씀이 하나님과 함께 계셨으니 이 말씀은 곧 하나님이시니라"(요 1:1). 예수님은 여기서 하나님을 설명하고 계시하러 오셨기 때문에 '말씀'(logos, 로고스)으로 소개된다(참고. 요 1:18). 이 본문의 언어는 너무나 분명하고 직접적이다. 예수님(말씀)은 하나님이라는 것이다.

이 밖에도 신약의 여러 구절이 예수님이 하나님이라고 분명히 이야기한다. 도마는 죽은 자 가운데서 부활하신 예수님을 본 후 "나의 주님이시요 나의 하나님이시니이다"(요 20:28)고 외쳤다. 로마서 9장 5절은 그리스도를 "만물 위에 계서서…찬양을 받으실 하나님"이라고 말한다. 사도 바울은 예수님을 "우리의 크신 하나님 구주 예수 그리스도"(딛 2:13)라고 소개한다. 사도 베드로 역시 예수님을 가리켜 "우리 하나님과 구주 예수 그리스도"(벧후 1:1)라고 한다.

사도 바울은 여러 곳에서 예수님의 정체성의 본질을 깊이 연구한다. 골로새 교인들에게는 "그 안에는 신성의 모든 충만이 육체로 거하시고"(골 2:9)라고 말한다. 빌립보 교인들에게는 "그는 근본 하나님의 본체시나 하나님과 동등됨을 취할 것으로 여기지 아니하시고 오히려 자기를 비워 종의 형체를 가지사 사람들과 같이 되셨고"(빌 2:6-7)라고 말한다. 예수님은 아버지가 계신 천국의 영광을 버리고 인간의 육신을 입으심으로 우리와 같이 되셔서 우리 대신 고난을 당하고 죽으셨다.

신약을 구성하는 여러 책은 한결같이 한목소리로 예수님에 대해 말한다. 그는 하나님이다.

초대 교회는 예수님이 하나님이심을 인정했는가?

교회는 설립 초창기부터 예수님이 유랑하는 도덕적 스승이나 하나님이 보내신 선지자 이상의 존재라고 분명하게 선언했다. 그는 육신을 입으신 하나님이라고 고백했다. 일부 비평가들이 예수님에 대한 그리스도인들의 인식이 시간이 흐르면서 달라졌다고 주장하지만, 이런 주장은 역사적 증거와 부합하지 않는다.

오랜 시간이 흐르면서 개신교나 가톨릭, 동방 정교를 비롯해 기독교 교회 내 분파는 여러 면에서 서로 이견이 생겼지만 예수님이 하나님이라는 사실은 한목소리로 고백했다. 기독교가 생긴 이후 이 고백은 변하지 않았다. 그러나 이 고백은 늘 도전을 받았다.

교회 초창기에는 이 진리가 수많은 유대인이 개종하는 데 걸림돌로 작용했다. 특히 하나님이 한 분이라는 그들의 신앙과 양립하기가 어려웠기 때문에 큰 걸림돌이었다. 기독교로 개종한 일부 유대인들은 예수님을 하나님으로 완전하게 인정할 수 없었다. 에비온파로 알려진 이 유대 그리스도인들은 그리스도의 신성을 부인하고 유대교의 고유한 관습들을 상당 부분 고수했다.

초대 교회에서는 또한 아리우스라는 이집트 태생의 기독교 지도자가 등장했다(주후 250-335). 그는 그리스도의 신성을 부인했다. 예수님은 성부 하나님이 창조한 영에 불과하며 하나님이 아니라고 가르쳤다. 4세기 경 이탈리아, 그리스, 북아프리카, 이집트, 소아시아, 시리아, 팔레스타인, 가울 등 각지의 교회 지도자들이 소아시아의 니케아에서 회합을 갖고 아리우스주의(그리고 예수님이 하나님이심을 부정하는 모든 다른 가르침)에 맞서 통일된 입장을 확인하고 천명했다. 이들은 예수님은 온전한 인간이실 뿐 아니라 참 하나님이시라는 교회의 공통된 고백이 반영된 신조를 발표했다. 니케아 신조로 알려진 이 유명한 선언문에서 교회 교부들은 예수님이 성부 하나님과 동일한 본질(*homoousios*, 호모우시오스)을 공유한다고 발표했다.

니케아 신조

니케아 신조 초본은 주후 325년에 채택되었고, 주후 381년 콘스탄티노플 공의회에서 수정 과정을 거쳤다. 니케아 신조는 그리스도에 대해 이렇게 천명한다.

> 우리는 또한 하나님의 독생자이신 한 분의 주 예수 그리스도를 믿습니다. 그는 영원 전에 성부에게서 태어난 신 중의 신이고 빛 중의 빛이며 참 신 중의 참 신으로서, 창조되지 않고 출생하였으며, 모든 것을 창조하신 성부와 같은 본질을 가진 분입니다. 그는 우리 인류를 위하여, 우리 구원을 위하여 하늘에서 내려와 성령의 능력으로 동정녀 마리아에게서 육신을 받아 인간이 되었고, 우리를 위하여 본디오 빌라도에게 십자가 처형을 받았습니다. 그는 고난을 받고 장사되었으며, 성경대로 사흘 만에 부활하여 하늘에 오르사 아버지의 우편에 앉으셨습니다. 그리고 그는 산 자와 죽은 자를 심판하러 영광 중에 다시 오실 것이며, 그의 나라는 무궁할 것입니다.

예수님이 하나님이라는 신앙이 필수적인가?

그리스도인들은 예수님이 하나님이라는 주장에 의무적으로 동의해야 하는가? 기독교 신앙의 기초가 되는 진리는 결정적으로 중요하기 때문에 이 신앙이 없으면 우리 인생의 모든 영역이 달라진다. 예수님이 실제로 하나님이 아니라면 그를 예배하고 순종하며 기도하는 것이 기껏해야 어리석은 일이고, 최악의 경우 이단을 섬기는 행위나 마찬가지일 것이다.

예수님이 하나님이 아니라면 우리 믿음은 헛된 것이다. 교회 건물을 팔고, 사역을 중단하며, 선교사들을 본국으로 불러들인 후 우리 마음 가는 대로 구도의 길을 떠나는 편이 차라리 낫다.

예수님이 일개 인간에 지나지 않는다면 우리는 영원하신 분이 드린 영원한 제사로 가능해진 우주의 인격적 하나님과 역동적 관계를 맺기는커녕 듣기 좋은 말들과 한물간 옛날 이야기들밖에 건질 것이 없을 것이다.

그러나 성경은 분명히 증언한다. 예수님은 영원하고 거룩하신 하나님이며, 영광과 찬양을 세세토록 받으시기에 합당한 분이다. 그는 우리의 모든 것을 다 바쳐 찬양해도 아깝지 않은 분이다.

● 핵심 성구

이사야 7:14	요한복음 1:1–18	골로새서 1:15–20
이사야 8:8하, 10	요한복음 8:48–59	히브리서 1:1–4
이사야 9:6–7	빌립보서 2:5–11	

■ 함께 나누기

1. 예수님은 스스로 하나님이라고 주장하신 적이 없다고 말하는 사람들이 있다. 그들에게 무엇이라 말해줄 수 있겠는가?

2. 그리스도인이라고 하면서 예수님이 하나님이 아니라고 생각할 수도 있는가? 그 이유는 무엇인가?

3. 예수님이 하신 말씀이나 행동 중 실제로 하나님이 아니라면 말이 되지 않는 일들은 무엇인가?

4. 비그리스도인 대부분은 예수님을 지혜로운 스승이나 위인으로 생각하지만 그가 하나님이라는 말은 불편하게 생각한다. 이런 태도에 문제가 있다고 생각하는가?

5. 예수님이 하나님이심을 가장 잘 드러내는 성경 구절을 꼽는다면 무엇인가?

28

예수님은 정말 죽으셨다 다시 살아나셨는가?

부활의 역사적 증거

부활의 중요성

기독교를 반박하는 효과적인 방법을 알고 있는가? 예수님이 죽은 자 가운데서 부활하지 않았음을 입증할 수 있다면, 다시 말해 그의 유골을 찾아낼 수 있다면 기독교가 완전히 거짓에 기반한 종교임을 알릴 수 있다. 사도 바울은 "그리스도께서 만일 다시 살아나지 못하셨으면 우리가 전파하는 것도 헛것이요 또 너희 믿음도 헛것이며…만일 그리스도 안에서 우리가 바라는 것이 다만 이 세상의 삶뿐이면 모든 사람 가운데 우리가 더욱 불쌍한 자이리라"(고전 15:14, 19)고 하면서 이 말에 동의한다.

기독교 신앙은 전적으로 한 가지 역사적 사실에 달려 있다. 그러나 2천 년 전에 누군가가 죽고 다시 부활했다는 것을 어떻게 입증할 수 있는가?

최소한의 사실

성경의 내용이 정확하다고 인정하면 문제 될 것이 전혀 없다. 그러나 여러 이유로 예수님이 육체적으로 부활하셨다는 사실을 의심하는 회의론자들이 있다. 그들의 주장은 어떤 실체적 근거가 있는가? 이것을 확인하기 위한 한 가지 방법은 거의 모든 사람, 심지어 대부분 반기독교 진영의 학자들도 동의하는 사실들을 확인하는 것이다.

1. **죽으심**-예수님이 십자가에서 죽으셨다.
2. **장사지냄**-예수님이 무덤에 매장되셨다.
3. **빈 무덤**-3일 후 그의 무덤이 비어 있었다.
4. **친구들의 증언**-제자들을 비롯한 많은 사람이 부활하신 예수님을 직접 만났다고 증언했다. 그들은 그가 숨을 거둔 모습을 실제로 보았던 사람들이다.
5. **대적들의 증언**-다소의 사울(바울)은 갑자기 기독교 박해자에서 그리스도인으로 전향했고, 예수님이 다메섹으로 가는 그에게 나타나셨다고 주장했다. 예수님의 동생으로 원래 그를 조롱하던 야고보 역시 그를 믿게 되었다.
6. **그 외 많은 사람의 증언**-이스라엘, 시리아, 이집트, 소아시아, 그리스, 이탈리아에 사는 수천 명의 사람이 예수님의 부활을 믿었다.

이 사실들에 가장 부합하는 설명은 무엇인가?

예수님의 부활을 의심하는 사람들은 예수님에게 일어난 일을 설명할 때 크게 네 가지 이론을 사용한다. 어느 이론이 가장 타당한지 확인하고 싶다면 이와 관련한 여러 역사적 사실뿐 아니라 대부분 학자가 동의하는 사실들과 부합하는 이론이 무엇인지 확인하는 방법이 가장 좋다. 각 이론을 간략히 소개하면 아래와 같다.

제자들이 예수님의 시신을 훔친 다음 부활 이야기를 날조했다. 누구나 그럴 듯한 음모론에 열광하며, 회의주의자들은 제자들이 영리한 도둑이자 교활한 이야기꾼이라는 날조된 이야기에 쉽게 흔들릴 수 있다. 그러나 역사는 이 제자들의 주장이 정당함을 입증해준다. 그들이 모든 것을 팽개치고 하나님의 아들이라고 믿었던 사람을 따라다니다가 예수님의 죽음 후 종적을 감추고 숨어 지내야 했던 사람들이라는 사실을 기억해보라. 목숨이 몹시 위험해졌고, 그들이 믿던 지도자가 사라졌으며, 이제 세상은 그들을 사기꾼이라고 생각한다. 그러나 역사는 예수님이 죽으시고 얼마 지나지 않아 제자들이 그 어느 때보다 담대하게 세상에 도전했음을 확인해준다. 도대체 그들은 어떻게 예수님이 십자가에 못 박히신 후 더 담대하게 그를 전하게 되었을까? 가장 가능성 있는 대답은 그들이 예수님의 부활을 진심으로 믿었고, 예수님이 당하신 고난을 자신들이 기꺼이 감당할 수 있을 정도로 그 믿음이 중요하다고 생각했기 때문이라고 할 수 있다. 유명한 영국의 기독교 지도자 존 스토트(John Stott)는 "예수님의 제자들이 보여준 변화된 모습이 부활을 입증하는 가장 확실한 증거일 것이다"고 말했다.

예수님 사후에 그를 목격한 사람들은 환각을 경험한 것이다. 부활이 사실일 수 있지만 일종의 영적 체험과 비슷한 것이라고 말하는 학자가 많다. 예수님은 실제로 무덤에서 부활하지 않았지만, 제자 중 일부가 그가 살아났다는 환각을 경험했다는 것이다.

불행하게도 이 설명에는 심각한 결함이 있다. 빈 무덤의 이유를 설명하지 못하는 것이다. 예수님이 살아계실 때처럼 걸어다니고 말하고 식사하시는 환각을 경험했다면 그의 시신이 어떻게 되었는지 무덤으로 가서 확인하면 그만이다. 그러나 이 이론은 예수님의 시신이 왜 사라졌는지 그리고 무덤이 왜 비었는지 설명하지 못한다.

이 이론은 또한 그토록 많은 사람, 특히 이방인들과 대적들까지 그를 보았다고 믿은 이유가 무엇인지 설명하지 못한다. 심지어 예수님의 가까운 제자인 도마조차 다른 제자들이 지켜보는 가운데 자기 손으로 그의 상처를 직접 만져 보고서야 부활을 믿었다(요 20:27). 이것은 당연히 환각으로는 경험할 수 없는 일이다. 이 이론은 또한 거의 같은 시간에 동일한 환상을 어떻게 그토록 많은 사람이 볼 수 있었는지 설명하지 못한다. 고린도전서 15장 6절은 예수님의 부활을 증언할 증인들이 최소한 5백 명이 넘는다고 말한다. 그들 모두가 똑같은 환각을 경험하는 것이 어떻게 가능하겠는가?

시간이 흐르면서 예수님의 부활 이야기가 만들어졌다. 어떤 이들은 예수님의 부활 이야기가 오늘날 떠도는 수많은 이야기와 생성 과정이 비슷하다고 말한다. 세월이 흐르면서 사실이 미화되고, 이야기가 부풀려졌으며, 지금 우리가 알고 있는 이야기는 원래 내용과 전혀 다르다는 것이다. 이 이론의 가장 심각한 문제는 모든 사람이 동의하는 이미 확인된 사실들을 전혀 설명해주지 못한다는 것이다. 사복음서에 기록된 부활 기사는 세부 내용까지 역사적으로 확인되었다. 다시 말해 위인전에 으레 보이는 각색된 내용이 전혀 없다는 말이다. 또한 과장된 이야기가 만들어질 시간적 여유도 없었다. 고린도전서 15장 3-4절에서 사도 바울은 예수님의 부활의 실체에 관해 초대 교회의 진술을 인용한다. 이 진술은 사건이 실제로 일어난 지 수개월 안에 확인되고 사실로 확정된 것으로 보인다. 또한 사복음서는 목격자들(마태와 요한)과 그들의 증언을 조사한 사람들(마가와 누가)이 저술하였다. 예수님의 부활 사건이 시간을 두고 만들어진 허황된 이야기라는 주장은 전혀 신빙성이 없다.

예수님은 기절하셨을 뿐 실제로 죽지 않았다. 이 주장의 가장 큰 문제는 예수님이 실제로 사망했다는 데 거의 모든 학자가 동의한다는 것이다. 복음서 저자들은 예수님이 숨을 거두셨다는 이야기를 아주 분명하게 명시하고 있다. 요한복음 19장 34절은 로마 군사들이 그의 옆구리를 찔러 피와 물이 나왔다고 상세히 적고 있다. 그가 사망했음을 보여주는 분명한 증거이다. 또한 예수님이 반 죽음 상태로 제자들의 집을 찾아와 의사의 치료를 필요로 했다면 그들이 예수님의 부활을 그렇게 열심히 전했을 이유도 없다.

예수님은 실제로 죽은 자 가운데서 부활하셨다

이것은 거의 모두가 인정하는 사실들, 즉 예수님이 죽으시고 매장되었으며, 나중에 무덤이 비어 있었고, 친구들과 대적들을 비롯해 많은 사람이 그를 보았다고 믿었다는 사실들과 완벽하게 일치한다. 예수님의 제자들은 더는 은둔 생활을 하지 않고 담대하게 세상으로 나아가 예수님을 전했고, 비록 이 일로 모두가 해를 당하고 많은 사람이 고통스러운 죽음을 맞이했지만 개의치 않았다. 그가 죽은 자 가운데서 실제로 부활하셨다는 명백한 사실이 아니고는 이 모든 일을 설명해줄 방법이 없다. 다른 어떤 설명도 우리가 아는 사실들과 부합하지 않는다.

이런 사실만으로 충분하지 않은 것처럼 예수님이 오시기 수백 년 전에 쓰인 성경들은 이 일이 일어나리라고 예언했다. 다니엘과 에스겔은 몸의 부활이 가능하다고 예고했다(겔 37장, 단 12:2). 더 구체적으로 장차 올 구세주와 메시아의 부활 역시 예언되어 있다. 시편 16편 10절은 하나님이 "주의 거룩한 자를 멸망시키지" 않으실 것이라고 말한다. 이사야 53장 10-11절은 "여호와께서 그에게 상함을 받게 하시기를 원하사 질고를 당하게 하셨은즉 그의 영혼을 속건제물로 드리기에 이르면 그가 씨를 보게 되며 그의 날은 길 것이요"라고 말하며 '그 종'의 삶과 죽음과 부활에 대해 훨씬 분명하게 예언한다. 예수님의 부활은 그의 인생으로 성취된 수많은 예언 중 하나이며, 모든 증거가 이것이 사실임을 가리킨다. 19세기 영국의 교육자 토마스 아널드(Thomas Arnold)는 "예수 그리스도가 죽은 자 가운데서 다시 살아나신 사건보다 더 완벽하게 증명할 수 있는 사실이 인류 역사상 없다는 것을 알게 되었다"[2]고 말했다.

● **핵심 성구**

이사야 53:10-12	누가복음 24장	고린도전서 15장
마태복음 28장	요한복음 20장	
마가복음 16:1-8	사도행전 1:1-11	

▶ 함께 나누기

1. 부활은 흔히 기독교에서 단일 사건으로는 가장 중요한 것으로 인식된다. 그 이유는 무엇인가?

2. 기독교 신앙에 관한 '최소한의 사실'은 무엇인가? 믿지 않는 사람과 대화할 때 이 사실들이 유용한 이유는 무엇인가?

3. 예수님에 대한 아래 주장들이 진실일 수 없는 이유를 설명해보라(책을 보지 말고 당신이 이해한 바를 설명하라).

    - 제자들이 예수님의 시신을 훔치고 부활하셨다고 날조했다.
    - 예수님을 본 증인들은 사실 환각을 경험한 것이다.
    - 예수님의 부활 이야기가 시간이 흐르면서 다듬어지고 부풀려졌다.
    - 예수님은 실제로 죽지 않고 잠시 기절한 것이다.

4. 부활을 초자연적 사건으로 설명하려 해서는 안 된다고 말하는 사람들에게 무엇이라고 대답해주겠는가?

5. 예수님이 죽으신 후 복음을 전하다가 많은 제자가 죽임을 당했다. 이 사실이 중요한 이유는 무엇인가?

6. 주님이 오시기 수백 년 전 기록된 예언들 중 예수님으로 인해 성취된 것은 무엇인가? 이 사실이 왜 중요한가?

29

성령은 누구시며 어떤 일을 하시는가?

성령의 정체성과 사역

성령은 누구신가? 그리스도인 중 성령이 살아계신 인격적 존재가 아니라 하나님의 임재와 권능의 상징이라고 생각하는 이들이 있다. 영화 "스타워즈"(Star Wars)의 루크가 제다이가 되는 과정 중 요다에게 있는 포스를 발견한 것처럼 마치 성령을 끌어와 사용법을 배워야 하는 어떤 힘으로 생각하는 이들도 있다.

하지만 이런 시각은 사실과 전혀 다르다. 성령은 우리 인생에서 경험하는 하나님의 인격 바로 그 자체이다. 그렇다면 성령은 누구신가?

예수님은 아버지께 돌아가시기 전에 제자들에게 이런 말로 안심하게 해주셨다. "내가 너희를 고아와 같이 버려두지 아니하고 너희에게로 오리라"(요 14:18). 예수님은 성령의 임재하심을 통해 지금까지 이 약속을 지키고 계시다. 그리스도를 믿는 사람은 누구든지 자신의 삶에 성령을 영접하게 된다(갈 3:2, 14). 성령은 하나님이 인격적으로 현존하시는 것이다.

성령의 임재와 사역이라는 실재는 신앙생활이 단순히 교회에 출석하고, 무엇인가를 믿으며, 열심히 노력하는 차원이 아닌 훨씬 높은 차원이 있음을 보여준다. 하나님이 우리 안에 직접 거주하시고, 우리 마음의 소원을 변화시키시며, 우리를 위로하시고, 그분이 기뻐하시는 새로운 삶을 살도록 힘을 주시며, 그 왕국의 목적에 따라 그분을 섬기도록 준비시켜주신다.

성령은 일종의 힘인가? 인격체인가?

우리 눈에 보이지 않는 인격체라는 개념을 받아들이기란 매우 어렵다. 육신이 없는 인격체가 어떻게 존재할 수 있는가? 많은 그리스도인이 성령을 하나님이 주시는 보이지 않는 힘 정도로 생각하는 이유가 바로 이 때문이기도 하다.

그러나 성경을 읽어보면 성령을 하나의 힘으로 규정하는 것은 심각한 오류임을 깨닫게 된다. 성령은 인격체이시다. 하나님의 성령은 지정의(知情意)라는 인격체의 특징을 모두 지니고 계시다. 따라서 성령은 우리 죄로 인해 근심하시고(엡 4:30), 어떤 영적 은사를 누구에게 줄지 결정하시며(고전 12:11), 하나님 아버지 앞에서 우리를 위해 간절히 중보하신다(롬 8:26). 요한복음에서 예수님은 성령을 '보혜사'(the paraclete, 종종 '돕는 자', '변호사', '카운슬러'로 번역됨), 곧 성도 곁에 서서 인도하시고 격려하시며 중보해주시는 동반자로 말씀하신다(참고. 요 14:26, 15:26, 16:7).

성령은 천사인가? 하나님인가?

그러나 성령이 인격적 존재임을 인정한다 해도 여전히 어떤 부류의 인격체인지 규명할 필요가 있다. 그가 단순히 인간 이상의 분인 것은 분명하다. 그렇다면 천사이거나 혹은 다른 신적 존재인가?

이런 혼란은 부분적으로는 『킹 제임스 성경』(King James Bible)이 "Holy Ghost"라고 번역한 탓도 있다. '고스트'는 통념상 망자의 영혼이나 유령을 이야기한다. 그러나 성령은 이런 의미의 유령이 아니다. 또한 천사도 아니다.

성령은 하나님이시다. 성경을 보면 정확히 이런 뜻으로 성령이 등장하고 있다. 사도행전 5장 3-4절에서 아나니아가 헌금에 대해 거짓말한 사건을 예로 들어보자. 한편으로 베드로는 그가 '성령'을 속였다고 책망하지만, 뒤에서는 "사람에게 거짓말한 것이 아니요 하나님께로다"고 말한다. 마찬가지로 바울은 고린도 교인들에게 "너희는 너희가 하나님의 성전인 것과 하나님의 성령이 너희 안에 계시는 것을 알지 못하느냐"(고전 3:16)고 책망한다. 이 구절에서 바울은 성령을 하나님과 동격으로 본다. "내가 주의 영을 떠나 어디로 가며 주의 앞에서 어디로 피하리이까"라는 시편 기자의 고백이 담긴 시편 139편 7절에서도 성령을 하나님과 동격으로 보고 있다. 이 두 평행 구절은 동일한 존재를 가리킨다.

신약 전반에 걸쳐 성부와 성자와 성령은 긴밀하게 연결되어 있다. 이 점은 예수님이 제자들에게 주신 명령에 명확히 드러난다. "그러므로 너희는 가서 모든 민족을 제자로 삼아 아버지와 아들과 성령의 이름으로 세례를 베풀고"(마 28:19). 이 구절에서 어느 한 분이 다른 한 분보다 열등하다는 어떤 암시도 없으며, 세 분 다 동등한 지위를 지닌 분으로 묘사하고 있다. 성령은 하나님이시고, 따라서 우리의 경배와 찬양과 기도와 헌신의 대상이 되실 수 있다.

우리 안에서 우리와 함께하시는 하나님의 임재이신 성령

신약은 하나님의 성령이 지금 우리 안에 거하신다는 사실을 확인해 준다(롬 8:9, 11, 갈 4:6, 딤후 1:1, 요일 3:24, 4:13). 사도 바울은 "하나님이 그 아들의 영을 우리 마음 가운데 보내사"(갈 4:6)라고 선언한다. 예수님은 고난당하시기 전 마지막으로 제자들에게 당부하시며 "내가 아버지께 구하겠으니 그가 또 다른 보혜사를 너희에게 주사 영원토록 너희와 함께 있게 하리니 그는 진리의 영이라"(요 14:16-17)고 약속하신다. 하나님이 우리에게 그토록 가깝고 친밀하다는 것이 선뜻 이해하기 어렵지만 그리스도인들이라면 실제로 경험하는 사실이다. 우리는 이 때문에 그분을 더욱 마음 깊이 예배하고 감사할 수 있다.

우리에게 영원한 생명을 주시는 분은 우리 안에 계시는 하나님의 성령이다(고후 3:6). 성령이 아니시면 우리는 생명을 누릴 수 없다. 성령은 그리스도와 영위히 함께한 미래에 대한 하나님의 보증이자 보증금이다(롬 8:23, 고후 1:22, 5:5, 엡 1:13).

성령은 또한 그리스도인이 서로 깊은 교제를 누리도록 도와주신다. 사도 바울은 성령의 이 사역을 우리로 하여금 그리스도의 한 몸을 이루게 하시는 사역과 연관해서 설명한다(고전 12:13). 우리는 개인인 동시에 공동체적 존재로서 하나님이 거하시는 성전이다(고전 3:16, 6:19, 엡 2:22, 벧전 2:5). 구약 시대에 여호와의 영광이 성전에 충만했듯이 신약 시대인 지금은 하나님의 성령이 성전을 채운다.

성경은 우리가 하나님의 소유라는 확신을 성령이 심어주신다고 말한다(롬 8:16). 성령이 우리 삶에 임하심으로 우리는 깊은 사랑을 누리고(롬 5:5, 15:30), 또한 마음 깊은 곳에서부터 충만한 기쁨을 경험할 수 있다(살전 1:6).

성령은 성결한 삶을 살도록 능력을 주신다

하나님의 영을 가리키는 호칭이 성령, 즉 거룩한 영이라는 사실은 누구나 알고 있다. 이것은 구약 시대에 하나님이 자신을 거룩한 하나님으로 계시하신 점과 일맥상통한다. 어제나 오늘이나 변함없이 거룩하신 하나님은 자기 백성에게 거룩하고 성결하게 살 것을 요구하신다. "나는 여호와 너희의 하나님이라 내가 거룩하니 너희도 몸을 구별하여 거룩하게 하고"(레 11:44. 참고. 벧전 1:16). 우리 삶에서 성령이 하시는 가장 중요한 사역 중 하나는 우리에게 거룩한 삶을 살도록 권고하시고, 또 그렇게 살 힘을 주시는 것이다.

우리가 세상과 구별되어 그리스도를 닮아가는 이 과정을 '성화'라고 하는데, 이것은 성령의 핵심 사역이다(살전 2:13, 벧전 1:2). 바로 이 '성령으로' 우리는 몸의 행실을 죽인다(롬 8:13).

성령은 우리의 추하고 더러운 생활 방식을 버리도록 힘을 주실 뿐 아니라 우리 마음에 순결하고 덕스러운 소망을 심어주신다. "성령을 따라 행하는"(갈 5:16, 25) 우리의 목표는 하나님의 성품을 닮아가는 것이다. 바울은 이 성품을 "성령의 열매"(갈 5:22-23)라고 부른다. 이 새 언약 시대의 축복을 꼽는다면 우리의 보잘것없는 힘으로 이 열매를 맺을 필요가 없다는 것이다. 하나님은 "성령으로"(엡 3:16) 변화된 삶을 살 힘을 주신다. 그러므로 우리 삶을 성령의 영향력과 능력에 온전히 맡겨야 한다. 다시 말해 "성령으로 충만"(엡 5:18)해야 한다.

성령은 복음을 전할 힘을 주신다

하나님은 또한 우리에게 성령을 주셔서 구원의 복음을 전하게 하신다. 이 일을 하도록 부르시고 힘을 주시는 것은 소수의 선택된 자들만이 아니라 모든 신자에게 동일하게 적용된다.

예수님은 부활하신 후 제자들에게 이렇게 말씀하셨다. "오직 성령이 너희에게 임하시면 너희가 권능을 받고 예루살렘과 온 유대와 사마리아와 땅 끝까지 이르러 내 증인이 되리라 하시니라"(행 1:8). 사도행전은 성령으로 충만한 신자들이 하나님의 말씀을 담대히 전했고, 많은 사람이 그 마음을 돌이켜 주님께 돌아왔다는 사실로서 이 부르심이 성취되었음을 거듭 전한다(예를 들어 사도행전 4:8, 31). 사도 바울은 개척한 여러 교회를 생각하면서 복음을 선포하도록 능력을 주신 성령의 사역을 종종 거론한다(참고. 롬 15:19, 고전 2:4, 살전 1:5).

● **핵심 성구**

요한복음 14:18	사도행전 1:8	갈라디아서 3:2, 14
요한복음 14:26	고린도전서 3:16	갈라디아서 5:22-23
요한복음 15:20	고린도전서 12:13	에베소서 5:18
요한복음 16:7	고린도후서 3:6	

■ **함께 나누기**

1. 이 장을 읽기 전에 성령에 대해 생각해보았는가? 그 생각이 이제 어떻게 달라졌는가?

2. 많은 사람이 성령을 인격체가 아니라 어떤 영적 힘으로 생각하는 이유는 무엇인가?

3. 왜 성령이 거룩한 성령으로 불린다고 생각하는가?

4. 성령이 하나님이심을 부인하는 신자가 여전히 그리스도인이라고 할 수 있는가? 그 이유는 무엇인가?

5 성령은 성도의 일상생활에 어떤 방식으로 영향을 미치시는가?

6 성령이 하나님이라는 사실을 의심하는 사람이 있다면 무엇이라고 설명해주겠는가?

30

예수님은 다시 오시는가?

그리스도의 재림

여느 때와 다름없이 차를 몰고 귀가하는 중이라고 생각해보라. 몸은 노곤하고 머리는 멍한 상태에서 음악을 틀고 쌓인 피로를 털어내려고 한다. 그날 있었던 중요한 일이 계속 뇌리를 맴돌지만 갑자기 심한 허기를 느끼고 맛있는 저녁밥을 먹을 생각으로 입에 군침이 돈다.

그런데 갑자기 눈이 멀 듯한 강렬한 빛이 사방을 비춘다. "와, 무슨 일이지? 번개가 쳤나?" 그러더니 다시 이 현상이 반복된다. 하지만 이번에는 하늘 쪽은 환한 불빛이 그대로 있다.

즉각 차를 길가에 세우고 나와 보니 다른 사람들도 모두 차를 세우고 밖으로 나온다. 사람들은 일제히 하늘을 쳐다본다.

너무나 놀라운 광경이 눈앞에 펼쳐진다. 마치 하늘이 둘로 갈라진 듯하고, 갈라진 하늘에서 눈부신 빛이 번쩍거린다. 그리고 하늘에서 횃불처럼 이글거리는 무지갯빛 형체가 쏟아져 내린다. 셀 수 없이 수많은 무리가 쏟아져 나와 하늘 네 모퉁이를 둘러싼다.

돌아서서 길을 둘러본다. 모든 것이 다 정지 상태이다. 집이나 건물에서 사람들이 뛰쳐나와 위를 뚫어져라 바라본다. 어떤 이들은 넋을 잃은 듯 고개를 들고 바라보고, 어떤 이들은 눈물을 흘린다. 기뻐서 손을 들고 환호성을 지르는 이들도 있다.

이런 일이 가능할까? 충분히 있을 수 있다. 그동안 집착하고 매달렸던 모든 일이 주마등처럼 스쳐가고, 이제 그 일들은 더는 아무 의미가 없음을 깨닫는다. 금요일 밤 벼르던 게임을 하고, 새 직장을 구하며, 새 차를 구입하는 모든 일이 아무 의미가 없다. 이제 모든 게 달라질 것이다.

재림의 확실성

성경은 예수님의 재림을 명백한 것으로 말한다. 그 시기와 방법에 대한 세부 내용은 불분명한 면이 있지만 예수님이 이 땅에 다시 오신다는 것은 의심할 바 없는 확실한 사실이다. 다시 말해 지상에 사는 모든 이의 삶이 갑자기 중단될 날이 온다는 말이다. 우리가 지금 아는 삶은 사라질 것이다.

매일 반복되는 단조로운 일상 속에서 보면 이런 생활이 매일, 매년, 언제까지나 계속될 것 같다. 그리고 실제로 이런 생활이 앞으로 100년, 150년 혹은 500년까지 지속될 수도 있다. 그러나 어쩌면 우리가 생각하는 것보다 훨씬 더 빨리 끝날 수도 있다.

예수님이 당장 다음 주말 전에 재림하실 일은 없을 듯 보인다. 그러나 오늘 밤에 재림하실 수도 있다. 예수님은 "이러므로 너희도 준비하고 있으라 생각하지 않은 때에 인자가 오리라"(마 24:44)고 말씀하셨다. 예수님이 부활하셔서 승천하신 직후 두 천사는 "너희 가운데서 하늘로 올려지신 이 예수는 하늘로 가심을 본 그대로 오시리라"(행 1:11)고 말했다. 요한계시록은 "볼지어다 그가 구름을 타고 오시리라 각 사람의 눈이 그를 보겠고"(1:7)라고 말한다. 예수님은 자신과 함께할 이 시간이 중요하다고 가르치셨다. "가서 너희를 위하여 거처를 예비하면 내가 다시 와서 너희를 내게로 영접하여 나 있는 곳에 너희도 있게 하리라"(요 14:3).

모든 성도는 그리스도의 재림을 간절히 기다린다. 사도 바울은 우리가 "복스러운 소망과 우리의 크신 하나님 구주 예수 그리스도의 영광이 나타나심을 기다리게 하셨으니"(딛 2:13)라고 말했다. 초대 교회 성도들은 '마라나타'(maranatha, '주여 오시옵소서'라는 뜻의 아람어)라고 간구했다(참고. 고전 16:22).

예수님의 재림에 관한 사실

예수님의 재림과 관련해 꼭 알아야 할 6가지 핵심 내용이 있다.

예수 그리스도가 하늘에 나타나셔서 세상에 대한 대대적인 변혁을 시작하실 것이다. 예수님은 자신의 재림을 이렇게 말씀하셨다. "그 때에 인자의 징조가 하늘에서 보이겠고 그 때에 땅의 모든 족속들이 통곡하며 그들이 인자가 구름을 타고 능력과 큰 영광으로 오는 것을 보리라"(마 24:30). 사도 바울은 "주께서 호령과 천사장의 소리와 하나님의 나팔 소리로 친히 하늘로부터 강림하시리니"(살전 4:16)라고 말한다. 이 장면을 놓칠 사람은 아무도 없을 것이다. 모두가 이 장면을 보고 하나님이 살아계시며 피조물에게 결산을 요구하실 것을 알게 될 것이다.

재림의 시기가 언제일지 아무도 확실히 알지 못한다. 예수님은 자신이 언제 재림할지 알 수 없다고 가르치셨다. "그러나 그 날과 그 때는 아무도 모르나니 하늘에 있는 천사들도, 아들도 모르고 아버지만 아시느니라 주의하라 깨어 있으라 그 때가 언제인지 알지 못함이라"(막 13:32-33, 참고. 마 24:44). 예수님은 이 사실을 강조하시려고 이 일이 밤에 도둑이 몰래 들어오는 것처럼 일어나리라고 말씀하셨다(마 24:43, 살전 5:2). 이 가르침에도 불구하고 예수님이 재심하실 날짜와 시간을 안다고 주장하며 공표하는 사람들이 있다. 이런 사람들을 여러 차례 보았지만 그들의 주장이 맞은 적은 한 번도 없었다. 그 이유는 쉽게 알 수 있다. 예수님이 아무도 알 수 없다고 말씀하셨기 때문이다.

예수님은 모든 사람이 보는 가운데 재림하실 것이다. 예수님이 재림하실 때 살아 있는 사람들은 모두 그분을 볼 것이다(마 24:30, 막 13:26, 눅 21:27). 아무도 몰래 은밀하게 오시거나 보이지 않게 영적으로 오시지 않는다. 영화롭게 된 몸을 입고 오실 것이다. 죽은 자 가운데서 부활하시면서 그분의 영과 몸은 하나가 되었다. 무덤은 빈 무덤으로 남았다. 그분은 변화된 몸으로 승천하시고 육신을 입으신 채 지금도 살아계신다(골 2:9). 그 몸으로 재림하실 것이다(행 1:11).

재림과 함께 죽었던 모든 성도가 부활할 것이다. 성경은 죽었던 모든 성도(언제 죽었든지 상관없이)가 부활하여 공중에서 그리스도를 만날 것이라고 말한다. 사도 바울은 "주께서…하늘로부터 강림하시리니 그리스도 안에서 죽은 자들이 먼저 일어나고"(살전 4:16)라고 말한다. 이 사람들은 죽은 후 그리스도가 재림하실 때까지 '잠들어 있거나' 무의식 상태에 있는 것이 아니다. 이들은 그리스도와 함께 있다. 재림과 더불어 이들은 몸과 영혼이 하나가 된다. 이 몸은 썩지 않는다. 그들은 그리스도처럼 변화된 몸을 가질 것이다(고전 15:35-54).

살아 있는 그리스도인들은 '붙들려'(땅에서 하늘로 올라가) **그리스도와 함께 있을 것이다.** 성경은 죽은 성도들이 부활한 직후 "우리 살아 남은 자들도 그들과 함께 구름 속으로 끌어 올려 공중에서 주를 영접하게 하시리니"(살전 4:17)라고 말한다. 이것이 '휴거'이다. 휴거는 헬라어 원어를 라틴어로 번역한 단어(raptare, 랍타르)에서 파생했고, '사로잡히다' 혹은 '휩쓸려 가다'는 뜻이다. 휴거가 실제로 일어날 사건임은 의심의 여지가 없다. 수의 재림 때 살아 있는 성도들은 '사로 잡혀' 공중에서 주를 만날 것이다. 이것은 비유가 아니다. 실제로 일어날 일이다. 확정되지 않은 일은 크게 두 가지이다. (1) 예수님이 재림하시고 세상에 대한 하나님의 심판이 시작될 때 일어날 복합적인 사건들과 관련한 이 사건의 시기, (2) 그때 우리는 주님을 호위해 지상으로 올지, 아니면 주님이 세상에 진노를 발하시고 우리는 하늘에 있을지 여부. 다시 말해 하나님은 세상을 멸하시기 전 자기 백성을 하늘로 올려 그와 함께 있게 하실지 [『레프트 비하인드』(*Left Behind*, 홍성사 역간)와 같은 여러 책에서 묘사하는 것처럼], 아니면 신자들이 이 심판의 시기를 겪도록 한 다음 재림과 함께 휴거되어 그리스도를 만나게 하실지는 확실하지 않다. 성경은 이 문제에 대해 명쾌하게 대답해주지 않는다.

그리스도가 재림하실 때 하나님이 자기 백성을 모아 공중에서 그를 만나게 하시는 것은 분명하다. 하지만 왜 하나님이 공중에서 우리를 만나는 대신 간단하게 땅으로 재림하신 후 우리를 만나시는 방법을 쓰시지 않는지는 알 수 없다. 다만 이것이 극적인 사건이며, 우리는 사모하는 마음으로 그분의 재림을 고대해야 하는 것은 분명하다.

그리스도인들은 주님의 면전에서 그분과 영원토록 함께 살 것이다. 사도 바울은 이런 사건의 흐름을 설명한 후 단순하지만 큰 힘이 될 수 있는 말로 마무리한다. "그리하여 우리가 항상 주와 함께 있으리라"(살전 4:17). 이 소망은 그리스도를 삶에 영접하고 그분과 교제를 누리는 사람들만 해당한다는 사실을 기억해야 한다. 그렇지 않은 모든 사람은 그 죄를 직고하고 심판자 되신 하나님과 대면해야 할 것이다.

우리의 소망인 예수님의 재림

예수님의 재림은 그리스도인에게 큰 소망이다. 우리의 미래는 안전하다. 우리는 주님과 영원토록 함께할 것이다. 이 소망이 우리 모두에게 중요하지만 특별히 사랑하는 이들과 사별한 이들에게 큰 위로가 된다. 세계 각지에서 핍박당하는 그리스도인들은 이 약속과 소망을 굳게 붙들고 살아간다.

주님은 재림하실 것이다. 주여, 어서 오시옵소서! 오늘 밤 일터에서 귀가하다가 재림하시는 주님을 볼 수도 있다. 그분을 만날 준비가 되어 있는가?

● 핵심 성구

마태복음 24장	사도행전 1:11	디도서 2:13
마가복음 13장	데살로니가전서 4:13-18	요한계시록 1:7
누가복음 21장	데살로니가전서 5:1-11	

▶ 함께 나누기

1. 당신이 살아 있는 동안 주님이 재림하신다면 어떤 심정일 것 같은가? 어떤 점이 흥분이 되고 설레는가? 후회할 일은 무엇인가?

2. 그리스도인이 예수님의 재림을 기다려야 하는 이유는 무엇인가? 그것은 어떤 점에서 우리 신앙에 유익한가?

3. 주님이 재림하실 시기를 안다고 주장하는 사람들이 있다. 우리는 그들의 주장을 얼마나 진지하게 받아들여야 하는가?

4. 휴거의 시기와 관련한 여러 시각을 이야기해보라. 성경을 근거로 가장 설득력 있게 들리는 주장은 무엇인가?

5. 지금 바로 주님이 재림하신다면 당신은 그분을 맞이할 준비가 되어 있는가?

Question & Answer

하나님을 아는 방법

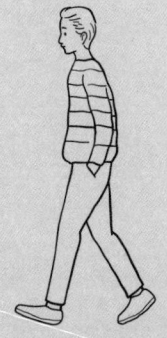

31

나는 천국에 갈 수 있는 착한 사람인가?

죄의 문제

해마다 여름이면 나(제프)는 고등학생을 대상으로 전도 훈련을 하는 '언리시드(Unleashed)'라는 캠프를 운영한다. 이 프로그램 중에는 남부 캘리포니아의 뜨거운 해변에서 복음을 전하는 훈련이 있다. 그리고 여름이면 우리는 댄이라는 해변에서 만난 남자처럼 수백 명의 사람과 마주친다. 댄은 훌륭한 사람이었고, 자신의 이야기를 주저 없이 나누어주었다.

  댄과 이야기를 나누던 나는 그에게 혹시 오늘 죽게 되면 어디로 갈 것이라 생각하는지 물어보았다. 그는 주저 없이 '천국'이라고 대답했다. 나는 조금만 더 자세하게 대답해달라고 부탁했다. 다음은 그가 말한 내용을 간추린 것이다. "하나님이 나를 사랑하시기 때문에 천국으로 보내주실 것이라고 확신합니다. 그는 모든 사람을 사랑하는 분입니다. 저는 평생 착하게 살려고 노력했고, 우리 아이들도 그런 사람이 되도록 양육했습니다. 이런 제가 천국에 갈 수 없다면 누가 천국에 가겠습니까?"

하나님이 그를 사랑하신다는 댄의 말은 옳았다. 그가 생각하는 이상으로 훨씬 더 옳았다. 그러나 또한 천국에 가는 이유로는 위험할 정도로 잘못된 생각이었다. 댄처럼 대답하는 사람을 볼 때마다 내 마음이 아픈 이유가 그 때문이다. 댄은 구원받지 않았다. 혹시 댄처럼 대답하는 사람이 있다면 그 역시 구원받지 않았을지 모른다. 가혹한 말처럼 들리겠지만 사실이다. 이 문제를 달리 생각해보자. 당신이 혹시 암에 걸렸다면 의사에게 어느 정도 진행되었는지 정확하게 듣기 원할 것이다. 우리는 암보다 훨씬 더 심각한 문제와 직면해 있고, 이 문제와 관련해 성경은 확실한 정보를 제공한다. 그러므로 성경에서 구체적으로 무엇이라고 말하는지 살펴보자.

하나님은 당신을 사랑하신다

댄의 말은 옳았다. 하나님은 그를 사랑하신다. 하나님은 단순히 사랑의 표현만 하시는 분이 아니라 사랑 그 자체이시다. 요한일서 4장 8절은 이것을 정확하게 설명한다. "사랑하지 아니하는 자는 하나님을 알지 못하나니 이는 하나님은 사랑이심이라." 하나님은 '말로만' 사랑하시는 분이 아니라 실제로 바로 지금 이 순간도 우리에게 큰 사랑을 베풀고 계시는 분이다. 일방적으로 누군가를 사랑해본 적이 있는가? 하나님이 바로 우리에게 그런 일을 하고 계신다.

하나님은 우리가 하는 행동을 따져가며 우리를 사랑하시지 않다. 우리를 창조하신 창조주이시기 때문에 우리를 사랑하신다. 세상이 만들어지기 전에 우리에 대해 이미 다 알고 계셨다. 자녀가 있는 사람이라면 이런 사랑이 무엇인지 공감할 것이다. 우리가 자녀를 사랑하는 것은 자녀가 잘나서가 아니라 내 자식이기 때문이다. 하나님은 바로 이런 눈길로 우리를 바라보신다. 그의 사랑은 값없이 무조건적으로 주는 사랑이다. 하나님의 사랑에는 어떤 조건도 없다.

하나님의 사랑은 우리가 존재하는 이유이고, 우리는 이 때문에 하나님의 선하심에 참여하며, 하나님과 친밀하고 인격적인 사랑의 관계 속에 살 수 있다. 사람은 완전한 사랑을 찾아 평생을 보내지만 완전한 사랑, 즉 하나님의 사랑을 갈구하도록 만들어졌기 때문에 그 갈망은 채워지지 않는다.

우리가 하나님을 저버렸다

이제 댄이 이해하지 못한 부분을 살펴보자.

우리는 범죄함으로 우리가 창조된 목적인 하나님과 완전한 관계를 누리지 못하고 그 관계를 스스로 저버렸다. 죄는 하나님과의 관계를 거부하는 것이다. 피조물인 우리가 하나님의 뜻을 원하지 않고 대적하는 것이다. 그의 길이 최선이 아니라고 생각하며 그를 원하지도 않는다. 죄를 짓는 것은 곧 하나님을 거부하는 것과 같다. 죄의 심각성은 배우자를 버리고 다른 이를 찾아 떠나는 사람을 생각하면 쉽게 알 수 있다. 배우자에게 버림당하는 일은 배신감과 분노, 황폐한 마음으로 이어지는 극도로 고통스러운 일이다. 우리는 죄를 이따금 저지르는 사소하고 무해한 실수 정도로 생각하는 경향이 있지만, 실제로 모든 죄는 하나님을 거부하는 무서운 행위이다. 이렇게 우리가 저지른 짓이 얼마나 심각한지 깨닫고 우리 죄를 고백하면 하나님은 용서해주시고, 우리는 하나님과 화목할 수 있다. 그러나 성급하게 먼저 용서를 구해서는 안 된다. 우리 죄가 사람들에게, 특히 하나님께 얼마나 심각한 잘못인지 충분히 깨닫는 일이 선행되어야 한다. 죄는 하나님과 우리 관계를 망가뜨린다.

죄를 지은 최초의 인간은 아담과 하와였다. 이것을 일반적으로 '타락'이라고 부른다. 인류는 이 죄로 헤아릴 수 없는 대가를 감당해야 했다(롬 5:12). 이제 죄에 대한 본성이 인간 유전자 속에 깊이 각인되었고, 우리와 하나님 사이를 바로 이 죄가 가로막고 있다.

그러나 하나님은 사랑의 하나님이다. 기꺼이 우리 죄를 용서해주시는 분이다. 지금까지 우리는 하나님의 필연적인 본성인 사랑의 본성을 집중적으로 강조했지만 동일하게 중요한 하나님의 본성이 있다. 바로 하나님의 공의로우심이다. 하나님은 실제로 완전한 재판관이시다. 완전하신 하나님은 죄를 절대 간과하시지 않는다. 두려운 소식이지만 또 다른 의미에서 좋은 소식이기도 하다. 누군가 가까운 사람이 강도를 당하고 살해되었다고 생각해보라. 별 다른 일이 아니라는 듯 그 강도에게 다시는 그런 짓을 하지 말라고 훈방 조치하는 재판관이 있다면 좋겠는가? 절대 아닐 것이다. 훌륭한 재판관은 공정하게 정의를 시행한다. 우리 재판관이신 하나님은 이렇게 완벽하게 정의를 시행하시는 분이다.

그러므로 죄를 짓고 아무 대가도 치르지 않으리라고 착각해서는 안 된다. 아무리 가혹하다 해도 처벌은 우주에서 가장 사랑이 많으신 분, 자신과 관계를 누리도록 우리를 창조하신 분을 거부한 필연적 결과이다. 죄가 초래하는 첫 번째 결과는 죽음이다(롬 6:23). 죽음은 왜곡되고 더러운 죄성으로 인한 추한 결과이다. 죄가 초래하는 두 번째 결과는 하나님과 영원히 분리되는 것이다. 이 상태를 지옥이라고 부른다. 즉 하나님이 완벽히 부재한 삶이다.

하나님 없는 삶은 우리가 마땅히 받을 형벌이다. 모든 인간은 유죄이며, 그것이 지금 우리가 처한 상태이다(롬 3:23). 제리 루트(Jerry Root) 박사는 오늘날 우리가 직면한 상황을 이렇게 설명한다. "하나님을 알고 사랑하도록 창조된 인간이 이제 그분에 대한 무지와 두려움 속에 살고 있다. 우리는 그분을 원래처럼 사랑의 하나님으로 보지 않고 변덕스럽고 화난 심판관으로 보고 있다…우리는 하나님과 함께하는 어떤 일도 원하지 않으며, 당연히 그분에게 나아갈 마음도 없다."[1]

선한 행위로 구원받을 수 있는가?

우리가 당면한 상황은 이러하다. 스스로 물어보라. '착하게 살면' 구원받을 수 있는가?

첫째, 댄이 그 누구보다 선한 사람이며, 하루에 세 번밖에 죄를 짓지 않는다고 생각해보라. 대부분 사람은 그보다 많이, 훨씬 더 많이 죄를 짓는다. 하지만 세 번밖에 죄를 짓지 않더라도 한 달에 거의 100번, 일 년에 1천 번이 넘게 죄를 짓는 셈이다. 그가 여든 삶에 죽는다면 계산해야 할 죄가 8만 개가 넘을 것이다. 8만 가지 전과 기록을 가진 범죄자를 '선한' 사람이라고 할 수 있는가?

둘째, 죄는 단순히 행위 자체만 문제가 되는 것이 아니라 죄를 짓는 대상이 누구인지도 문제가 된다. 이웃집 창문으로 돌멩이를 던지면 하루나 이틀 정도 구류를 살 것이다. 하지만 대통령 관저에 돌을 던지면 감옥살이를 오래 해야 할지 모른다. 죄를 지을 때 우리는 대통령과는 비교도 안 될 정도로 강력한 존재에게 죄를 짓는 것이다.

다시 말해 우리가 짓는 죄는 그 위중함이 엄청나다는 뜻이다. 우리가 한평생 선을 베푼다 해도 그 범죄의 심각성 때문에 별 의미가 없을 것이다.

그러므로 '착하게 살면' 구원을 받는다는 것은 허무한 생각이다. 누구나 자신은 착하다고 생각한다. 선한 행위로 구원받기를 원하는 사람은 배우자 몰래 바람을 피우고 사탕 하나로 그것을 무마하려는 사람과 같다. 혹은 집을 태운 다음 레고 벽돌로 수리하려고 하는 것이나 같다. 캘리포니아에서 하와이까지 쉬지 않고 수영해 가려는 것이나 같다. 절대 불가능하다. '선한 행위'로 이 거대한 해악을 해결할 가능성은 없으며, 성경은 이 점에 대해 아주 명확하게 선을 긋는다.

에베소서 2장 8-9절은 구원은 "행위에서 난 것이 아니니 이는 누구든지 자랑하지 못하게 함이라"고 말한다. 갈라디아서 2장 16절은 우리가 선행으로 구원을 얻을 수 없음을 세 번이나 반복해 말한다. 갈라디아서 5장 2-4절은 한 걸음 더 나아가 우리 힘으로 천국에 가고 하나님과의 관계를 회복하고자 하는 사람은 실패할 것이라고 말한다.

무서운 일이다.

이미 유죄임이 밝혀졌고 선한 행위로는 이 상태에서 벗어날 길이 없다면 대체 어떻게 하라는 말인가? 혹시 현재 심경이 이러하다면 이제 누구도 알려주지 못할 최고의 기쁜 소식을 알려주려 한다. 하지만 먼저 자신이 하나님과 어떤 관계에 있는지 정확히 이해하고 있는 사람에게만 희소식이다.

그러니 이 책을 계속 읽으라.

● 핵심 성구

이사야 64:6	로마서 6:23	에베소서 2:8-9
로마서 3:10	갈라디아서 2:16	디도서 3:5
로마서 3:23	갈라디아서 5:2-4	

■ 함께 나누기

1. 우리가 공로를 쌓으면 천국에 갈 수 있다고 생각한 적이 있는가? 언제 그 생각이 바뀌었는가?

2. 하나님의 은혜가 어떤 역할을 하는지 알고 있음에도 스스로 노력해서 천국에 가야 한다고 생각하는 사람처럼 행동한 적은 없는가?

3. 우리는 왜 '착한 사람'이 되는 것만으로 충분하지 않은가?

4. 이 장을 읽고 당신이 만일 제프였다면 해변에서 만난 댄에게 어떤 대답을 해주겠는가? 그는 착한 일을 많이 해서 천국에 갈 수 있다고 확신했다.

5. 많은 사람은 그들이 천국에 갈 정도로 선하지 않음을 인정하라는 요구에 복음을 받아들이기를 꺼린다. 이런 사람들에게 무엇이라고 말해주겠는가?

6. 죄로 하나님과 분리되었다는 지적이 공평하지 않다고 생각하는 사람에게 어떻게 말해주고 싶은가?

32

어떻게 해야 구원을 받는가?

복음, 구원의 해결책

지난 장은 철저히 비관적 어조로 마무리했다. 우리는 모두 범죄했고, 그 죄로 하나님과 분리되었으며, 어떤 선한 행위로도 그 죄를 용서받을 수 없다고 말했다. 그렇다면 우리가 할 수 있는 일은 무엇인가?

이제 복음이라는 희소식을 들을 차례이다. 그러나 복음을 단순히 '좋은' 소식으로만 표현할 수 없다. 이런 표현은 앞으로 듣게 될 모든 평가 중 가장 온건한 축에 속한다. 복음은 환상적인 소식이며, 그 어떤 것보다 최고의 소식이다.

그러나 먼저 자신이 처한 상황이 얼마나 위중한지 깨닫거나 느끼지 못하는 사람이라면 이것이 정말 좋은 소식인지 체감하기 어렵다. 가벼운 감기에 걸려 의사에게 약을 처방받았다면 그 약이 없어도 생활하는 데 크게 지장이 없다. 그러나 희귀한 암에 걸려 의사가 낫게 해줄 약을 준다면 이루 말할 수 없이 기쁠 것이다. 범죄하고 하나님을 거부한 사실을 기꺼이 인정하지 않는다면 예수 그리스도가 제공하는 해법이 왜 필요한지 당연히 이해하지 못한다.

하나님은 절대적으로 공의로우신 분이므로 결코 죄를 무시하실 수 없다. 로마서 3장 23절은 죄의 삯은 사망이라고 분명히 말한다. 그러나 하나님은 완벽한 사랑의 하나님이시기에 그 피조물, 그 형상으로 만든 사랑하는 인간들과 관계를 누릴 방법을 모색하셨다.

그 아들 예수 그리스도를 보내서서 고통스럽지만 꼭 필요한 죽음을 당하도록 하신 이유가 이 때문이다.

예수님의 놀라운 사역

예수님은 주후 1세기 첫 30년 동안 이스라엘 땅에 살았던 실존 인물이다. 그는 마리아라는 동정녀의 태중에 초자연적 방법으로 잉태되었고, 그렇게 해서 하나님이 육신을 입고 이 땅에 오시게 되었다. 지상에 계실 때 행하신 수많은 행적과 말씀은 그가 어떤 분인지 보여 준다. 즉 온전히 하나님인 동시에 참 인간이시다(골 2:9). 그가 오시는 것은 수백 년 전 구약의 여러 책에서 예언되었을 뿐 아니라 예수님 역시 자신이 누구인지 그리고 자신이 이 땅에 왜 오셨는지 분명히 알려주셨다. 하나님과 분리된 자들을 찾아 구원하기 위해서였다.

오직 전능한 존재만이 전능한 하나님께 우리가 지은 죄의 값을 치를 수 있었고, 예수님은 이 조건에 부합하는 분이었다. 그분은 진실을 말한다는 죄목으로, 다시 말해 자신이 하나님의 아들이라고 주장하신다는 이유로 십자가형을 받으셨다. 그러나 바로 이 목적을 위해 세상에 오셨기 때문에 기꺼이 죽음의 길을 가셨다. 이렇게 죽으시고 자신의 피와 죽음을 모든 사람의 죗값으로 지불하셨다. 요한복음 3장 16절은 "하나님이 세상을 이처럼 사랑하사 독생자를 주셨으니 이는 그를 믿는 자마다 멸망하지 않고 영생을 얻게 하려 하심이라"고 간단하게 요약한다. 우주의 창조주가 자신이 만든 사람들을 위해 목숨을 내어주시는 사랑이 바로 참 사랑이다.

더 좋은 소식이 있다. 예수님은 죽었다가 사흘 만에 다시 부활하심으로 하나님의 아들이신 것을 증명하시고(이 증거에 대해서는 28장을 참고하라) 죄에 대해 승리하셨음을 보여주셨다.

다시 말해 우리의 모든 죗값이 완불되었다는 것이다. 우리는 죄에 대한 책임에서 면제되었다. 사형을 언도받았지만 이제 예수님이 우리 대신 그 짐을 지신 것이다.

우리 중에는 아직 이 용서를 받지 못한 사람들도 있을 것이다. 하지만 성경은 구원받는 길을 명확하게 설명해주고 있다.

구원받는 방법

간단히 말해 예수님을 믿어야 한다. 하나님이 우리를 구원하고자 보내신 이를 온전히 믿고 신뢰해야 한다. 그렇다면 예수님을 믿는다는 것은 무슨 의미인가?

성경에 계시된 대로 예수 그리스도가 우리를 위해 대신 죽으시고 다시 살아나셨음을 믿어야 한다(고전 15:3-4). 로마서 10장 9절은 "네가 만일 네 입으로 예수를 주로 시인하며 또 하나님께서 그를 죽은 자 가운데서 살리신 것을 네 마음에 믿으면 구원을 받으리라"고 말한다. 구원이라는 하나님의 선물을 받을 유일한 조건은 예수님과 그분이 행하신 일을 믿는 것이다. "너희는 그 은혜에 의하여 믿음으로 말미암아 구원을 받았으니 이것은 너희에게서 난 것이 아니요 하나님의 선물이라 행위에서 난 것이 아니니 이는 누구든지 자랑하지 못하게 함이라"(엡 2:8-9, 참고. 롬 3:22, 26).

예수님을 믿는 믿음은 반드시 회개가 동반된다. 예수님은 이 땅에서 사역을 시작하시면서 "때가 찼고 하나님의 나라가 가까이 왔으니 회개하고 복음을 믿으라"(막 1:15)고 선포하셨다. 살면서 어떤 일을 했든지 혹은 아무리 악한 일을 저질렀든지 하나님은 바로 지금 당신을 가족으로 기꺼이 받아들이실 수 있다(요 1:12). 그러나 그분이 주시는 용서를 진정으로 원한다면 하나님의 길이 최선임을 믿고, 인생을 주님께 바치며, 이전에 행하던 악한 길에서 돌아서야 한다. 이것이 회개의 기본 개념이다. 회개는 선을 행하는 것이 아니며, 하나님을 부르기 전의 인생을 다 포기하는 것도 아니다. 회개는 잘못을 후회하고, 하나님께 지은 죄를 고백하며, 그 죄에서 돌이키기로 의식적으로 선택하고, 하나님께 자신을 겸손히 바치는 것이다. 다시 말해 그리스도께 인생을 의탁하기로 결정했다면서 동시에 계속 그분께 죄를 짓고 그분의 요구를 묵살하는 행동을 할 수 없다는 말이다.

그렇다고 다시는 죄를 짓지 않는다는 말인가? 아니다. 성경은 우리가 육신을 입고 사는 한 끊임없이 죄와 싸울 수밖에 없음을 분명히 한다(롬 7:15). 그러나 핵심은 바로 여기에 있다. 죄와 싸울 마음이 있는가 하는 것이다. 내려놓으려 하지 않는 죄는 없는가? 죄를 내려놓지 않는다는 것은 그 죄들을 하나님보다 더 중시하는 것이며, 하나님은 그런 사람에게 용서의 은혜를 베푸실 수 없다.

믿음과 회개는 늘 한 쌍이다. 동전의 양면처럼 서로 분리될 수 없다. 누가복음 24장 46-47절과 사도행전 20장 21절 역시 믿음과 회개를 이런 식으로 이야기한다. 그리스도를 진심으로 믿는 사람은 회개하기를 원하며, 그렇게 믿지 않는 사람은 회개할 필요가 없을 것이다. 믿고 회개하는 사람은 구원받았음을 확신할 수 있다(요일 5:13).

구원받을 때 생기는 일

우리는 믿고 회개할 때 예수님이 주시는 용서의 선물을 받는다. 특별히 창조된 본래 목적인 하나님과의 관계를 회복하게 된다. 하나님의 가족으로 받아들여진다(갈 4:5). 다시는 고아처럼 버려지거나 방치되지 않는다. 하나님 나라의 대사로 임명된다(고후 5:20). 이제 인생의 진정한 목적이 생긴다. 그리스도께 돌아오는 우리의 모습을 보고 하늘의 천사들이 기뻐한다(눅 15:10). 우리는 새로운 사람으로 다시 태어난다(고후 5:17). 전과 기록이 하나님 앞에서 더는 불리하게 작용하지 않고 우리를 정죄하지 않는다(고후 5:2). 그동안 어떤 짓을 했든, 하나님 앞에서 심판받을 때 하나님은 그 전과 기록을 보시지 않을 것이다. 죄의 책임이 완벽하게 말소되었기 때문이다(히 10:17).

또한 예수님이 낙원이라고 표현하신 천국의 영생을 받는다(참고. 19장). 사람들은 종종 이 놀라운 선물에 과도한 관심을 기울인 나머지 영원히 예수님과 함께 있게 된다는 이 선물의 본질적 측면을 망각한다. 우리가 창조된 본래 목적이 바로 이 관계였다. 이 땅에서도 천국의 이 측면을 일종의 맛보기로 경험할 수 있다(요 17:3).

기도하라

성경은 예수님이 주시는 구원과 용서를 원하고, 그리스도께 인생을 온전히 바치고자 하는 마음이 있다면 구원을 받았다고 말한다. 또한 그 과정을 예수님을 "영접하는"(요 1:12) 것이라고 말한다. 우리는 인생을 그분께 의탁하고 우리 안에 사시도록 초청하는 기도로 예수님을 영접할 수 있다. 특별히 로마서 10장 9절을 볼 때 하나님께 믿음을 고백하고 그분이 주시는 구원을 원한다고 분명하게 공언하는 것이 필요하다.

이와 같은 기도는 아래 내용을 포함해야 한다.

- 하나님과 그분의 아들 예수님을 믿는다(롬 10:9).
- 우리가 죄를 지었고, 자력으로는 그 죄에서 구원받을 수 없으며, 그 죄에서 돌이키기 원한다는 사실을 인정한다(막 1:15, 엡 2:8-9).
- 예수님이 우리 죗값을 치르고자 죽으시고 부활하셨음을 믿는다(고전 15:3-4).
- 예수님이 베푸시는 구원을 원하며, 그 용서가 어떤 사람이나 공로로 인한 것이 아님을 안다(요 14:6).
- 예수님을 삶의 구주로 영접하고 하나님께 인생을 의탁하기 원한다(요 1:12).

아직 그리스도를 영접하지 않았다면 바로 지금 그분을 영접하지 않겠는가? 위의 내용을 자신의 언어로 바꾸어 하나님께 기도드릴 수 있다. 그리스도를 믿고 그분을 삶에 초청했다면 가능한 신속히 그리스도인 친구에게 알려주라. 그는 당신이 하나님의 가족이 된 것을 축하해주고, 신앙에 대해 더 깊이 알며, 다른 그리스도인들과 교제할 수 있도록 도와줄 것이다.

남은 일생

그리스도를 영접한다는 것은 데이트만 하던 관계에서 결혼으로 거대한 걸음을 내딛는 것과 비슷하다. 결혼 생활은 부부의 관계가 일생 지속되며 더는 자신만을 중심으로 살 수 없음을 의미한다. 또한 절대 혼자가 아님을 의미한다. 하나님은 성령을 보내서서 우리 안에서 우리와 동행하도록 하셨다. 성령은 우리 내면에서부터 삶을 변화시켜주시며, 평화와 사랑과 위로와 하나님의 소유라는 강한 소속감과 같은 놀라운 축복을 선물로 주실 것이다. 우리가 창조된 목적이 바로 이것이며, 하나님은 우리가 이런 삶을 누리도록 만드셨다.

● **핵심 성구**

마가복음 1:15	누가복음 24:46-47	요한복음 1:12
사도행전 20:21	로마서 3:21-26	로마서 6:23
로마서 10:9	고린도전서 15:3-4	에베소서 2:8-9
요한일서 5:13		

■ **함께 나누기**

1. 하나님께 용서받으려면 얼마나 많은 죄가 씻겨야 하는가?
2. 먼저 나쁜 소식이 무엇인지 파악해야 복음이 복된 소식이 되는 이유는 무엇인가?
3. 왜 예수님이 아닌 능력 있는 천사가 우리 대신 죽으면 안 되는가?
4. 우리가 구원받는 유일한 조건은 무엇인가?
5. 회개하지 않고 믿음이 생길 수 있는가? 그 이유는 무엇인가?
6. 회개하면 그 이후 어떤 죄도 짓지 않고 완벽하게 살 수 있는가?
7. 그리스도를 영접하는 것이 결혼하는 것과 비슷한 이유는 무엇인가?

33

하나님께 용납받기 위한 조건

칭의

많은 사람의 마음에는 하나님께 용납받기 위해 무엇인가를 입증해야 한다는 깊은 불안이 있다. 하나님 앞에서 살아온 인생을 결산하는 마지막 심판 때 착하고 선량하게 살았음을 보여주어야 천국에 들어갈 수 있다고 생각한다. 하지만 성경은 전혀 다른 교훈을 가르친다. 이 교훈은 칭의라는 한 단어로 요약할 수 있다.

칭의의 의미

일상생활에서 칭의라는 단어를 별로 사용하지 않지만, 혹시 사용하게 될 경우 종종 "오늘 아침 늦잠 잔 나를 합리화하려 했다"처럼 무엇인가에 대해 자신이 옳음을 입증한다는 의미일 경우가 많다.

아니면 "국세청에 건별로 세액 공제를 받아야 할 타당한 이유를 제시하려고 했다"는 말은 어떤가. 다시 말해 막대한 벌금을 부과한 세무 공무원에게 세법에 기초해 정당한 권리를 입증하고자 했다는 말이다.

마찬가지로 법정에서도 이런 표현이 심심찮게 사용되는 것을 들을 수 있다. 예를 들어 직권 남용으로 고소된 피고는 자기 행동의 정당성을 입증할 필요가 있다. 다시 말해 판사와 배심원단 앞에서 자기가 한 행동이 법적 테두리 안에서 이루어진 합법적인 것이었음을 입증해야 한다는 말이다. 칼을 휘두르며 공격하는 사람을 죽였을 경우 법정에서 위법이 아닌 자위권 차원의 행동이었음을 입증해야 한다.

스스로 옳음을 입증하는 행위로서 칭의

성경에서 이런 의미의 칭의가 사용된 여러 경우가 있다. 연거푸 무서운 비극을 겪은 욥에게 친구들은 그가 죄를 지어서 이런 일을 당했다고 비난했다. 욥은 그들의 비난을 반박하고 자신의 모든 행동이 정당했음을 증명하고자 노력했다. 다시 말해 "자기가 의롭다"(욥 32:2)고 했다. 예수님이 지상에 계실 때 율법에 충실하라는 도전을 받은 유대인 율법 교사는 예수님 앞에서 자기 자신을 옳게 보이려고 했다(눅 10:29). 그는 사마리아인들을 경멸하는 자기 태도를 정당화하고자 '이웃'의 정의가 무엇이냐고 질문했다.

사도 바울이 로마서에서 주장하는 한 가지 주제는 모든 인류의 보편적 죄성 때문에 누구도 심판 날 하나님 앞에서 당당하게 자신의 의로움을 입증할 수 없다는 것이다(롬 3:20). 의인은 없다. 그러나 역설적이게도 당시 많은 유대인은 하나님의 율법을 철두철미하게 지키면 하나님의 은혜를 입을 자격이 생긴다고 믿었다. 언약에 대한 믿음과 그분의 자녀라는 멤버십 외에 하나님이 인생을 결산하실 마지막 날 심판의 저울추가 유리하게 작용하도록 공적을 쌓아야 한다고 믿었다. 다시 말해 그들은 자신의 입장을 '정당화'하고, 하나님은 그들을 인정하며 보상해주실 것이라고 생각했다. 바울은 로마서에서 바로 이 개념을 비판한다. "율법의 행위로 그의 앞에 의롭다 하심을 얻을 육체가 없나니"(롬 3:20). 하나님이 자신들의 선행을 판단하고 인정해주어야 한다고 주장하는 이방인들도 마찬가지이다. 하지만 마지막 때 하나님은 우리의 행위를 평가하고 얼마나 선한지를 기준으로 구원받을 자를 결정하시지 않는다.

'무죄'라는 선언으로서 칭의

칭의가 참으로 복된 소식인 이유는 모든 인류를 괴롭히는 이 끔찍한 곤경이 배경에 있기 때문이다. "모든 사람이 죄를 범하였으매 하나님의 영광에 이르지 못하더니 그리스도 예수 안에 있는 속량으로 말미암아 하나님의 은혜로 값 없이 의롭다 하심을 얻은 자 되었느니라"(롬 3:23-24). 다시 말해 모두가 하나님의 심판대 앞에 설 때 누구도 하나님의 호의를 받을 자격이 없지만, 다행히 하나님은 우리의 선행을 보고 우리를 받아주시는 분이 아니다.

하나님 앞에서 우리 정당성을 입증할 수 없다 해도 하나님은 모든 죄책에서 우리를 면제해주신다. 켄 테일러(Ken Taylor)는 『리빙 바이블』(Living Bible)에서 이 구절을 이렇게 풀어쓴다. "그러나 이제 우리가 예수 그리스도를 믿으면 하나님은 자신을 거역한 죄에 대해 '무죄'를 선언해주신다."

구약에 이 개념을 잘 예시한 구절이 있다. 이 구절은 누군가 율법을 범한 죄로 정죄를 받을 경우 대처할 방법을 알려준다. "사람들 사이에 시비가 생겨 재판을 청하면 재판장은 그들을 재판하여 의인은 의롭다 하고 악인은 정죄할 것이며"(신 25:1). 우리의 경우에는 비록 유죄가 분명하더라도 하나님은 우리를 변호해주시고 '무죄'라고 선언해주신다.

우리에게 일어난 일이 바로 이것이다. 성경은 우리 모두가 언젠가 완전하시고 거룩한 하나님 앞에 서서 우리 행위에 대해 심판받을 것이라고 분명하게 명시한다(롬 14:10, 고후 5:10). 하나님 앞에서 우리가 유죄임을 확증할 증거는 당연히 차고 넘칠 것이다. 한 가지 죄만 있어도 유죄가 확실하다. 그러나 하나님은 그의 거룩한 법을 위반한 우리 죄를 물어 제3자를 이미 정죄하셨다. 그 아들 예수의 피로 우리 죗값이 이미 지불되었다. 우리 죄에 대해 이미 정의가 시행되었다. 하나님은 이것을 기초로 미래의 그 심판 날에 우리를 '무죄'라고 선언해주실 것이다. 그러나 하나님은 종말에 이루어질 그 판결을 지금 우리에게 적용하고 계신다. 우리는 마지막 날에 칭의를 받지만 그 판결의 혜택과 자유를 지금 누리고 있다.

단순한 면책이 아니다

그리스도가 대신 죽으심으로 우리를 형벌에서 면제해주신 것은 분명한 사실이다(소극적 측면). 그러나 하나님은 어떤 방법으로 우리를 의롭다고 선언하시는가(적극적 측면)? 우리는 의로우신 하나님께 우리 의를 드러낼 어떤 공적도 없다.

이제 그리스도가 우리를 위해 이루신 사역의 새로운 차원들을 살펴보고자 한다. 그는 우리 대신 죽으셨을 뿐 아니라 완전 무결하게 죄 없는 삶을 사셨다. 이렇게 사신 역사상 유일한 인간이다. 이 때문에 그는 거룩하신 하나님 앞에 설 권리가 있었고, 주님의 이 거룩한 삶의 혜택이 우리의 공으로 전가되었다. 이것은 모든 그리스도인에게 주시는 "하나님의 의"(롬 3:21-22)이다.

이것은 큰 빚을 지고 파산한 사람에 비유할 수 있다. 빚더미에 앉은 그가 막대한 채무에서 면제되었을 뿐 아니라 또한 엄청난 액수의 돈이 계좌에 이체되었다.

우리가 예수 그리스도를 믿고, 그와 친밀하고 인격적이며 진정한 관계를 누리게 되면 하나님은 예수님의 의를 우리 것으로 인정해주신다. 로마서 4장의 중요한 메시지가 바로 이것이다. 4장은 이렇게 마무리한다.

> 그에게 의로 여겨졌다 기록된 것은 아브라함만 위한 것이 아니요 의로 여기심을 받을 우리도 위함이니 곧 예수 우리 주를 죽은 자 가운데서 살리신 이를 믿는 자니라(롬 4:23-25).

예수님이 십자가에서 죽으심으로 우리가 과거와 현재와 미래에 지은 모든 죄의 값이 지불되었다. 그러나 예수님은 또한 죄 없이 의로운 삶을 사시고 그 혜택을 우리에게 전가해주셨다. 하나님은 예수님의 의를 우리의 의로 인정해주신다. 우리는 용서받고 의롭게 되었다. 신학자들은 이 놀라운 진리를 종종 그리스도의 의가 우리에게 '전가'되었다고 표현한다. '전가'는 단순히 무엇인가를 누군가의 공으로 돌린다는 뜻이다. 우리는 받을 자격이 전혀 없고 스스로 노력하지도 않은 놀라운 선물을 받았다. 따라서 칭의와 전가는 동전의 양면처럼 불가분의 관계에 있다.

어떻게 칭의를 받는가?

이 소중한 선물을 받을 만한 업적이 없는 사람이 어떻게 이 선물을 받을 수 있는가? 성경은 칭의를 받을 유일한 방법이 있는데, 그것은 믿음이라고 명확하게 이야기한다. 성경은 "그러므로 사람이 의롭다 하심을 얻는 것은 율법의 행위에 있지 않고 믿음으로 되는 줄 우리가 인정하노라"(롬 3:28)고 말한다. 하나님의 율법에 순종하는 것으로는 하나님의 인정을 받을 수 없다는 말이다. 아무리 선하다고 해도 늘 어딘가가 모자라고 부족함이 드러날 것이다. 하지만 우리가 처참하리만큼 하나님의 기준에 미달한 상태에서 그동안 저지른 수많은 죄악까지 수치심에 휩싸여 보게 된다면 우리에게는 절망밖에 없을 것이다. 하지만 그리스도를 믿는 사람은 누구든지 의롭다고 여겨진다.

믿음은 하나님을 기쁘게 해드리는 '행위'를 말하지 않는다. 믿음은 하나님이 우리 대신 행하신 일을 값없이 주시는 선물로 받아들이려고 하는 마음의 태도이다. 실제로 믿음은 하나님의 은혜를 얻기 위해 우리가 할 수 있는 일이 조금도 없음을 인정하는 것이다. 하나님의 은혜에 우리 자신을 전적으로 의탁하고, 우리의 유일한 소망은 예수 그리스도 안에 있음을 인정하는 것이다. 그러므로 믿음은 칭의라는 하나님의 선물을 받는 수단이다. 사도 바울은 갈라디아서 2장 16절에서 이 점을 분명하게 지적한다. "사람이 의롭게 되는 것은 율법의 행위로 말미암음이 아니요 오직 예수 그리스도를 믿음으로 말미암는 줄 알므로 우리도 그리스도 예수를 믿나니 이는 우리가 율법의 행위로써가 아니고 그리스도를 믿음으로써 의롭다 함을 얻으려 함이라 율법의 행위로써는 의롭다 함을 얻을 육체가 없느니라."

믿음으로 얻는 칭의의 혜택

이 진리로 얻는 가장 큰 혜택 중 하나는 확신이다. 하나님과 우리 관계가 우리 자신이 아닌 예수 그리스도와 그가 우리를 위해 이루신 일에 달려 있음을 확신할 수 있다. 정말 다행이지 않은가. 세상 마지막 날에 심판의 저울이 우리에게 우호적인 방향으로 기울도록 선한 삶을 살 수 있을지 불안과 의심에 시달릴 필요가 없다. 바울이 "그러므로 우리가 믿음으로 의롭다 하심을 받았으니 우리 주 예수 그리스도로 말미암아 하나님과 화평을 누리자"(롬 5:1)라고 선언할 수 있었던 것도 정확히 이 때문이다. 소원한 관계가 우정과 평화의 놀라운 관계로 바뀌었고, 이 때문에 우리는 확신과 마음의 평화를 누릴 수 있다. 또한 최후의 심판 날에 하나님이 진노하시는 대상이 되지 않으리라는 깊은 안도감을 갖고 살아갈 수 있다.

그러므로 하나님이 우리를 용납하시도록 무엇인가를 입증할 필요가 있는가? 전혀 없다. 하나님은 모든 것을 입증하신 그 아들과의 관계를 토대로 우리를 용납해주신다.

● **핵심 성구**

| 로마서 3:20-31 | 로마서 5:1-11 | 갈라디아서 3:11 |
| 로마서 4:23-25 | 갈라디아서 2:16 | |

■ **함께 나누기**

1. 하나님 앞에서 '의롭다 함을 받는다'는 것이 무슨 의미인지 자신의 말로 설명해보라.
2. 하나님이 우리를 '무죄'라고 선언하셨음을 어디까지 확신할 수 있는가?

3 의롭다고 인정받았다는 확신이 서지 않는다면 어떻게 해야 하는가?

4 우리 힘으로 의롭다고 인정받으려면 어느 정도 선해야 하는가?

5 어떻게 해야 천국에 갈 수 있느냐고 물어보면 많은 사람이 "착하게 살아야 한다"고 대답한다. "완벽하지는 않지만 하나님이 저를 받아 주실 정도로 착하게 살았다고 생각해요"라고 말하는 사람도 있다. '착한 사람'이 된다고 주님 앞에서 의롭다고 인정받을 수 있는가?

6 칭의는 단순히 소극적인 면(우리가 받을 형벌)만 다루는 것이 아니라 적극적인 면도 다룬다. 칭의로 또 어떤 혜택을 받을 수 있는가?

34

예수님은 왜 죽으셔야 했는가?

속죄

캘리포니아 주 시에라 고원 인근 골짜기에 조부모님의 목장이 있었다. 어린 시절 주말이 되면 어른들이 말과 가축을 돌보는 동안 나(클린턴)는 사촌들과 사방을 뛰어다니고 병아리를 쫓으면서 즐거운 한때를 보냈다. 농장의 가축을 일부만 남기고 모두 식용으로 팔 때면 가족은 항상 소를 한두 마리 잡아 햄버거, 로스트, 스테이크, 갈비용으로 냉장고에 저장했다. 해마다 소를 잡던 장면이 지금도 생생한 기억으로 남아 있다. 다소 기괴한 장면이었다. 먼저 소의 숨통을 끊고 목을 잘라 피를 뺐다. 소가 엄청난 양의 피를 내뿜는 모습은 충격적이었다.

예수님 당시 예루살렘 성전에서 시행되던 제사 제도를 살펴볼 때면 종종 그 시절이 기억난다. 유월절 절기에는 수천 명의 순례자가 예루살렘을 방문해 짐승을 잡아 제사를 드렸다. 제사장들은 성전의 큰 제단에서 수많은 소와 염소와 양을 도살했다. 수천 리터의 피가 제단으로 쏟아져 나와 피가 모이는 홈통으로 흘러내렸다. 제사장들은 이 피의 일부를 취해 제단 사방으로 뿌렸다(레 1:5, 11, 3:2).

우리 일상에서는 이런 장면을 볼 수 없다. 이런 짐승의 도살이 왜 필요했을까? 그리고 하나님은 왜 그토록 엄청난 피를 요구하는 제도를 계획하고 인정하셨을까?

그리고 무엇보다 예수님은 왜 죽으셔야만 했을까? 하나님의 계획에 그의 피로 드리는 제사가 왜 그토록 중요했을까? 하나님은 이런 기괴하고 고통스럽고 피로 낭자한 죽음 없이 죄를 용서할 수 있는 제도를 왜 만들지 않으셨을까?

죄는 우리가 생각하는 것보다 하나님께 심각한 문제이다

죄가 세상에 들어오지 않았더라면 희생 제물이 전혀 필요 없었을 것이다. 창세기에서 인간이 범죄한 후 하나님은 인간의 죄를 덮고 그와 교제할 수 있도록 짐승으로 드리는 제사 제도를 제정하셨다. 죄는 하나님의 법에 대한 고의적 반항임을 기억해야 한다. 죄는 우리와 하나님의 관계를 단절시킨다. 하나님은 공의롭고 거룩하신 분이므로 죄를 무시하실 수 없다. 그래서 짐승의 제사가 필요하게 되었다. 하나님의 율법을 어기고 죄를 지은 사람은 제사장에게 소를 제물로 바쳐야 했다. 그런 다음 죄를 고백하고 제사장은 그 짐승의 숨통을 끊었다. 제물에서 피가 쏟아지면 제사장은 그 피를 제단의 여러 곳에 발랐다. 레위기 4장 31절은 "제사장이 그를 위하여 속죄한

즉 그가 사함을 받으리라"고 말한다.

속죄는 지은 잘못에 대해 보상하는 행위이며, 이 행위로 단절된 관계를 회복하게 된다. 짐승을 죽임으로(그 피로 상징되는) 지은 죄를 가리고 다시 한 번 하나님과 관계를 회복한다. 인간은 죄를 숨기고 가리며 무시하고, 마치 아무 잘못도 하지 않은 것처럼 행동하는 경향이 있다. 인간은 먼 조상, 즉 에덴동산의 첫 부부에게서 이 성향을 물려받았다. 성경은 아담과 하와가 하나님의 명령에 처음 불순종한 후 "여호와 하나님의 낯을 피하여 동산 나무 사이에 숨은지라"(창 3:8)고 말한다. 마음 깊은 곳에서 그들은 하나님이 죄를 이실직고하도록 부르실 것을 알았지만 하나님을 피해 숨음으로 이 대면을 거부했다.

죄의 문제로 하나님은 심각한 딜레마에 빠지셨다. 그는 완벽하게 의로운 분이다. 죄를 미워하고(렘 44:4, 합 1:13) 처벌하는 것(롬 1:18, 2:5-9)이 하나님의 본성이다. 그러나 그는 자기 백성과 교제하기를 원하신다. 그럼에도 죄를 무시하거나 죄가 없는 것처럼 하실 수가 없다.

그러므로 하나님께 죄는 사소한 문제가 아니다. 죄를 사소하게 여기는 태도는 그의 성품에 도전하는 행위이다. 우리 창조주이신 하나님이 죄를 심각하게 보시므로 우리 역시 죄를 심각하게 보아야 한다.

그렇다면 잘못된 행실과 죄로 하나님의 진노를 끊임없이 촉발하는 우리에게 어떤 희망이 있겠는가? 그렇게 하나님의 의에 미치지 못하는 우리가 어떻게 그토록 거룩하고 의로우신 분과 관계를 누릴 수 있겠는가? 성경은 또한 완벽하게 살았고 그 행위로 하나님께 인정받은 사람은 단 한 명도 없었다고 분명히 말한다. 성경은 "모든 사람이 죄를 범하였으매 하나님의 영광에 이르지 못하더니"(롬 3:23) "의인은 없나니 하나도 없으며"(롬 3:10)라고 말한다.

이 딜레마를 해결할 하나님의 방법은 희생 제사였다. 하나님은 이스라엘 백성이 매일 짐승의 제사를 드림으로 죄가 얼마나 치명적으로 심각한 것인지를 잊지 않도록 하셨다.

짐승의 제사로는 죄를 완전히 해결할 수 없다

그러나 구약의 제사는 임시방편일 뿐이었다. 히브리서는 "황소와 염소의 피가 능히 죄를 없이 하지 못함이라"(10:4)고 가르친다. 하나님은 이사야 선지자의 입을 빌려 이미 수백 년 전에 이 사실을 알려주셨다. "나는 수송아지나 어린 양이나 숫염소의 피를 기뻐하지 아니하노라"(사 1:11). 모든 인류의 죄 문제를 단번에 처리하는 완벽한 희생 제사를 드릴 날이 올 것이다. 세례 요한은 예수님의 사역 초기에 이 제사가 실현되고 있음을 선언했다. "보라 세상 죄를 지고 가는 하나님의 어린 양이로다"(요 1:29).

그렇다고 구약의 제사 제도가 쓸모없었다는 의미는 아니다. 짐승의 희생 제사는 하나님이 죄를 얼마나 심각하게 생각하시는지 보여주었고, 또한 미래에 드려질 궁극적 제사로 우리의 죄 문제가 효과적으로 해결되며, 우리에 대한 하나님의 의로운 진노가 무효가 될 것을 예표하였다. 그러나 그럼에도 불구하고 제사 제도는 죄를 해결하는 데 효과적이지 않았다. 사도 바울은 "하나님께서 길이 참으시는 중에 전에 지은 죄를 간과하심으로 자기의 의로우심을 나타내려 하심이니"(롬 3:25)라고 말했다.

죄에 대한 하나님의 진노를 만족시키다

하나님은 절대적 순결하심과 거룩하고 의로우신 성품 때문에 우리 죄를 견디실 수 없다. 그러나 또한 우리와 친밀하게 교제하기 원하신다. 우리 죄를 묵과하실 수는 없으시므로 이 문제를 단번에 영구히 해결할 자비와 사랑의 계획을 마련하셨다.

> 예수를 하나님이 그의 피로써 믿음으로 말미암는 화목제물로 세우셨으니(롬 3:25).

> 우리가 하나님을 사랑한 것이 아니요 하나님이 우리를 사랑하사 우리 죄를 속하기 위하여 화목 제물로 그 아들을 보내셨음이라(요일 4:10, 참고. 히 2:17, 요일 2:2).

'화목 제물'(propitiation)이라는 용어는 '달래다'는 의미의 라틴어(propitio, 프로피티오)에서 파생했다. 하나님이 우리 죄에 진노하시고 그 진노를 쏟으신다고 하면 혐오스럽게 생각하는 이들도 있지만, 이는 하나님이 죄를 얼마나 역겹게 생각하시는지 정확히 모르기 때문이다. 죄는 하나님의 진노를 촉발하므로 그는 죄에 진노하실 수밖에 없다(롬 1:18, 2:5). "죄의 삯은 사망"(롬 6:23)이라는 사실을 잊어서는 안 된다. 그러나 예수님은 우리 죄에 대한 하나님의 진노를 십자가의 고통스러운 죽음으로 흡수하심으로 그 진노를 누그러뜨리셨다. 이 궁극적 제사는 하나님의 공의를 만족시켰고, 그는 그 진노를 돌이키셨다.

그리스도가 우리를 위해 죽으셨다

예수님은 우리의 대속물이셨다. 우리는 십자가에 달려 죗값을 치러야 하는 죄인이다. 그러나 우리의 죽음으로 정의는 충족되겠지만(죄인은 늘 처벌받아야 한다), 그렇다고 그것이 용서와 영원한 생명과 하나님과의 관계 회복에 효력을 발휘하지는 않는다. 오직 우리 대속물이신 무죄한 하나님의 아들 예수님만이 그 일을 이루실 수 있다.

사도 바울은 그것을 이렇게 설명한다. "하나님이 죄를 알지도 못하신 이를 우리를 대신하여 죄로 삼으신 것은 우리로 하여금 그 안에서 하나님의 의가 되게 하려 하심이라"(고후 5:21). 이것은 이사야가 그보다 800년 전에 말한 예언의 성취였다. "우리는 다 양 같아서 그릇 행하여 각기 제 길로 갔거늘 여호와께서는 우리 모두의 죄악을 그에게 담당시키셨도다"(사 53:6).

이것을 때로 예수의 '대리'(vicarious) 고난이라고 한다. 우리 대신 그가 고난을 당하신 것이다. 그는 우리의 대표로서(대리자로서) 우리가 받아 마땅한 형벌을 받으셨다.

우리는 절대적으로 의로우시며 사랑이 풍성하신 하나님을 예배한다. 그는 이 공의와 사랑이 완벽한 균형을 이루신다. 하지만 우리 죄 때문에 그의 사랑보다는 그의 공의로우심이 더 우선시되어야 했다. 하나님은 그 무한하신 지혜와 비범한 사랑으로 이 두 속성을 모두 만족시킬 묘안을 찾아내셨다. 자기 아들에게 진노를 행사하심으로 우리가 창조주이신 그분과 관계를 회복할 방도를 마련하신 것이다. 하나님의 아들이 치른 희생을 능가할 희생은 없다. 대속과 속죄의 선물을 능가할 선물은 없다.

● 핵심 성구

이사야 53:6	로마서 6:23	히브리서 9:26
요한복음 1:29	고린도후서 5:21	히브리서 10:12
로마서 3:25	히브리서 2:17	요한일서 4:10

함께 나누기

1. (예수님이 아닌) 누군가가 당신을 위해 무엇인가를 희생한 적이 있는가? 당신이 누군가를 위해 희생해본 적이 있는가?

2. 속죄가 무엇인지 자신의 말로 이야기해보라. 구약에서는 죄를 어떤 방법으로 속죄했는가?

3. 죄는 왜 죽음으로 대가를 치르는가? 하나님은 하나님이시므로 죄를 용서하셨다고 말씀으로 선언하시면 되는 것 아닌가?

4. 교회에서 집으로 돌아가는 길에 5살짜리 딸이 "예수님은 왜 죽으셔야 했어요?"라고 묻는다고 해보자. 무엇이라고 대답해주겠는가?

5. 예수님의 희생이 우리의 모든 죄, 심지어 미래의 죄까지 대속할 수 있는 효력이 있는가? 아니면 지금까지 지은 죄만 대속할 수 있는가?

6. 예수님이 우리를 위해 죽으신 사실이 인생을 살아가는 기쁨의 원천이 되는가? 그렇지 않다면 그 이유는 무엇이라고 생각하는가?

35

죄에서 참된 자유를 얻을 수 있는가?

구속

"무엇이 잘못인지 알아. 내가 하는 행동이 사랑하는 사람들에게 상처를 준다는 것을 알아. 하지만 어떻게 할 도리가 없어."

"마음 깊은 곳에서는 하나님이 그 행동을 좋아하시지 않는다는 것을 알아. 하지만 내 마음대로 되지 않아."

이런 무력감을 경험한 적이 있는가? 그런 적이 없다고 하는 사람이 있다면 더 놀라운 일일 것이다. 이런 무력감은 인간이라면 누구나 경험하는 딜레마이다. 우리 죄가 우리 목을 옥죄는 사슬처럼 우리를 옭아맨다.

우리는 진심으로 변화되기를 원하고 주변 상황을 바꾸고자 열심히 노력한다. 그러나 오히려 상황은 더 엉망이 되어버린다. 그리고 이런 악순환이 반복된다.

이런 곤경에서 빠져나갈 방법이 있는가?

성경은 인간이 처한 이런 곤경을 지적하며 빠져나갈 길이 있다고 분명히 말한다. 실제로 도무지 빠져나올 수 없는 이런 곤경에서 우리를 건져줄 하나님의 근본 조치를 말할 때 성경은 '구조'(rescue)라는 단어를 사용한다.

"그가 우리를 흑암의 권세에서 건져내사 그의 사랑의 아들의 나라로 옮기셨으니"(골 1:13). 이 구절을 보면 스코틀랜드 북동쪽 연안에서 배가 전복되어 사투를 벌이던 스코틀랜드 어부들이 생각난다. 아내와 나(클린턴)는 북해가 내려다보이는 절벽에 서 있다가 그들이 물에서 필사적으로 허우적거리며 구조를 요청하는 소리를 들었다. 당국에 급하게 구조 전화를 한 우리는 헬리콥터가 그들을 한 명씩 건져 올려 구조하는 모습을 지켜보며 안도의 한숨을 내쉬었다. 하나님이 우리를 건져주시는 방식도 이와 비슷하다. 단순히 사다리를 떨어뜨리고 알아서 올라오라고 하시지 않는다. 그가 직접 내려와 우리 손을 잡고 끌어올려주신다.

변화될 가망이 없는 끔찍한 처지

그러나 우리 상황이 정말 그 정도로 심각한가? 물론이다. 우리가 처한 곤경은 생각보다 훨씬 더 심각하다. 우리가 하는 행동은 우리 자신에게뿐 아니라 남에게도 해롭고, 그 결말은 결국 사망이다. 성경은 우리의 죄성이 영원한 영향을 미친다고 지적한다. "죄의 삯은 사망이요"(롬 6:23). 죄는 거룩하고 의로우신 하나님과 우리를 분리시킬 뿐 아니라 우리를 죽음의 운명으로 이끈다(참고. 엡 2:1). 여기에는 육체적 죽음뿐 아니라 하나님과의 영원한 분리도 포함된다. 하나님의 법에 따르면 불순종한 모든 사람은 저주를 받을 수밖에 없다(갈 3:13, 4:5). 이 저주에는 거룩한 하나님의 법을 범한 모든 사람이 처벌을 받는 종말의 심판이 포함된다.

그러나 사망이 전부는 아니다. 성경은 특별히 로마서 6장에서 우리가 죄를 지을 수밖에 없는 상태에 있다고 말한다. 실제로 성경은 '노예'와 '사망'이라는 표현을 사용해 이런 예속 상태를 설명한다. 죄는 단순히 하나님의 법에 고의적으로 맞서는 수준이 아니다. 죄는 우리를 노예 생활에서 벗어나지 못하게 묶어두는 힘이다. 하나님과 분리된 한 형태이며, 우리 육신을 장악해가는 질병과 비슷하다. 끔찍한 증상이 발현될 수밖에 없다. 마치 야수가 먹이를 노리며 기다리는 것과 비슷하다. "죄가 문에 엎드려 있느니라 죄가 너를 원하나 너는 죄를 다스릴지니라"(창 4:7). 다시 말해 우리는 죄를 짓지 않는 선택을 할 힘이 없다.

성경은 이것으로도 충분하지 않은 듯 우리가 죄에 매인 상태에서 빠져나오지 못하도록 배후에서 적극적으로 조종하는 초자연적이고 지적인 강력한 존재가 있음을 알려준다. 사도 요한은 한술 더 떠 "온 세상은 악한 자 안에 처한 것이며"(요일 5:19)라고 말한다. 바울은 "지금 불순종의 아들들 가운데서 역사하는 영"(엡 2:2)이라고 설명한다.

지구상의 모든 사람은 죄와 사탄의 힘에서 벗어날 수 없는 이 끔찍한 곤경에 직면하며, 불순종으로 인한 저주, 즉 죽음을 경험할 수밖에 없다. 그러나 많은 사람은 이것을 바꿀 힘이 없다는 사실을 이해하지 못한다. 그들의 유일한 희망은 구속, 즉 예속에서 벗어나는 것이다.

구속의 진리

그리스도가 오시기 오래전 이스라엘 백성 역시 노예 생활을 했다. 애굽의 잔인한 노예 감독관들과 지배자들에게 4백 년 동안 종살이를 했다. 구약 성경 출애굽기는 하나님이 도움을 구하는 그들의 울부짖음을 들으시고 모세라는 구원자를 세우셔서 그들의 상황에 개입하신 이야기이다. 모세는 그들을 애굽 땅에서 인도해내었다. 하나님은 모세에게 이렇게 말씀하셨다. "그러므로 이스라엘 자손에게 말하기를 나는 여호와라 내가 애굽 사람의 무거운 짐 밑에서 너희를 빼내며 그들의 노역에서 너희를 건지며 편 팔과 여러 큰 심판들로써 너희를 속량하여"(출 6:6). 이후 하나님은 그들에게 그 구원의 행적을 기억하라고 명하신다. "너는 애굽 땅에서 종 되었던 것과 네 하나님 여호와께서 너를 속량하셨음을 기억하라"(신 15:15).

새 언약의 메시지는 두 번째 출애굽 메시지이다. 인류는 죄, 마귀, 사망이라는 무서운 세력의 노예가 되었고, 이 상태에서 구원받아야 한다. 하나님은 다시 한 번 구원자를 세우고자 역사하셨다. 그는 바로 예수 그리스도로, 우리를 곤경에서 건져내어 그와 친밀한 관계를 누리게 해주시는 분이다. 예수님은 로마 군대와 같은 인간 적군과 싸우는 방법이 아니라 모든 인류를 노예로 붙잡고 있는 진짜 적과 싸워 이기셔서 그 일을 이루셨다. "그리스도께서 우리를 위하여 저주를 받은 바 되사 율법의 저주에서 우리를 속량하셨으니"(갈 3:13). 그는 희생 제물이 되셨고, 그 흘리신 피로 죄의 권세를 무너뜨리셨다. "그가 죽으심은 죄에 대하여 단번에 죽으심이요"(롬 6:10). 또한 십자가는 사탄과 그 악한 세력에 대한 결정적 승리를 상징한다. "통치자들과 권세들을 무력화하여 드러내어 구경거리로 삼으시고 십자가로 그들을 이기셨느니라"(골 2:15).

그러므로 우리에게는 그리스도의 십자가가 전부이다. 십자가가 상징하는 것, 즉 예수님의 완벽한 희생 제사로 하나님의 공의가 영원히 만족됨으로 우리는 이제 하나님과 관계를 누릴 수 있다. 그리스도는 지금이나 영원토록 우리 스스로 할 수 없는 일을 해주셨다. "인자가 온 것은 섬김을 받으려 함이 아니라 도리어 섬기려 하고 자기 목숨을 많은 사람의 대속물로 주려 함이니라"(마 20:28, 참고. 막 10:45). 그분은 자신의 생명이 자기 백성을 구속할 속전이 될 것을 아셨다. 다시 말해 자신의 죽음으로 우리의 죗값이 완불될 것을 아셨다(참고. 딤전 2:6, 딛 2:14). 예수님은 자신의 피로 우리를 죄에서 영원히 구속해주셨다(히 9:12). 그리스도의 십자가는 많은 효력이 있지만 대표적인 하나는 이것이다. "그리스도 안에서…그의 피로 말미암아 속량 곧 죄 사함을 받았느니라"(엡 1:7, 참고. 골 1:14).

이제 변할 수 있다

그리스도가 우리의 "구원"(고전 1:30)이시므로 하나님이 흡족해하실 정도로 공적을 세워야 용납된다는 생각에서 우리는 자유롭게 되었다. 죄질의 심각함이나 죄에 얽매인 기간에 상관없이 우리는 모두 구원이 필요하다.

그리스도 안에서 우리는 이제 자유를 누린다(요 8:36). 달리 말해 우리는 더는 죄의 충동에 지배받지 않는다. 죄를 짓지 않는 것을 선택할 수 있게 되었다. 아무리 통제하려 해도 성공하지 못했던 우리 인생의 그 영역들을 이제 통제할 수 있다. 사도 바울은 "값으로 산 것이 되었으니 그런즉 너희 몸으로 하나님께 영광을 돌리라"(고전 6:20)는 말로 이 점을 잘 요약한다. 이제 우리는 자유인이 되었다.

하나님은 우리에게 변할 수 있는 힘을 주셨고, 이 힘은 모든 그리스도인 안에 계시는 성령으로 인해 얻는다. 우리가 할 일은 성령의 힘을 의지하고 협력하는 법을 배움으로 불가능해 보이는 일을 정복하는 것이다. "너희가 육신대로 살면 반드시 죽을 것이로되 영으로써 몸의 행실을 죽이면 살리니"(롬 8:13). 그렇다고 죄를 이기는 일이 쉽다는 말인가? 절대 아니다. 그러나 우리는 분명히 죄를 이길 수 있고, 원하면 그 과정에서 우리를 기꺼이 도우실 강력한 친구를 둘 수 있다.

사도 베드로는 우리가 더는 조상들의 죄를 반복할 운명이 아님을 확신에 찬 어조로 강조한다. "너희가 알거니와 너희 조상이 물려 준 헛된 행실에서 대속함을 받은 것은 은이나 금 같이 없어질 것으로 된 것이 아니요 오직 흠 없고 점 없는 어린 양 같은 그리스도의 보배로운 피로 된 것이니라"(벧전 1:18-19).

마지막으로 우리는 그리스도가 세상을 심판하러 재림하실 때 중벌에 처해질 두려움에서 자유롭다. 예수님의 재림으로 우리는 완전한 "몸의 속량[구속]"(롬 8:23)을 받게 되므로 그 시간은 축제의 시간이 될 것이며, 우리 주님의 임재를 영원토록 누리게 될 것이다.

그리스도 예수 안에서 구속과 자유를 누리게 하신 하나님을 찬양하라! 우리는 진정 변화될 수 있다. 그러나 변화는 여전히 매우 어렵다. 그 변화가 실제로 이루어지기 위해 기꺼이 변화될 마음이 있어야 하고, 성령의 힘을 의지하는 법을 배워야 한다.

● **핵심 성구**

출애굽기 6:6-8	로마서 8:13	베드로전서 1:18-19
로마서 3:21-26	갈라디아서 3:10-14	
로마서 6:1-22	에베소서 1:3-10	

■ 함께 나누기

1. 죄의 올무에 걸렸다는 느낌이 든 적이 있는가? 어떤 느낌이었는가?

2. 서로 가감 없이 솔직한 대화를 나누던 중 친한 친구가 "지금 곤란한 상황에 처해 있어. 죄를 짓는 것을 멈출 수가 없어"라고 말한다고 해 보자. 어떤 성경 말씀을 친구에게 들려줄 수 있겠는가? 친구를 돕기 위해 할 수 있는 일은 무엇인가?

3. 죄의 욕망을 천천히 제거하는 일 외에 하나님이 죄에서 우리를 자유롭게 하려고 사용하실 다른 방법은 무엇인가?

4. 우리가 불필요할 정도로 자신의 죄에 관심을 가질 수 있다고 생각하는가? 왜 그런가, 혹은 왜 그렇지 않은가?

5. 성경을 통해 그리고 이 책과 같은 서적을 통해 우리가 죄에서 자유롭게 되었다는 사실을 알게 된 지금, 그 자유를 가졌다는 사실이 실제로 믿어지는가? 정말 그 자유가 있는지 의심스럽지 않은가?

36

예수님은 천국에 가는 유일한 길인가?

기독교의 배타성

주변 사람들에게 한순간에 외면의 대상이 되고 싶다면 예수님이 우리가 구원받을 유일한 길이라고 말하면 된다. 나(제프)는 종교는 다 똑같다는 말을 학생들과 동료들과 친구들에게서 수없이 들었다. 주변 사람들은 그 말이 맞다고 맞장구를 친다. 나만 그런 말을 듣지 않는다. 2008년도 퓨 포럼(Pew Forum)에서 조사한 바에 따르면 미국인 중 기독교 외에 다른 종교들도 영생으로 인도할 수 있다고 믿는 이들이 최소한 70퍼센트에 달했다.[1] 사람들은 어디서 이런 생각을 접하는가? 무엇보다 텔레비전이다. 예를 들면, 미국에서 낮 시간대 토크쇼 중 가장 높은 시청률을 자랑했던 "오프라 윈프리 쇼"(Oprah

Winfrey)의 진행자 오프라 윈프리는 "당연히 한 길만 있을 수는 없다"고 단정적으로 말했다.[2]

이런 문제가 제기되면 어떤 사람들은 별 관심이 없다는 듯 어깨를 한번 으쓱하고 만다. 깊이 생각해본 적이 없기 때문에 실제로 관심이 없는 것이다. 그러나 너무나 다른 반응을 보이는 사람들이 있다. 기독교만이 구원에 이르는 유일한 길이라는 주장을 대단히 불쾌하게 받아들인다. 그리스도인들을 관용을 모르고 무지하며 편협하다고 비난하는 경우는 바로 이 두 번째 그룹이다.

이런 식의 비난을 받지 않지만 많은 그리스도인 역시 개인적으로 이런 주장을 받아들이는 데 어려움을 느낀다. 주변 사람들을 점점 더 의식하게 되고, 또 이렇게 의식할수록 모든 종교에 구원이 있다는 생각을 하게 된다. 무엇보다 세계 인구의 약 67퍼센트가 자신을 그리스도인으로 생각하지 않는다. 그렇다면 그 많은 사람이 구원을 받지 못한다는 말인가? 예수를 믿지 않지만 타인의 고통에 민감한 선한 사람들이 적지 않다. 그들 중에는 그리스도인보다 훨씬 더 훌륭한 사람들도 있다. 그들이 구원받을 길이 없는가? 그리고 하나님에 대해 한 번도 듣지 못한 사람들은 어떻게 되는가?

이 모든 것을 이해하기 위해 그리스도인은 누구인지 확인할 필요가 있다. 먼저 흔히 제기되는 주장들을 살펴보고, 이 주장들을 진리의 원천인 성경과 비교하여 그 타당성을 확인해보자.

다원주의: 다른 종교에도 진리가 있다

"산을 오르는 데는 여러 길이 있다"는 옛 말이 있다. 산으로 올라가는 모든 길은 같은 장소, 즉 꼭대기로 이어진다. 마찬가지로 사람들이 저마다 종교가 다르더라도 실제로 모두 같은 진리를 믿고 있으며, 결국 언젠가는 같은 목적지에서 행복하게 만날 것이다. 이런 시각을 종교적 다원주의라 부른다. 통계가 보여주듯이 이 주장을 믿는 사람들의 수가 빠른 속도로 증가하고 있다.

얼핏 관용적이고 훌륭한 주장으로 보이지만 불행히도 이 논리에는 심각한 결함이 있다. 우리가 모두 같은 장소에 도달한다면 그곳은 어디이겠는가? 그리스도인들은 천국을 추구한다. 불교 신자들은 열반에 도달하기를 원한다. 어떤 종교는 우리가 끝없이 윤회한다고 가르친다. 이런 여러 주장은 서로 정반대의 주장을 펼친다. 따라서 모두가 진실일 수는 없다. 이 주장이 개별적으로 사실이거나 거짓일 수는 있지만, 논리적으로 모두가 다 사실일 가능성은 없다.

많은 종교가 일정 부분 공통점이 있기 때문에(다른 사람을 사랑하라는 가르침 같은) 모두 같은 진리임이 분명하다고 생각하기 쉽다. 하지만 실제로 여러 종교는 서로 배타적이라고 부를 정도로 차이가 크다. 한 종교가 진리라고 인정하는 순간 자동적으로 나머지 신앙들을 배제하게 된다.

성경은 이와 관련한 가장 분명한 사례일 수 있다. 요한복음 14장 6절에서 예수님은 기독교가 다른 신앙 체계와 양립할 수 없음을 분명히 말씀하셨다. "내가 곧 길이요 진리요 생명이니 나로 말미암지 않고는 아버지께로 올 자가 없느니라"고 말씀하셨다. 주님의 이 말씀이 진리라고 한다면 구원에 이르는 다른 믿음은 없다. 그 말씀이 틀리다면 그를 믿는 믿음으로는 구원에 이를 수 없고, 종교적 다원주의 역시 여전히 틀린 것이다.

보편 구원설: 모두가 구원을 받는다

기독교계 안에서도 하나님이 결국 모든 사람을 구원하실 것이라고 믿는 사람들이 있다. 랍 벨(Rob Bell)이라는 저명한 목사가 베스트셀러인 『사랑이 이긴다』(Love wins, 포이에마 역간)에서 이 견해를 적극적으로 주장했다. 그는 이 책에서 오직 일정한 수의 사람만이 구원받고 많은 사람이 구원받지 못한다는 주장을 "오도되고 유해한" 것이라고 말한다.[3]

정말 그럴까? 하나님이 모든 사람을 사랑하신다는 것과 모두가 구원받기를 바라신다는 사실은 의심의 여지가 없다(딤전 2:4). 하지만 하나님의 사랑에만 초점을 맞추면 동일하게 중요하고 본질적인 그분의 속성인 공의를 무시하게 된다.

성경은 하나님을 믿지 않고 회개하지 않는 사람들이 당할 일을 반복해서 이야기한다. 로마서 6장 23절은 "죄의 삯은 사망"이라고 말한다. 예수님은 누가복음 13장 5절에서 우리가 회개하지 않으면 '멸망할' 것이라고 말씀하셨다. 요한계시록은 하나님이 이 땅에 진노를 쏟아내실 때 일어날 일을 집중적으로 다룬다. 결론적으로 하나님이 우리를 사랑하시지만 우리가 저지른 죄를 낱낱이 다 심판하신다는 것이다. 하나님이 죄를 간과하실 수 있었다면 예수님은 십자가에서 죽으실 필요가 없었을 것이다. 오직 "동이 서에서 먼 것 같이"(시 103:12) 그 죄에서 벗어난 사람들만이 받아 마땅한 이 진노를 피할 수 있다. 성경 어디서도 모든 인간이 구원받는다고 말하지 않는다. 선택할 수 있는 능력이 인간에게 허락되는 한 하나님께 인생을 헌신하지 않는 길을 선택하는 사람은 언제나 있을 것이다.

오늘날 사람들은 진리란 상대적이며 다른 의견들도 모두 진리일 수 있다는 주장을 선호한다. 그러나 진리는 구원처럼 협소한 것이다. 마태복음 7장 13-14절에서 예수님은 "좁은 문으로 들어가라 멸망으로 인도하는 문은 크고 그 길이 넓어 그리로 들어가는 자가 많고 생명으로 인도하는 문은 좁고 길이 협착하여 찾는 자가 적음이라"고 말씀하셨다. 우리는 주님의 이 말씀을 깊이 새겨들어야 한다. 우리가 지금 무엇을 믿고 있고, 우리 삶으로 무엇을 하느냐는 정말 중요하다.

복음을 듣지 못한 사람들은 어떻게 되는가?

성경은 복음을 한 번도 듣지 못한 사람들의 운명에 대해 직접 말하지 않지만, 하나님에 대한 진리의 단편들을 종합해보면 대략 다음과 같은 답을 얻을 수 있다.

1. 하나님은 모든 사람이 구원받고 하나님과 교제하기를 원하신다. 베드로후서 3장 9절은 "오직 주께서는 너희를 대하여 오래 참으사 아무도 멸망하지 아니하고 다 회개하기에 이르기를 원하시느니라"고 말한다. 마찬가지로 디모데전서 2장 4절은 "하나님은 모든 사람이 구원을 받으며 진리를 아는 데에 이르기를 원하시느니라"고 말한다.

2. 또한 모든 사람이 죄를 범하였고(롬 3:23), 죄로 하나님을 알지 못할 뿐 아니라(롬 6:23) 하나님과 분리되었다. 주님의 명령을 듣지 못한 자들은 여전히 죄책에서 벗어나지 못하고 있다. "그 마음에 새긴 율법의 행위를 나타내느니라"(롬 2:15).

3. 흥미롭게도 하나님은 모든 인간이 하나님의 살아계심을 알 수 있도록 세상을 만드셨다. 로마서 1장 20절은 이렇게 말한다. "창세로부터 그의 보이지 아니하는 것들 곧 그의 영원하신 능력과 신성이 그가 만드신 만물에 분명히 보여 알려졌나니 그러므로 그들이 핑계하지 못할지니라." 물론 별을 보는 것만으로 예

수 그리스도를 알 수 없는 사람들은 분명히 있다. 하지만 이렇게 자연을 통해 하나님을 발견하도록 하신 것은 살아계시고 참되신 하나님을 간절히 찾도록 재촉하는 은혜일지 모른다.

4. 마지막으로 유념해야 할 일은 신약 전체가 복음을 전해야 할 긴박성을 알리고 있다는 것이다(롬 10:13-15, 고전 9:21-23). 다시 말해 복음을 전하지 않음으로 구원받지 못할 사람들이 있을지 두렵다는 말이다. 일리가 있는 두려움이다. 복음을 듣지 못했다는 이유로 자동으로 천국에 갈 수 있다면 모두가 구원받도록 아예 복음을 전하지 않는 편이 더 낫지 않겠는가?

이 모든 것이 무엇을 의미하는가? 죄를 지었지만 복음을 듣지 못했거나 그리스도를 영접하지 않음으로 구원받지 못할 사람들이 있다는 말이다. 그럼에도 하나님은 사랑과 자비하심으로 선교사를 보내시고, 꿈과 환상을 보여주시며, 기적적인 방법으로 역사하셔서 사람들이 결국 복음의 소식을 듣도록 노력하신다. 결국 하나님은 공의로우시지만 사랑과 자비와 은혜가 충만한 분임을 확신할 수 있다.

당신은 예수님이 누구라고 말하는가?

그러므로 이 장이 제기하는 질문의 대답은 간단히 말해 '그렇다'이다. 즉 예수님은 실제로 유일한 길이다. 마태복음 16장 15절(마가복음 8장 28절과 누가복음 9장 20절과 더불어)에서 예수님은 제자 베드로에게 "너희는 나를 누구라 하느냐?"라고 간단하지만 중요한 질문을 하셨다. 베드로가 그 질문에 대답한 내용과 오늘날 우리가 그 질문에 대답한 내용은 생사를 가를 정도로 중요하다.

그렇다면 당신은 그가 누구라고 생각하는가? 인류의 위대한 스승 중 한 분인가? 선택할 수 있는 수많은 구원자 중 하나인가? 하나님과 우리를 분리하는 죄를 용서하실 수 있는 유일한 하나님의 아들인가?

● 핵심 성구

마태복음 7:13-14	요한복음 14:6	베드로후서 3:9
마태복음 16:15	로마서 6:23	
누가복음 13:5	디모데전서 2:4	

■ 함께 나누기

1. 하루는 한 친구가 "예수님은 어떤 종교보다 더 중요하다. 예수님이 모든 신앙을 포괄한다고 생각한다"고 말한다면 어떻게 대답하겠는가?

2. 당신이 그리스도만으로 구원받을 수 있다고 믿는다고 해서 무식하고 편협하며 비포용적이라고 비난받은 적이 있는가? 그런 비난을 들을 때 어떻게 반응해야 할까?

3. 모든 종교가 다 진리라는 말에는 어떤 논리적인 문제가 있는가?

4. 모든 사람이 결국 다 구원을 받는다고 주장하는 그리스도인에게 무엇이라고 말해주겠는가?

5. 성경에 비추어볼 때 복음을 듣지 못한 사람들은 어떻게 되리라 생각하는가? 모든 사람이 구원받는다는 주장의 문제점은 무엇인가? 복음을 듣지 못한 사람은 누구도 구원받을 수 없다는 주장은 어떤 문제점이 있는가?

6. 자신이 그리스도인임을 동료에게 털어놓았는데 그가 "당신에게는 기독교가 진리이지만 나는 아닙니다"라고 말한다고 해보자. 이 말은 어떤 문제가 있는가? 이 말에 무엇이라고 대답해주겠는가?

37

하나님은 왜 멀리 계시는 것처럼 보이는가?

신앙생활에서 감정의 역할

22살은 내(제프) 인생에서 중요한 전환점이었다. 그 당시 나는 인생의 암울한 시기에서 막 빠져나오고 있었다. 하나님을 완강히 거부하며 일 년 여를 보낸 끝에 고통스러웠던 방황을 정리하고 하나님과 장기적인 관계로 들어서게 되었다. 심한 우울증에 시달리고, 대부분 수업에서 낙제점을 받았으며, 수없이 서투른 결정을 내렸음에도 그다음 경험한 일은 하나님이 나를 당신께로 이끌어주셨다는 말 외에는 설명할 길이 없다. 나를 향한 하나님의 사랑을 다시 발견해가는 과정은 내 평생 가장 가슴 뛰는 경험이었고, 나는 참으로 충만한 기쁨을 누렸다. 여전히 해결되지 않는 일들로 고생했지만 나를 압도하는 듯한 하나님의 사랑이 몇 개월이나 내 마음을 가득히 채웠다.

그러던 어느 날 그런 감정이 갑자기 사라졌다. 그리스도 안에서 충만하게 기쁨을 누릴 때는 올바른 결정을 내리는 일이 그리 어렵지 않았다. 이 세상 어떤 일도 그리스도 안에서 누리는 기쁨에 비할 바가 아니었다. 그러나 그 감정이 사라지자 다시 현실의 거대한 벽에 부딪힌 듯 힘들어졌다. 올바른 선택을 하기가 더 어려워졌다. 나는 스스로 묻기 시작했고, 심지어 하나님을 의심하기 시작했다. '하나님, 당신은 어디 계십니까? 무엇이 잘못되었습니까? 제가 이토록 당신을 필요로 하는데 당신은 왜 저를 떠나셨습니까?'

그 후 하나님에 대해 이와 비슷한 경험을 한 수많은 사람을 만났고 그들과 함께 일했다. 심지어 이런 일로 신앙을 포기했던 사람들도 만났다. 그러므로 이 문제는 짚고 넘어갈 필요가 있다.

왜 하나님이 부재하시는 것처럼 느껴지는가?

하나님이 부재하시다는 공허감은 수백 년 동안 문학의 주제로 등장했고, 흔히 '영혼의 어두운 밤'이라는 부제가 붙었다. 적절한 표현이라고 생각된다. 다른 많은 문제처럼 하나님에 대해 이런 감정이 생기는 이유가 무엇인지 단정적으로 말할 수는 없다. 하지만 왜 그렇게 강렬한 하나님의 임재 의식이 사라지는지 대략 몇 가지 이유는 설명할 수 있다. 그러나 이보다 먼저 두 가지 확실한 사실을 유념해야 한다. 먼저 하나님은 우리를 버리지도, 사랑을 포기하지도 않으셨다는 것이다. 로마서 8장 35-39절은 그리스도의 사랑에서 우리를 끊을 자가 없다고 말한다. 하나님의 한 가지 속성은 무소부재(無所不在)이다. 즉 그는 어디에나 계신다(시 139:7-10). 그러므로 그분의 임재와 사랑이 미치지 않는 곳은 이 세상 어디에도 없다. 하지만 우리는 그것을 항상 감정적으로 확인할 수 있는 것은 아니다.

하나님의 강력한 임재가 느껴지지 않는 한 가지 이유는 상당히 자연스러운 것이다. 결혼하고 시간이 흐른 부부이거나 심지어 긴 세월을 함께한 부부라면 '허니문 단계'를 넘어 더는 신혼 시절의 설레는 마음이 느껴지지 않는 단계를 이해할 것이다. 사랑하는 사람과 처음 데이트를 시작할 때는 저절로 얼굴에 미소가 흐르고, 때로 그 사람을 생각하면서 잠 못 이룰 수도 있다. 그 사람만 생각하면 가슴이 따뜻해지고 설렌다. 그러나 이 상태가 그렇게 오래가지는 않으며, 그것이 잘못된 것도 아니다.

관계가 한동안 지속되면 그 관계에 익숙해진다. 그렇다고 서로를 죽고 못 살 정도로 사랑하지 않는다거나 사랑이 식었다는 말이 아니라, 처음의 그 감정이 그대로 지속되지는 않는다는 말이다.

하나님과 우리의 관계 역시 이런 측면이 있다. 처음 하나님과 교제할 때 그분의 사랑과 그분과 함께하는 삶에서 오는 모든 황홀한 기쁨에 완전히 압도당한다. 내가 다시 한 번 하나님께 인생을 의탁했을 때 바로 이런 체험을 했다. 그러나 어느 순간 그것은 새로운 일상이 된다. 그렇다고 이것이 문제될 것은 없다. 항상 뜨거운 감격이 동반되지는 않지만, 그렇다고 매일 그분과 더 깊은 사랑을 이루어갈 수 없다는 말은 아니기 때문이다.

이런 일을 겪는 이유가 또 있다. 하나님이 이런 강렬한 감정을 의도적으로 빼앗으실 때가 있기 때문이다. 하나님이 왜 이런 일을 하시는지 궁금할 것이다. 나 역시 이런 일을 겪었다. 이런 강렬한 하나님의 사랑과 임재의 감정이 갑자기 사라진 후 나는 그런 감정을 되살려줄 곳을 찾아 돌아다니기 시작했다. 차로 한 시간 이상을 달려

멋진 찬양 밴드와 강사들이 등장하는 교회들을 찾아갔고, 기대했던 사람들이 무대에 서지 않으면 자리를 박차고 나왔다. 이런 모습이 그다지 바람직한 것은 아니라고 생각했지만 어떻게 해서라도 처음 감정을 다시 회복하고 싶었다. 그러던 어느 날 불현듯 전기에 감전된 것처럼 한 가지 사실을 깨달았다. 내 신앙의 대상이 더는 하나님이 아니고 내 감정이 되었다는 것이다. 내 신앙은 너무나 이기적이었다. 하나님이 정말 살아계신다고 믿었더라면 내 감정 따위야 부차적인 문제여야 했다.

그 당시 나에게는 그런 감정이 사라지는 것이 더 유익했다. 그래야 나 자신이 아닌 하나님을 다시 한 번 신앙의 중심에 모실 수 있었다. 그리고 적어도 내게는 그 상황이 효과가 있었다. 그 과정이 간단하고 쉽지는 않았지만 결과적으로 나는 한때 누렸던 그 강렬한 체험이 있든 없든 하나님을 중심으로 내 인생을 사는 법을 배우기 시작했다. 성성에서 사도 바울은 우리의 최종 목적 혹은 우리를 향한 하나님의 목적이 "온전한 사람을 이루어 그리스도의 장성한 분량이 충만한 데까지 이르는" 것이라고 가르친다(엡 4:13). 많은 사람은 처음 그리스도를 영접하고 강렬한 감격을 경험하지만, 하나님과 친밀한 관계를 지나치게 감정에 의존할 때 그 감정은 사라진다. 계속 강한 믿음을 유지하기 위해 감정에 의존한다면 영적으로 성숙할 수 없다. 새가 둥지를 떠나야 날 수 있고, 강아지는 엄마 젖을 떼고 단단한 음식을 먹기 시작해야 튼튼하게 자랄 수 있는 것과 같은 이치이다.

그러므로 흥미롭게도 이렇게 감정이 증발되는 것은 하나님이 그 어느 때보다 우리와 더 친밀하시다는 증거일 수 있다. 하나님이 우리가 성숙하기를 진정으로 바라신다면 바로 이런 일을 도모하실 것이다.

나는 무엇을 해야 하는가?

이런 문제로 씨름하는 사람을 보면 제대로 기도하지 않아서라거나, 지은 죄나 고쳐야 할 문제가 있기 때문이라고 쉽게 말하는 사람들이 있다. 이런 충고는 몇 가지 심각한 위험성을 안고 있다. 첫째, 그런 감정이 되살아나리라는 희망으로 그 문제를 고치도록 부추긴다. 그러나 그런 감정은 신앙의 최종 목표가 아니다. 우리 인생을 향한 하나님의 뜻은 우리가 점점 더 성숙해가며, 그분과 더욱 친밀한 관계를 누리는 것이다. 이 모든 문제를 고칠 수 있다 해도 여전히 이전의 감정은 회복되지 않을 수 있다. 성숙한 그리스도인은 그 상태를 받아들이는 법을 배워야 한다. 둘째, 이런 충고는 하나님을 느낄 수 없을 때마다 그것이 그 사람의 잘못인 것처럼 가정한다. 그러나 앞에서 지적했듯이 하나님은 그런 감정을 의도적으로 거두어가실 수도 있다.

그렇다면 위에서 언급한 요인들이 감정에 영향을 미칠 수 있는가? 물론이다. 지금 남자 친구에게 빠져 있다면 하나님이 이전처럼 느껴지지 않는다 해도 별로 놀랄 것이 없다. 하나님과 지속적으로 교제하거나 그 말씀을 꾸준히 묵상하지 않고 있다면 영적 가뭄을 경험할 수도 있다. 하지만 며칠이나 무관심했던 누군가와 멀어진 듯한 느낌은 지극히 정상적인 감정이다.

'어두운 밤'을 지날 때 대처할 수 있는 방법을 소개하면 아래와 같다.

기대 수준을 적절하게 설정하라. 뜨거운 체험에 집착하다보면 낙심할 수밖에 없다. 체험에만 매달리는 신앙은 하나님이 아닌 자기중심적 신앙이 되고 만다. 하나님은 강렬하고 뜨거운 감정을 끊임없이 공급해주겠다는 약속을 하신 적이 없다. 강렬한 임재의 감정으로 늘 우리를 충만하게 해주시지 않는 이유가 일면 이해가 간다. 문제는 그런 감정을 늘 확인할 수 없더라도 하나님을 사랑하고 그를 위해 사는 법을 배울 수 있느냐는 것이다. 결혼 생활에서 이미 이런 일을 경험했을지 모른다. 배우자와 충만한 사랑의 감정을 나누며 사는 일은 놀랍고 멋지지만 늘 쉽지는 않다. 그러나 좋을 때나 나쁠 때나 우리가 엄수하는 것은 배우자에 대한 헌신이다. 하나님과 우리의 관계 역시 이런 점에서 비슷하다.

하나님을 더 알아가는 일에 시간을 투자하라. 아내가 예쁘다는 사실 외에 아는 것이 전혀 없다면 얄팍한 행복이기는 해도 행복할 수는 있을 것이다. 그러나 외모로는 그녀가 얼마나 훌륭한 사람인지 조금도 알 수 없다. 아내에 대해 더 알아보는 시간을 갖지 않는다면 나쁜 남편일 뿐 아니라 아내가 가진 좋은 면을 다 놓치고 말 것이다. 우리는 하나님을 종종 이런 식으로 대한다. 그분에 대해 배우려면 평생이 걸려도 모자랄 정도로 풍성하고 놀라운 분이지만 더 배우려고 애쓰지 않는다.

그리스도인은 초대 교회 때부터 감정이 아닌 교리에 기초해 하나님과 친밀한 관계를 맺으라는 가르침을 받았다. 다시 말해 성경에서 하나님에 대해 가르치는 교훈을 기초로 했다. 하나님을 믿는 믿음 때문에 목숨을 버려야 했던 초대 교인들이 적지 않았다. 혹시 하나님이 멀리 계시는 것처럼 생각해야 마땅한 사람들이 있다면 하나님 때문에 고통당한 그 사람들이어야 하지 않겠는가? 하지만 예수님의 첫 제자들은 그리스도를 위해 고난당하는 기회를 주셔서 오히려 기뻐했다(행 5:41). 그리스도의 성품과 희생, 권능과 영광에 대해 알아갈수록 그분을 더 사랑할 수밖에 없고, 따라서 그분에 대해 기쁨과 감사와 평안 그리고 모든 따스한 감정을 더 깊이 확인하게 된다.

● **핵심 성구**

시편 139:7-10	로마서 8:35-39
로마서 6:5-11	에베소서 1:3-14

■ **함께 나누기**

1. 하나님의 사랑을 강렬히 체험한 때가 있었는가? 그 감정을 어떻게 설명할 수 있는가? 본인에게 그런 경험이 없다면 주변에 그런 경험을 한 사람들이 있는가? 그들이 하는 이야기를 들을 때 어떤 생각이 들었는가?

2. 친구가 교회에 나가지 않는 것을 보고 그 이유를 물어보았다고 해보자. 친구는 "더는 교회에 다닐 이유가 없어. 하나님이 나를 떠나신 것 같아"라고 말한다. 이 친구를 어떻게 격려해줄 수 있는가?

3. 당신이 다니는 교회의 십대 아이가 어느 날 슬픈 얼굴로 다가와 "하나님이 안 계시는 것 같아요. 제게 무슨 문제가 있는 걸까요?"라고 묻는다고 해보자. 어떻게 대답해주겠는가?

4. 하나님에 대한 강렬한 감정을 체험하는 데 몰두할 때 어떤 위험성이 있는가?

5. 하나님이 이런 감정을 경험하지 못하도록 의도적으로 막으시는 몇 가지 이유는 무엇인가?

6. 신앙을 지키다가 우리보다 더 심한 박해를 당하는 그리스도인들은 늘 하나님의 강력한 임재와 사랑을 경험한다고 생각하는가?

Question & Answer

신앙생활

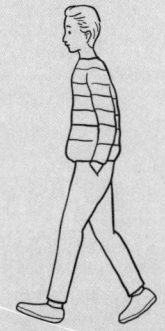

38

하나님은 내가 행복하기를 원하시는가?

기쁨의 목적

이 질문에 우리는 주저 없이 그렇다고 대답할 수 있다. 하나님은 우리가 행복하기를 원하신다. 성경(또한 경험도)은 그리스도인이 행복을 누리는 방법이 수없이 많다고 말한다. 그러나 그리스도는 여기서 더 나아가 훨씬 더 좋은 것을 우리에게 주셨다. 행복이 즐거움과 만족감이라는 기본적인 감정을 가리켜 사용되는 단어인 반면, 그리스도가 주시는 것은 기쁨이다. 이 기쁨은 행복을 포함하지만 훨씬 더 깊이 있고 지속적이며 훨씬 더 강력한 감정이다. 기쁨이라는 단어는 성경에서 대략 4백 번 등장하는데 이것은 절대 우연이 아니다. 그리스도는 그분의 기쁨을 누리는 우리가 되기를 원하신다.

그리스도의 탄생을 전한 천사는 "무서워하지 말라 보라 내가 온 백성에게 미칠 큰 기쁨의 좋은 소식을 너희에게 전하노라"(눅 2:10)고 선언했다. 성경을 읽으면, 특히 신약을 읽으면 그리스도 안에서 누리는 기쁨에 대해 수없이 듣게 된다. 그러므로 행복이 신앙생활과 무관하다고 주장하는 사람은 하나님의 말씀과 주님 안에서 누리는 기쁨을 간과하는 것이다.

기쁨과 행복

또한 '행복'에 대한 우리 인식이 크게 왜곡되어 있음을 알 필요가 있다. 많은 사람이 더 많은 돈과 권력과 성적 쾌락을 얻으면 행복하다고 생각한다. 이런 왜곡된 생각에 대해 고민해본 적이 있는가? 이런 고민을 하는 이는 많지 않다. 원하는 것을 모두 다 얻고도 여전히 불행과 불만족에 시달리는 수많은 유명 인사를 생각할 때 이런 고민을 하는 사람이 없다는 사실이 오히려 이상한 일이다.

"하나님은 우리의 행복보다는 거룩에 더 관심이 많다"는 유명한 기독교 명언이 있다. 하나님을 닮는 것이 그분이 세우신 중요한 우선순위라는 면에서 보면 이 말은 사실이다. 하지만 이 말은 마치 행복한 삶과 하나님을 따르는 삶 중 하나를 택해야 한다는 것처럼 들린다. 그리스도인에게 이것은 양자택일의 문제가 아니다. 하나님은 우리를 그분 안에서 가장 큰 행복을 누릴 수 있는 존재로 만드셨다. 그리스도를 따르는 것은 더 행복한 사람이 되기로 선택하는 것이다.

기쁨을 누리는 방법

그리스도 안에 있는 이들이 현재 삶에서 기쁨을 누리는 비결을 일부 소개한다.

우리 죄가 온전히 용서받았음을 안다(시 32:1-2). 이 사실에서 기쁨을 누리지 못하는 사람은 간단히 말해 기독교를 제대로 이해하지 못했기 때문이다. 불타는 건물에서 극적으로 구조되거나 절벽에서 떨어지기 전에 누군가가 붙들어준다 해도 이 복된 소식과는 비교가 되지 않는다. 하나님 앞에서 우리의 범죄 기록, 즉 하나님과 함께 영원한 삶을 누리지 못하도록 우리를 분리시킨 전과 기록이 말소되었다.

하나님 앞에서 깨끗한 양심을 갖는다(벧전 3:21). 많은 사람이 깨끗한 양심으로 인한 기쁨을 누리지 못한다. 우리 죄가 용서받았지만 여전히 우리를 처벌하려 하고, 우리가 얼마나 끔찍한 죄인인지 말해주려고 기다리고 계신 것처럼 하나님께 나아가야 한다고 생각한다. 하지만 그럴 필요가 없다. 우리에게 더는 죄에 대한 책임도, 정죄함도 없다. 시편 103편 12절은 그것을 이렇게 표현한다. "동이 서에서 먼 것같이 우리의 죄과를 우리에게서 멀리 옮기셨으며."

하나님이 나를 그분의 아들이나 딸로 보고 계심을 기억한다(고후 6:17-18). 사도 요한은 요한일서 3장 1절에서 이것을 잘 표현하고 있다. "보라 아버지께서 어떠한 사랑을 우리에게 베푸사 하나님의 자녀라 일컬음을 받게 하셨는가, 우리가 그러하도다." 우리는 구원받을 때 영생을 얻을 뿐 아니라 무엇보다 하나님의 자녀로 입양된다. 다시 말해 우리가 도무지 갚을 길이 없을 정도로 우리를 사랑하시는 아버지와 더불어 하루하루를 살아갈 수 있다. 다시는 혼자가 아니며, 그분이 늘 우리를 보살펴주고 계신다는 말이다. 로마서 8장 31

절은 확신에 찬 어조로 되묻는다. "만일 하나님이 우리를 위하시면 누가 우리를 대적하리요."

인생의 모든 부침 속에서 나와 함께하시는 하나님의 임재를 누린다. 당신에 대해 혹은 당신이 느끼는 감정에 대해 누구도 완벽하게 이해해줄 사람은 없다. 하나님밖에 없다. 그렇기 때문에 우리를 완벽하게 이해해주시는 누군가가 있다는 사실을 알면 큰 위로가 된다. 하지만 때로 누군가가 우리를 속속들이 다 알고 있다는 사실에서 두려움을 느낀다. 하나님은 내 안에 있는 모든 어두움까지 보시는 분이다. 그러나 우리를 향하신 하나님의 사랑을 알면 이 모든 두려움이 눈 녹듯이 사라진다. 인생이 형통할 때는 나와 함께 기뻐해주시는 하늘의 아버지가 되시고, 어려울 때는 내가 겪는 모든 고통을 완벽하게 이해하시고 그 일을 무사히 이겨내도록 나를 격려하시는 사랑의 하나님이 되신다. 이 사실에서 우리는 충만한 위로를 얻을 수 있다.

형제자매 된 그리스도인들과 깊은 우정을 누린다. 다른 그리스도인들은 우리가 인생에서 만나는 여느 사람들과는 다르다. 그들은 우리처럼 죽음에서 구원받은 지체이자 한 가족이다. 하나님은 우리를 사랑하시듯이 그들을 소중히 여기고 사랑하신다. 우리는 함께 누리고 축하할 일들이 아주 많다. 하나님은 그리스도의 몸된 교회가 그분에게서 양식을 공급받을 뿐 아니라 서로를 통해서도 자양분을 공급받도록 계획하셨다. 성도들에게서 받는 사랑과 지원과 함께함은 그리스도인으로서 누릴 수 있는 특별한 기쁨이다.

천국에서 생명을 누린다는 것을 그리고 놀라운 미래가 준비되어 있음을 안다(시 16:11). 어떤 일이 있더라도 우리 이야기의 결말은 '그 후로 행복하게 살았다'로 마무리된다는 것을 알 때 무슨 두려움이 있겠는가? 이런 확신을 갖기란 쉽지 않다. 인생이 자기가 원하는 대로 흘러가는 사람은 많지 않다. 많은 사람이 자신이 인생의 실패자인 것 같고 인생을 허비한 것처럼 느낀다. 하지만 그리스도는 우리가 완전히 새롭게 출발하도록 해주실 뿐 아니라 우리 인생이 드넓은 바다의 물 한 방울에 불과하고, 바라볼 영원한 낙원이 있다는 소망을 주신다. 천국을 사모하고 소망하면 사소한 일에 연연하지 않게 된다. 또한 다른 시선으로 주변 사람들을 바라보고, 물질을 있는 그대로, 즉 잠시 있다가 사라지며 우리의 영원한 행복과 아무 관계가 없음을 이해할 힘이 생긴다.

우리 안에 성령이 내주하신다(롬 14:17, 살전 1:6). 풍성한 기쁨을 누릴 수 많은 이유가 그리스도인에게 있지만 가장 직접적인 이유는 우리 안에 내주하시며 기쁨을 주시는 성령이 계시다는 것이다. 갈라디아서 5장 22-23절은 성령이 우리 안에 여러 가지 열매를 맺으시는데 그중 첫 번째는 사랑이고, 두 번째는 기쁨이라고 말한다. 성령이 내주하시면 우리는 자연스럽게 기쁨의 열매를 맺는다. 하나님을 기쁘시게 해드리는 데서 큰 기쁨을 누리기 시작한다. 하나님은 이렇게 우리 안에 거하심으로 우리의 싸움과 승리에 함께해주시고, 우리를 도와주시며, 우리와 늘 동행해주신다.

복음이 전파되는 것을 본다(빌 1:18). 사람들에게 예수 그리스도의 복음보다 더 큰 선물은 없다. 우리가 다른 사람들이 구원을 받고, 그들이 기쁨과 의미와 변화를 누리도록 돕는 일에 동참하면 그 어떤 좋은 선물을 주는 것과 비교할 수 없는 행복을 맛볼 수 있다. 여러 해 동안 복음 전도 훈련 캠프에서 사역한 나(제프)는 사람들을 그리스도께로 인도하고, 또한 동료 성도들이 다른 사람들에게 복음을 전함으로 얻는 기쁨을 함께 누리는 축복을 받았다. 누군가 구원받는 모습을 보는 것처럼 즐겁고 보람찬 일은 인생에 많지 않다.

이를 비롯해 다른 수많은 사실을 볼 때 우리는 매일 기쁨과 행복을 누리며 살아가도 모자람이 없다. 재물이나 성공이 주는 기쁨은 이와 비교가 되지 않는다. 고통과 배신의 아픔과 어려움도 우리에게서 이 기쁨을 앗아갈 수 없다.

● **핵심 성구**

시편 16:11	고린도후서 6:17-18	데살로니가전서 1:6
시편 32:1-2	갈라디아서 5:22-23	베드로전서 3:21
누가복음 2:10	빌립보서 1:18	
로마서 14:17	빌립보서 4:4	

■ **함께 나누기**

<u>1</u> 이번 장은 그리스도인들이 기쁨을 누리는 여러 방법에 대해 소개하고 있다. 이 목록에 추가되어야 한다고 생각하는 것이 있는가?

<u>2</u> 그리스도인이 매일 기쁨으로 충만하지 않으면 신앙에 문제가 있는 것인가?

<u>3</u> 하나님과 행복 중 하나를 선택해야 한다는 생각은 어떤 문제가 있는가?

4 친한 친구가 남편을 떠나 다른 남자를 만나고 싶어한다. "이혼이 나쁘다는 거 알아. 하지만 하나님은 내가 행복하기를 바라셔"라고 그녀는 말한다. 그리스도인은 그녀에게 어떻게 대답해주어야 하는가?

5 이 장에 소개한 기쁨의 모든 원천 중 가장 인상에 남는 것은 무엇인가? 왜 그런가?

6 인생의 어려움을 겪을 때 어떻게 하나님이 기쁨의 근원이 되실 수 있는가?

7 당신이 복음을 전한 누군가가 그리스도께 인생을 헌신하는 모습을 본 적이 있는가? 그때 어떤 감정을 느꼈는가?

39

내 인생의 목적은 무엇인가?

그리스도인의 삶의 목적

"당신 인생의 목적은 무엇입니까?"

이렇게 질문하면 사람들은 보통 현실과는 다소 동떨어진 뜬구름 잡는 식의 대답을 해야 한다고 생각한다. 어떤 이들은 "행복해지기 위해서"라고 대답하고, 어떤 이들은 "다른 사람을 돕기 위해서"라고 대답한다. 이 질문을 구글에서 검색해보면 거의 10억 개가 넘는 결과가 검색되고, 그 중 태반이 개인적인 인생의 목적을 찾기 위한 지침들과 관련이 있다. 그러나 검색된 저자들과 구루들의 조언은 거의 모두 전제가 같다. 즉 인생의 목적은 개인이 원하면 무엇이든 다 옳다는 것이다.

하지만 생각해보자. 각자 자신만의 '목적'을 만들어낸다면 그것은 진리가 아니라 의견에 불과할 것이다. 그럴 경우 진정한 목적 따위는 없고 그냥 우리가 우리 인생의 필요를 충족하기 위해 만들어낸 가짜 의미만 있을 것이다. 하지만 많은 사람은 정확히는 모르지만 인생에 진정한 목적이 있을 것이라고 생각한다. 일상을 넘어서는 인생의 목적에 대한 욕구가 우리 내면 깊숙이 내재되어 있다. 그렇다면 문제는 내 목적이 아니라 그 목적이 무엇이냐이다.

그러나 그 목적을 어떻게 발견할 수 있는가? 인생의 목적, 그것이 진짜 있다면 어떤 도구로 측정 가능한 것은 아닐 것이다. 우리 내면에 새겨진 상위의 초월적 법일 것이다. 이런 목적은 하나님처럼 상위의 힘이 부여해주어야만 존재할 수 있다. 심지어 세계적으로 유명한 무신론자인 버트란트 러셀(Bertrand Russell)조차 "신의 존재를 설정하지 않으면 인생의 목적에 대한 물음은 무의미하다"고 말했다. 그러므로 인생의 목적을 찾는 작업은 하나님을 만나고 그분 말씀을 청종하는 데서 시작된다.

우리 인생의 목적

대부분 사람은 인생의 분명한 목적을 갖고 싶어한다. 릭 워렌(Rick Warren) 목사의 『목적이 이끄는 삶』(The Purpose Driven Life, 디모데 역간)이 3천만 부 이상 판매되며 미국 역대 최고의 비소설 부문 베스트셀러가 된 이유도 이와 무관하지 않을 것이다.[2]

다행히 성경은 우리 인생의 목적에 대해 아주 명확하게 알려주며, 하나님이 왜 우리를 만드셨는지 분명히 가르쳐준다. 한마디로 우리는 하나님을 영화롭게 하고 그분을 영원토록 즐거워하고자 창조되었다.[3] 참으로 간단하고 훌륭한 목적이지만 평생이 걸려도 온전히 이해하지 못할지 모른다. 이 내용을 따로 분리해 간단히 살펴보자.

하나님을 영화롭게 한다. 하나님은 전 우주에서 영광과 찬양을 받으시기에 합당한 유일한 인격체이시다. 사실 사람들은 이미 누군가를 찬양하고 있으며 많은 시간을 허비한다. 다시 말해 누군가를 영화롭게 하는 일은 새로 배워야 할 신기술이 아니다. 우리는 누군가의 자필 서명이나 사진을 구하려고 긴 줄을 서서 기다리고, 행사나 콘서트 등에서 그들을 만나려고 엄청난 돈을 지불한다. 고등학교 교사로서 나(제프)는 남자 연예인들을 쫓아다니는 여학생들을 수없이 보았다.

성경에는 우리 인생의 목적이 하나님을 영화롭게 하는 것이라고 말하는 구절로 가득하다. 하나님은 우리를 가리켜 "내가 내 영광을 위하여 창조한"(사 43:7) 자들이라고 말씀하신다. 고린도전서 10장 31절, 에베소서 1장 11-12절, 베드로전서 2장 9절도 이 사상을 반복해 강조한다.

그분과의 사귐을 영원토록 즐거워한다. 하나님은 최초의 인류인 아담과 하와를 창조하신 후 그들과 동행하시며 교제하셨다. 이것이 원래 우리를 창조하신 하나님의 목적이다. 우리는 아직 하나님과 산책을 하는 수준은 아니지만 그분과 사귀며 그 기쁨을 향유할 수많은 기회가 있다. 그리스도와 우리의 관계에 관하여 더 자세한 내용은 40장을 참고하라.

하나님을 즐거워한다는 것은 이 세상의 공허한 것들이 아니라 하나님 안에서 만족과 소망을 누린다는 의미가 내포되어 있다. 시편

73편 25절은 "하늘에서는 주 외에 누가 내게 있으리요 땅에서는 주밖에 내가 사모할 이 없나이다"는 말로 이 사상을 반영한다. 빌립보서 3장에서 바울은 자신이 쌓은 수많은 공적을 소개하면서 "또한 모든 것을 해로 여김은…그리스도를 얻고 그 안에서 발견되려 함이니"(8-9)라고 마무리한다.

하나님을 어떻게 영화롭게 하는가?

하나님을 사랑한다. 마태복음 22장에서 어떤 사람이 예수님께 율법에서 가장 큰 계명이 무엇이냐고 묻는다. 예수님은 "네 마음을 다하고 목숨을 다하고 뜻을 다하여 주 너의 하나님을 사랑하라 하셨으니 이것이 크고 첫째 되는 계명이요"(37-38절)라고 답변해주신다.

하나님께 순종한다. 우리는 하나님의 사랑을 지나치게 강조하다가 (마땅히 그래야 한다) 그분이 우리 왕이라는 사실을 망각할 때가 있다. 달리 말해 그분은 여전히 우리의 순종을 요구하신다는 말이다. 예수님은 이 둘을 하나로 종합해 이렇게 말씀하셨다. "내가 아버지의 계명을 지켜 그의 사랑 안에 거하는 것 같이 너희도 내 계명을 지키면 내 사랑 안에 거하리라"(요 15:10). 전도서 12장 13-14절은 이것을 이렇게 요약한다. "일의 결국을 다 들었으니 하나님을 경외하고 그의 명령들을 지킬지어다 이것이 모든 사람의 본분이니라 하나님은 모든 행위와 모든 은밀한 일을 선악 간에 심판하시리라."

이웃을 사랑한다. 마태복음 22장에서 예수님은 가장 큰 계명이 하나님을 사랑하는 것이라고 말씀하신 후 두 번째 중요한 계명을 덧붙이신다. "네 이웃을 네 자신 같이 사랑하라"(39절). 이웃에는 우리와 한 가족인 그리스도인뿐 아니라 비그리스도인도 포함된다. 심지어 우리 원수도 이웃이다(마 5:44).

복음을 전한다. 사람들에게 하나님과 그분이 베푸신 은혜를 알리는 일은 단지 지켜야 할 계명의 차원이 아니다(마 28:19). 이것은 사람들을 사랑하고 하나님을 얼마나 온 마음을 다해 섬기는지를 증명하는 최고의 방법 중 하나이다. 이전에 우리는 죄인의 신분이었고, 하나님과 영원히 격리되어 지옥에 갈 운명이었지만 이제 낙원에서 영원히 살 수 있게 되었다! 이 놀라운 소식을 아직 복음을 모르는 사람들에게 어떻게 알리지 않을 수 있는가?

은사로 사람들을 섬긴다. 모든 사람은 제각각 고유한 열정과 재능과 기회를 부여받았다. 하나님은 이런 은사를 주셔서 저마다 자신의 고유한 색깔로 하나님께 영광을 돌리고 그리스도의 몸을 더 온전하게 만들도록 하셨다. 베드로전서 4장 10절은 "각각 은사를 받은 대로 하나님의 여러 가지 은혜를 맡은 선한 청지기 같이 서로 봉사하라"고 말씀한다. 하나님이 주신 은사의 청지기라는 말은 하나님께 받은 다양한 은사와 소유물이 우리 것이 아니라 하나님의 것이라는 말이다. 그분은 그 은사를 주기로 작정하시고 우리가 하나님을 영화롭게 할 수 있도록 저마다 기회를 주셨다. 우리가 우편배달부에게 소중한 물건을 맡긴다는 것은 자기 소유물이 아닌 그 물건을 책임 있게 전달할 청지기로서 그분을 신뢰한다는 뜻이다. 우리가 가진 은사 역시 마찬가지이다. 하나님께 빌린 은사는 그분을 위해 사용해야 한다.

무엇을 위해 살고 있는가?

1주일만 관찰하면 우리가 무슨 목적을 위해 살고 있는지 알 수 있다. 시간을 어떻게 관리하고, 돈을 어떻게 쓰며, 다른 사람들과 어떤 관계를 누리는지 지켜보면 그가 인생에서 무엇을 가장 가치 있게 생각하는지 확인할 수 있다. 예를 들어, 하나님보다 취미 활동에 더 많은 시간을 사용하고, 교회와 어려운 상황에 처한 이웃보다는 휴가에 돈을 더 많이 쓰며, 사람들에게 복음을 전하는 일에는 손가락도 까딱하지 않는 사람을 생각해보라. 그의 목적은 분명하다. 하나님의 영광이 아니라 자신의 위안과 평안이다.

매일 우리는 원하는 물건을 마음껏 사고, 다른 사람들의 관심을 받으며, 사람들이 열광하는 일들을 하며 그들과 어울리고 싶은 유혹을 받는다. 그러나 우리는 이보다 더 중요한 일로 부르심을 받았다. 때로 이 목적 때문에 불편할 때가 있고, 하고 싶은 일들을 포기해야 할지 모른다. 하지만 이 정도의 희생조차 감수하지 못한다면 우리 인생을 그리스도께 헌신했다는 말은 틀렸을지 모른다. 사도행진의 그리스도인들은 복음을 전한다는 이유로 매맞고 죽임을 당했으며, 살아남은 사람들 역시 포기하지 않고 복음을 전했다. 그들은 인생의 참된 목적이 무엇인지 알았고 그 외에는 어떤 것도 중요하지 않음을 알았다. 하나님을 영화롭게 하기 위해 불편함과 심지어 위험한 상황도 기꺼이 감수할 준비가 되어 있는가? 어쩌면 더 큰 대가를 치러야 할지 모른다. 하지만 우리를 기다리는 상급은 그 모든 희생과는 비교가 되지 않는다.

● 핵심 성구

시편 39:4	누가복음 4:43	에베소서 2:10
전도서 3:11	로마서 12:2	골로새서 1:16
이사야 26:3	고린도후서 5:1	베드로전서 1:16

■ 함께 나누기

1. 체험을 추구하는 것으로 인생의 목적을 찾을 수 없는 이유는 무엇인가? 다시 말해 우리의 신분을 확신하고 진정으로 성취감을 누릴 수 있는 일을 찾아야 한다는 말이다.

2. 하나님을 믿지 않는 사람이 인생의 진정한 목적을 알기 어려운 이유는 무엇인가?

3. 어떤 사람들은 우리 인생의 목적이 누군가를 영화롭게 하는 것이라고 하면 좋아하지 않는다. 누군가를, 즉 하나님을 영화롭게 하는 것이 좋은 몇 가지 이유는 무엇인가?

4. 이번 장에서 소개한 대로 하나님을 영화롭게 하는 5가지 방법 중 가장 어렵다고 생각되는 것은 무엇인가? 가장 자연스러운 방법은 무엇인가? 왜 그런가?

5. 인생의 목적에 대해 이야기를 나누던 중 "내 인생의 목적은 행복이야"라고 말하는 친구가 있다. 이 말의 문제점은 무엇인가? 그가 그리스도인인지 아닌지에 따라 당신의 대답은 어떻게 달라지겠는가?

40

그리스도와 교제한다는 것은 무슨 의미인가?

그리스도 안에서 누리는 새로운 신분

"사귀는 사람 있으세요?" 누군가에게 마음에 둔 중요한 사람이 있는지 궁금할 때 사람들은 흔히 이렇게 묻는다. 소셜 미디어에서 '관계 상태'(relationship status)는 주요 프로필 카테고리 중 하나이다. 의미 있는 관계는 중요하다. 이런 관계가 없으면 풍요로운 삶을 살 수 없다. 많은 그리스도인은 이런 말로 하나님과 그들의 관계를 표현한다. "예수 그리스도와 인격적 관계를 누리고 있어요." 이런 말은 과연 타당한가? 그렇다면 육안으로 보이지 않고, 함께 식사를 할 수도 없으며, 전화도 안 되는 누군가와 관계를 누린다고 하는 이런 말은 어떤 의미인가?

결혼한 두 사람은 인생을 공유하면서 가장 친밀하고 깊이 있는 관계를 누릴 수 있다. 모든 것을 나누고, 서로를 중심으로 인생을 영위하며, 함께 미래의 계획을 세우고, 함께 놀며, 서로의 존재를 만끽하고, 수없이 많은 시간을 보낸다. 인생이 힘들 때 의지할 사람이 있으므로 좋은 결혼 관계는 놀라운 축복이다. 혼인 서약은 '무슨 일이 있더라도 함께하겠다'는 뜻이다.

신앙생활은 결혼생활과 비슷하다

성경은 결혼생활을 예수님과 그분의 백성이 맺은 관계를 상징하는 중요한 그림으로 제시한다. 이것은 예수님과 교회의 깊은 유대를 강조한 에베소서 5장 25-32절에서 가장 분명하게 표현되어 있다. 이 구절에서는 예수님이 자기 백성에게 부어주시는 풍성한 사랑과 돌보심을 강조한다. 그것은 또한 에스겔 선지자가 자기 백성 이스라엘을 향한 하나님의 사랑을 드러내는 방식과 아주 흡사하다. 그는 이스라엘을 벌거벗고 아무 보호도 받지 못하는 여자아이로 묘사하면서 하나님이 그 아이를 불쌍히 여기시고 받아들여 씻기고 키우셨다고 말한다(겔 16:1-7). 아이가 어엿한 여인으로 성장하자 하나님은 그녀와 혼인 서약을 맺으셨다. 에스겔 선지자는 하나님의 자비와 사랑을 이렇게 묘사한다.

> 내가 물로 네 피를 씻어 없애고 네게 기름을 바르고 수 놓은 옷을 입히고 물돼지 가죽신을 신기고 가는 베로 두르고 모시로 덧입히고…극히 곱고 형통하여 왕후의 지위에 올랐느니라 네 화려함으로 말미암아 네 명성이 이방인 중에 퍼졌음은 내가 네게 입힌 영화로 네 화려함이 온전함이라 나 주

여호와의 말이니라(겔 16:9-10, 13-14).

이것은 하나님이 죄로 얼룩지고 추한 우리 모습을 보시고 먼저 손을 내밀어 돌보아주셨다는 뜻이다. 하나님의 사랑을 받기 위해서는 완벽해야 했음에도 하나님이 아무 볼품없는 우리와 먼저 관계를 시작하시고 또한 우리를 깨끗이 씻기고 아름답게 만들어주셨다. 예수님은 지금도 이 일을 하고 계신다. 자기 신부, 즉 자기 백성을 '돌보고 아껴주신다.'

그리스도인이 된다는 것은 예수님을 믿기로 결단하는 이상의 의미가 있다. 영원히 지속될 관계의 기쁨과 즐거움을 알게 된다는 것이다. 우리는 헌신의 서약으로 그리스도와 영원히 하나가 되었고, 이 하나 됨으로 변화되어 새 신분을 받았다. 이름과 성은 달라지지 않았지만 그 외에는 모두 바뀌었다. 우리는 우리를 온전히 사랑하시고 우리에게 자기 생명을 주신 분을 온전한 마음으로 영접한다. 그분은 늘 우리 옆에 계시므로 원하면 언제라도 그분과 대화할 수 있다. 그분은 우리 말을 귀 기울여 들어주시고 돌보아주시며 용납해주신다. 우리를 도와주시고 필요를 채워주시는 그분에게 우리는 무슨 일이든 의지할 수 있다. 우리는 그분의 소유이고, 그분은 우리의 소유이다. 따라서 훌륭한 결혼 관계의 특징이 그리스도와 우리의 관계에도 그대로 적용된다.

- 함께 많은 시간을 보낸다.
- 서로에 대해 깊이 알아간다.
- 깊이 있는 대화를 나눈다(그분 말씀을 읽음으로 그분께 귀 기울이고, 그분은 기도로 우리에게 말을 걸어주신다).

- 마음속 깊은 비밀과 두려움과 상처와 갈망을 털어놓는다.
- 솔직하고 정직하다(기도로 그분께 말을 걸 때).
- 그분을 신뢰한다.
- 그분이 나를 사랑하시며 나를 위한 최고의 유익을 염두에 두신다는 것을 안다.
- 그분이 만드신 모든 것을 누리고, 그분이 하시는 모든 일에 함께하며, 그분과 함께하는 삶을 소망한다.
- 그분이 나를 기뻐하심을 알고 깊은 평안을 누린다.
- 그분과 나에게는 공통의 목적이 있다.
- 이 밖에도 셀 수 없이 많다.

성경은 그리스도인으로서 우리가 받은 새로운 신분을 묘사하는 데 결혼생활만 비유로 들지 않는다. 이 중요한 진리의 다양한 측면을 드러낼 수많은 이미지가 있다. 이 점을 염두에 두고 성경이 소개하는 이미지들을 찾아보라.

- 우리는 하나님의 자녀로 입양되었다.
- 우리는 하나님의 자녀이다.
- 우리는 새로운 피조물이다.
- 우리는 성령이 내주하시는 하나님의 성전이다.
- 우리는 하나님의 소유물이라는 표시로 성령의 인치심을 받았다.
- 우리는 그리스도 안에 있고, 그분은 우리 안에 계신다.
- 이 외에도 많은 비유가 있다.

그리스도를 영접하면 새 신분을 얻고 힘의 원천을 소유하게 된다

이것으로 끝이 아니다. 예수님은 우리를 자신과 연합하게 하신다. 이 연합은 인간의 결혼생활에 대한 비유로는 다 표현하기 어려운 심오한 의미가 있다. 성경은 우리가 그리스도의 죽음, 부활, 승천에 실제로 참여하는 신비한 하나 됨을 이룬다고 말한다. 우리가 아직 육신에 매여 살며 죽은 적이 없고, 특별히 죽어서 부활한 적이 없으므로 이해하기 쉽지 않은 개념이다. 결혼생활의 그림을 훨씬 넘어서는 이유는 육신의 남편이 미래의 아내를 끔찍한 종살이에서 구속하려고 죽어야 할 필요가 전혀 없기 때문이다. 신부가 죽고 남편이 그 아내를 살리는 결혼 관계는 인류 역사상 있었던 적이 없다. 하지만 그리스도와 우리 관계에서는 이 부분이 특별히 중요하다.

사도 바울이 에베소 교인들에게 한 말을 생각해보라. "허물로 죽은 우리를 그리스도와 함께 살리셨고 (너희는 은혜로 구원을 받은 것이라) 또 함께 일으키사 그리스도 예수 안에서 함께 하늘에 앉히시니"(엡 2:5-6). 또한 골로새 교인들에게도 비슷한 내용을 가르쳤다. "또 죽은 자들 가운데서 그를 일으키신 하나님의 역사를 믿음으로 말미암아 그 안에서 함께 일으키심을 받았느니라"(골 2:12).

영적 죽음과 부활에 관한 이 가르침(예수님의 죽음과 부활에 참여함)은 우리가 인생을 살아가는 데 대단히 중요하다. 예수님과 우리가 맺은 관계로 우리 죄를 용서받았을 뿐 아니라(그가 죄에 대해 죽으신 것에 우리도 참여함으로) 또한 무서운 죄악의 유혹을 이기는 새 능력을 얻을 수 있었기 때문이다(우리가 예수님과 함께 죽음으로 죄의 위력에 대해 죽었고, 또 이기는 부활의 능력을 누릴 수 있기 때문에). 우리가 그리스도와 함께 죽고 부활했다는 성경의 가르침은 우리가 상상하는 이상으로 우리 인생을 변화시킬 수 있다.

인생을 변화시킬 성경의 놀라운 진리가 있다. 우리가 예수님의 부활과 승천에 참여함으로 우리 영혼의 원수들을 이길 그분의 권세와 능력에 참여하게 되었다는 것이다. 다시 말해 우리가 그리스도의 부활에 참여함으로 벗어날 길 없던 삶의 방식에 더는 갇혀 있지 않게 되었다는 말이다. 우리는 실제로 변화될 수 있다. 그리스도가 원하시는 대로 변화될 수 있다.

바울은 로마 교인들에게 옛날처럼 죄악의 습성을 따라 살아서는 안 된다고 지적한다(롬 6:1-2). 그리스도가 부활하심으로 이제 그들은 완전히 새로운 삶을 살 수 있다. 바울은 이렇게 선언한다. "그러므로 우리가 그의 죽으심과 합하여 세례를 받음으로 그와 함께 장사되었나니 이는 아버지의 영광으로 말미암아 그리스도를 죽은 자 가운데서 살리심과 같이 우리로 또한 새 생명 가운데서 행하게 하려 함이라"(롬 6:4).

그리스도의 부활의 능력을 힘입는 방법

이것은 그리스도와 관계를 맺음으로 얻는 새로운 조건과 신분을 올바로 이해하는 데서 출발한다. 이것을 실제로 누릴 수 있는 몇 가지 구체적인 방법은 아래와 같다.

1. 그리스도 안에서 누리는 새로운 신분을 이해한다. 바울은 로마 교인들에게 "너희도 너희 자신을 죄에 대하여는 죽은 자요 그리스도 예수 안에서 하나님께 대하여는 살아 있는 자로 여길지어다"(롬 6:11)고 말했다. 이전에는 하나님께 대해 죽고 죄에 대해 살았지만, 이제는 점진적이나마 죄의 유혹에서 자유로울 수 있다. 이 일은 성령으로 살리심을 입고(고후 3:6) "새 피조물"(고후 5:17)이

되었다는 사실을 더 깊이 알고 깨달을 때만 체험할 수 있다.

2. **실패할 인생을 살 운명이 아니라는 것을 기억한다.** 이제 우리는 그리스도의 것이 되었고, 그분의 부활의 능력으로 충만하여 원수를 이길 수 있게 되었으므로 해로운 생활 습관에서 헤어 나올 수 있다. 우리가 그리스도를 닮아가며, 거룩하고 온전하게 되는 것이 하나님의 뜻이다(엡 1:4, 벧전 1:15-16).

3. **하나님께 우리 자신을 드린다.** 우리는 값(예수님의 피)을 받고 팔렸으므로 더는 우리 자신이 아니라 하나님의 영광을 위해 살아야 한다(고전 6:20). 성경은 "또한 너희 지체를 불의의 무기로 죄에게 내주지 말고 오직 너희 자신을 죽은 자 가운데서 다시 살아난 자 같이 하나님께 드리며 너희 지체를 의의 무기로 하나님께 드리라"(롬 6:13)고 말한다.

4. **매일 성령을 힘입게 해달라고 하나님께 기도한다.** 성령은 부활의 능력을 우리에게 중재해주시는 분이다. 하나님은 기도할 때 우리가 그분의 능력과 임재를 충만히 덧입도록 해주신다(엡 3:6). 하나님께 그 능력으로 우리를 충만하게 해주셔서 모든 유혹을 이기고, 또 모든 행동과 말로 그분을 영화롭게 해드리도록 도와달라고 매일 기도로 시작하는 습관을 길러야 한다.

● **핵심 성구**

로마서 6:1-13	고린도전서 6:19-20	에베소서 2:1-10
로마서 8:15-17	고린도후서 5:17	에베소서 5:22-33
고린도전서 1:30	갈라디아서 4:4-7	골로새서 2:9-15

■ **함께 나누기**

1 주님과 교제한다는 그리스도인들의 말에 혼란스러웠던 적이 있는가?

2 결혼생활의 비유를 하나님과 우리 관계에 적용할 수 있는 또 다른 성경적 방법은 무엇인가?

3 하나님과 어떻게 시간을 보내는가? 매일 하나님과 함께하는 시간을 갖는가? 그 시간을 더 알차게 보낼 방법이 있다면 무엇인가?

4 당신은 하나님 앞에서 정직하고 또한 있는 그대로 그분께 나아가기 어려웠던 적이 있는가? 왜 그랬는가?

5 이번 장에서는 결혼생활, 양자로 입양됨, 성령이 거하시는 성전과 같이 하나님과 우리의 관계를 이해하는 여러 가지 비유를 설명했다. 이 중 이해하기 가장 쉬운 것은 무엇인가?

6 하나님은 우리를 사랑하는 분인가? 아니면 우리에게 화를 내고 실망하는 분이라고 생각하는가?

41

영적 은사란 무엇인가? 내게 영적 은사가 있는가?

각 성도에게 주시는 하나님의 특별한 은혜와 역할

예수 그리스도의 참된 제자가 될 때 우리가 누리는 놀라운 혜택을 하나 꼽는다면 하나님의 성령이 임재하셔서 우리 안에 사신다는 점이다. 우리가 단순히 죄에서 돌이켜 예수님을 위해 살기로 결단한다고 그리스도인이 되지 않는다. 하나님의 성령이 실제로 우리 안에 거하셔야 한다. 성령이 우리 안에 거하시더라도 즉각적이고 근본적인 변화가 바로 일어나지는 않는다. 하지만 이제 우리는 우리와 함께 생활하시는 하나님의 임재와 능력을 누린다. 성령과 협력하고 그분의 힘을 덧입는 법을 배울 때 우리는 변화될 수 있고, 하나님이 기뻐하시는 삶을 살 수 있다.

성령의 사역 중 하나는 성도가 함께 새로운 공동체를 이루고 하나가 되도록 해주시는 것이다. 이 공동체는 인종적이고 경제적인 관계를 완전히 뛰어넘어 참된 가족을 이룬다. 하나님은 이 새로운 삶이 다른 성도들과 무관하기를 원하지 않으신다. 하나님은 그분 안에서 형제자매가 된 그리스도인들이 서로 의지하며 살도록 계획하셨다. 그래서 신약성경은 복음 전파와 함께 기독교 공동체의 형성을 강조한다. 우리가 다른 성도들과 지속적이고 의미 있는 교제를 할 때 성령의 사역으로 인한 혜택을 누린다.

각 성도들에게 성령이 나타나심

성경은 "각 사람에게 성령을 나타내심은 유익하게 하려 하심이라"(고전 12:7)고 가르친다. 이 말씀은 성도마다 다른 성도들에게 기여하는 무엇인가가 있으며, 모든 성도는 다른 성도들의 돌봄을 받을 필요가 있다는 뜻이다. 그러므로 "각 지체의 분량대로 역사하여 그 몸을 자라게 하며 사랑 안에서 스스로 세운다"(엡 4:16).

다시 말해 우리는 그리스도인이 되면서 동시에 성령을 받는다. 그러나 성령은 성도들의 공동체 안에서 우리가 다양한 방법으로 서로를 섬기도록 힘을 주신다. 이렇게 서로를 섬기고 목양하도록 성령이 각 성도에게 나타나시는 것을 '성령의 은사'라고 부른다.

성령이 그리스도인의 몸된 지체들에게 은사를 주신다고 소개하는 중요한 성경 구절로는 로마서 12장 3-8절, 고린도전서 12장 7-11절, 27-28절, 에베소서 4장 11-12절, 베드로전서 4장 10-11절이 있다. '은사'(gift)라고 하면 우리는 개인적으로 받는 생일 선물이나 크리스마스 선물을 흔히 떠올리지만, 은사에 대한 성경의 이해는 이와 정반대이다. 하나님이 우리에게 주시는 것은 무엇이든 다른 사람들을 섬기고 베푸는 데 사용하라는 요청이 동반된다.

성령이 성도들에게 은사를 주실 날이 곧 올 것을 아신 예수님은 주인에게서 액수가 다른 돈을 관리하도록 위탁받은 세 명의 종에 대한 비유를 해주셨다(눅 19:11-27). 예수님은 받은 돈을 잘 관리한 두 종은 칭찬하시고, 수건에 싸서 땅에 묻어둔 종은 신랄하게 비판하셨다(눅 19:20). 하나님은 '교회를 세우는 데' 가진 것 전부를 투자하라고 우리를 부르신다(참고. 고전 14:12, 엡 4:16).

신약에서 흔히 '영적 은사'로 번역되는 헬라어는 카리스마(charisma)이다. 이 단어는 하나님의 은혜(charis, 카리스)에 해당하는 단어를 어근으로 하며, 다른 사람을 섬기도록 특별히 주신 하나님의 은혜를 가리킨다. 이것은 성령께 받은 선물보다는 다른 성도들을 섬기게 하시려는 하나님의 특별한 사역으로 생각하는 것이 더 타당하다.

성령은 모든 성도를 사용하셔서 섬기도록 하신다. 누구도 예외가 아니다. 사도 베드로는 "각각 은사를 받은 대로 하나님의 여러 가지 은혜를 맡은 선한 청지기 같이 서로 봉사하라"(벧전 4:10)고 말했다.

다른 성도를 어떻게 섬길 수 있는가?

신약이 그리는 교회는 일주일에 한 번 가서 한 시간 동안 멍하니 앉아 있다 돌아가고 한 주간 바쁘게 살다 또 찾아가는 장소를 말하지 않는다. 교회는 마음을 나누고 서로를 섬기며 함께 살아가는 사람들의 모임으로, 가족과 비슷하다.

영적 은사 역시 우리가 개인적으로 사용하라고 주신 것이 아니다. 영적 은사를 언급하는 일부 성경 구절은 그리스도의 몸에서 이루어지는 여러 가지 봉사를 언급한다. 물론 그것이 성령의 은사를 설명하는 유일한 구절들은 아니지만 성령이 성도들 속에서 그 임재를 드러내심으로 교회의 성장과 건강에 기여하는 중요한 몇 가지 방식을 대표한다. 성령이 특별히 나타나시는 몇 가지 예는 아래와 같다.

가르침. 많은 사람에게 가르침은 습득된 기술이다. 하지만 믿음의 지식을 쌓고 예수 그리스도와 관계를 누리도록 다른 성도들의 삶에 강력한 영향을 미치는 은사로서 가르침이 있다. 로마서 12장 7절, 고린도전서 12장 28절, 에베소서 4장 11절을 참고하라.

복음 전도. 모든 그리스도인은 다른 성도들과 복음을 나누도록 부르심을 받았다. 그러나 복음을 전하는 일에 두각을 드러내며 놀라운 결실을 거두는 사람들이 있다. 에베소서 4장 11절을 참고하라.

예언. 이것은 하나님이 마음에 각인해주신 메시지를 다른 성도에게 전하는 것을 말한다. 성경은 이 은사를 활용하는 사람을 가리켜 "사람에게 말하여 덕을 세우며 권면하며 위로하는 것이요"(고전 14:3)라고 설명한다. 우리 개인의 주관적 생각과 열망을 하나님이 주신 예언과 혼동하기 쉬우므로 이 은사는 특별히 조심해서 사용해야 한다. 예언을 검증해야 하는 이유가 이 때문이다(살전 5:19-22). 로마서 12장 6절, 고린도전서 12장 28절, 에베소서 4장 11절을 참고하라.

돕기. 하나님은 약자와 가난한 사람을 돕도록 일부 사람에게 특별한 연민의 마음과 능력을 주셨다. 고린도전서 12장 28절을 참고하라.

병 고침. 성도가 병들면 우리는 교회 장로들을 불러 병 고침의 기도를 부탁할 수 있다(약 5:13-16). 또한 병 낫기를 기도하면 놀라운 역사가 나타나는 사람들이 그리스도의 몸된 교회에 있다. 이들은 기도 사역 팀에 소속되어야 한다. 고린도전서 12장 9, 28절을 참고하라.

믿음. 이것은 특별한 상황, 특히 매우 힘들고 도전적인 상황에서 하나님의 임재와 힘, 사역의 능력을 믿는 비범한 확신을 말한다. 성령이 주신 이 확신은 어려움에 처한 교회를 세우고 힘을 줄 수 있다. 고린도전서 12장 9절을 참고하라. 또한 마태복음 17장 20절과 누가복음 17장 6절도 참고하라.

이것은 성경에서 언급한 수많은 은사 중 일부에 지나지 않는다. 이 은사들은 그리스도인들이 저마다 부름 받은 사역을 더 효과적으로 감당하도록 역사하시는 하나님의 능력을 가리킨다. 그리스도인이라면 누구나 다른 성도들을 가르치고, 복음을 전하며, 성령의 인도하심을 받고, 가난한 이웃을 도우며, 병 낫기를 위해 기도하고, 믿음을 행사해야 한다. 하지만 성령은 때로 소수의 개인을 통해 특별히 강력하게 역사하시기도 한다. 그들은 다른 사람들을 돕기 위해 특별한 하나님의 은사를 받은 사람들이다.

나의 은사는 무엇인가?

자신의 영적 은사를 확인할 때 유념해야 할 몇 가지 사항과 질문을 소개한다.

1. 어떤 일로 다른 성도를 섬기고 싶은가? 하나님은 종종 특정한 방법으로 섬김의 열정을 심어주신다(빌 2:13).
2. 성경에 소개된 영적 은사가 본인에게 있는지 확인하고 그와 부

합하는 방향으로 섬기라. 다른 이들을 섬김으로 거둔 결실은 무엇인가? 특별히 더 기쁘고 즐거운 영역이 있는가? 섬김의 결실이 있는가? 그 섬김으로 다른 성도를 얼마나 세울 수 있는지 결과를 측정할 필요가 있음을 기억하라.
3. 사람들이 당신의 섬김이 미치는 영향을 인지하는가? 교회의 성숙한 성도들과 지도자들은 당신의 봉사를 어떻게 평가하는가? 신뢰하는 사람들에게서 정직한 평가를 받아보라. 단지 당신 기분을 상하지 않게 하려고 긍정적으로 평가하는 사람들이 있다. 정직하고 솔직한 평가가 필요하다.
4. 성급하게 은사를 확정해서는 안 된다. 자신의 은사를 확인하는 데 시간이 오래 걸릴 수도 있다.

하나님이 다른 성도를 섬기도록 은사를 주시는 과정을 연구하다 보면 섬기는 것이 큰 기쁨임을 다시 확인하게 된다. 하나님이 그분 나라의 뜻을 이루시고자 우리를 사용하신다는 사실을 알 때 큰 기쁨과 만족을 누릴 수 있다.

● 핵심 성구

로마서 12:3-8	고린도전서 12:27-28	베드로전서 4:10-11
고린도전서 12:7-11	에베소서 4:11-12	

▶ 함께 나누기

1. 성경은 복음 전도를 영적 은사의 범주에 포함한다. 그렇다면 모든 성도가 복음 전도에 힘쓸 필요가 없다는 뜻인가? 어떻게 생각하는가?

2. 당신이 어떤 은사를 가지고 있는지 알 수 있는가?

3. 성경에 언급되지 않았지만 사람들이 자신에게 있다고 주장하는 영적 은사들은 어떻게 이해해야 하는가?

4. 교회가 영적 은사에 더 많은 관심을 기울일 수 있는 방법이 있다면 무엇인가? 영적 은사에 집착할 때 교회에 오히려 도움이 되지 않는 경우는 어떤 것인가?

5. 특별한 기회(여름 선교 여행에서 교사 역할을 부탁받거나, 비기독교 유소년 스포츠 팀의 코치가 되거나, 주일 예배 때 솔로로 찬양할 수 있는 기회 등)를 영적 은사로 생각할 수 있는가?

6. 교회에 새로 출석한 어느 성도가 재물의 은사를 받고 싶다고 말한다. 이 말에는 어떤 문제가 있는가?

42

하나님은 성(性)을 미워하시는가?

성경이 말하는 성

기독교 가정에서 자라나 성적 죄책감으로 괴로워하는 사람들의 이야기를 종종 듣는다. 그들은 성관계가 더럽고 추하며 부끄러운 행위라고 생각한다. 그들이 생각하는 하나님은 성 문제가 제기되면 언제든지 '안 돼!'라고 쇳소리를 내며 감시의 눈을 번뜩이는 까다로운 할아버지에 가깝다. 그리고 기독교를 반대하는 사람들은 종교가 긍정적인 영향보다 부정적인 영향을 미치는 이유로 삼기 위해 이런 이야기들을 발굴하는 데 열을 올린다.

이런 가르침의 주범은 대부분 자녀가 성년이 되어 결혼할 때까지 성에 대해 지나친 호기심을 갖지 않기를 바라는 부모나 목사들이 주범이다. 선의인 것이 분명하겠지만 불행히도 이런 메시지는 평생 부정적인 영향을 미친다. 성이 수치스러운 것이라고 배운 사람들은 성을 생각할 때 죄책감이나 수치심, 두려움이 아니라 사랑과 따스함, 친밀함을 떠올리며 편안함을 느끼기까지 오랜 세월이 걸릴 수도 있다. 이러한 잘못된 인식으로 종종 관계가 무너지거나 상처를 받는 경우가 적지 않다. 성을 이런 식으로 보는 것이 성경적인가? 하나님은 정말 성을 인정하지 않으시는가?

하나님이 성을 창조하셨다

하나님은 오히려 기혼자들에게 성을 충분히 즐기지 않는다고 지적하실지 모른다. 사도 바울이 결혼한 성도들에게 "서로 분방하지 말라"(고전 7:5)고 명확하게 언급한 사실을 알면 놀랄 사람이 많을 것이다.

이에 대한 증거는 우선 창조 이야기에서 찾을 수 있다. 하나님은 아담을 창조하신 후 곧바로 "사람이 혼자 사는 것이 좋지 아니하니 내가 그를 위하여 돕는 배필을 지으리라"(창 2:18)고 결정하셨다.

그런 다음 아담의 갈비뼈로 하와를 창조하시고 그들에게 인간이 누릴 수 있는 가장 친밀한 결속을 이루게 하셨다. 그들이 같은 '뼈'와 '살'에서 나오게 하신 것이다. "남자가 부모를 떠나 그의 아내와 합하여 둘이 한 몸을 이룰지로다"(창 2:24)라는 말씀처럼 결혼한 두 사람은 이런 수준의 하나 됨을 누린다.

이것은 결혼생활이 창조된 의도, 나아가 성이 창조된 의도가 무엇인지 많은 것을 시사한다. 이 두 사람은 이제 한 몸을 이루는데, 이것은 성관계로 완성된다. 성관계는 자손을 생산하는 방편일 뿐 아니라 두 사람을 초월적이고 또한 화학적 차원에서 하나로 묶어주는 방식이다. 성관계가 이 정도로 심오한 목적을 갖는다면, 상대를 번갈

아가며 즐기는 섹스가 한 개인의 영혼에 미치는 해악이 얼마나 클지 생각해보라.

창세기 1장 28절에서 하나님이 인류에게 주신 첫 명령이 바로 "생육하고 번성하라"였다. 이것은 간접적이기는 하지만 성관계를 많이 하라는 명령으로 해석할 수도 있다. 하나님이 우리가 성관계를 하지 않기 바라셨다면 '생육하라'는 명령을 하시지 않았을 것이다.

하나님이 굳이 성관계를 하거나 즐길 능력을 지닌 존재로 인간을 창조하실 필요가 없었다는 점도 주목할 필요가 있다. 동물의 세계에는 알을 품어 자손을 증식하거나, 최악의 경우 그 과정이 죽음으로 마무리되는 식으로 자손을 번식하는 예가 수없이 많다. 인간은 그 과정을 즐길 뿐 아니라 그 과정에서 관계가 더욱 친밀해질 수 있도록 지어졌다. 이것은 디자인상의 결함이 아니라 하나님이 성을 좋은 것으로 만드셨기 때문이다.

증거가 더 필요한가? 아름다운 시적 언어로 낭만적이고 관능적 사랑을 묘사한 솔로몬의 아가서를 보면 된다. 5장은 "나의 사랑하는 사람들아 많이 마시라"(1절)고 권한다. 아가서 전체에 걸쳐 성은 수치스러운 행위가 아니라 친밀감과 쾌락과 동지애를 길러주는 아름답고 풍성한 행위로 묘사되고 있다(참고. 잠 5:18-19). 하나님은 결혼한 부부를 하나로 이어주는 향유의 수단이 되도록 성을 창조하셨다. 그러므로 수치스러워하거나 죄책감을 갖지 말고 즐겁게 성을 향유하라는 하나님의 부르심에 귀 기울여야 한다. C. S. 루이스가 다음과 같이 지적한 이유도 이 때문이다. "누군가 성이 나쁜 것이라고 말한다면 기독교는 즉각 그 말을 반박한다."[1]

용인되지 않는 성관계

이외에도 아담과 하와가 창조된 이야기는 성과 결혼생활에 대해 몇 가지 중요한 교훈을 시사한다. 하나님이 아담을 위해 여러 여자를 만들거나 다른 남자를 만드시지 않고 오직 한 여자만 창조하셨음을 기억하라. 창세기 2장은 한 남자와 한 여자가 한 몸이 되었다고, 다시 말해 아담이 단 한 명의 여성과 한 몸이 되었다고 말한다.

상당히 직설적인 표현이다. 하지만 초기 이스라엘 백성은 이 말씀대로 살지 않았다. 그래서 이스라엘 백성이 지켜야 할 율법이 기록된 레위기는 두 장(18장과 20장)을 할애해 용인되지 않는 성적 행위들을 설명한다. 하나님은 남자가 자신의 어머니나 할머니 혹은 짐승과 동침해서는 안 된다고 분명하게 명령하셨다. 당시 흔한 풍습이었던 일부다처제 역시 금지하셨다(신 17:14-20).

이런 규례들은 성경적 성관계가 한 남자와 한 여자의 결혼 관계라는 울타리 안에서 이루어져야 한다고 가르치는 창세기 1장과 2장의 내용에서 벗어나지 않는다. 그러므로 이 결혼 관계 밖의 모든 성관계는 비성경적이다. 혼전 성관계(소위 동거를 비롯해), 배우자가 아닌 사람과의 성관계, 친족이나 가족과의 성관계, 복수의 파트너와의 성관계, 동성과의 성관계 등이 모두 해당한다.

이 주제에 대한 성경의 교훈이 비교적 명확함에도 불구하고 사람들이 하나님의 말씀을 회피하고자 흔히 동원하는 변명이 있다. 그들은 자신이 사랑하는 사람과 함께하고 싶고, 하나님도 그들의 행복을 바라신다는 것이다. 그리고 하나님은 사랑하는 사람과 친밀한 관계를 맺도록 허락하신다는 것이다. 이런 변명에 대해 중요하게 지적할 사실이 있다. 하나님은 우리가 그분과의 관계에서 행복을 얻기 바라신다는 것이다. 하나님은 우리가 죄를 지으면서 행복을 누리는 것을 원하시지 않는다. 율법이 자신과는 무관하다고 우기는 사람이 있다면 그들이 느끼는 감정이 아니라 성경을 근거로 그 사실을 증명해야 한다.

성관계의 범위를 편한 대로 해석하며 인생을 허비하고 있다면 당연히 하나님의 명령이 엄격해 보일 것이다. 그럴 경우 당연히 "안 된다. 죄를 지어서는 안 된다"는 대답이 기다리기 때문이다. 그러나 원래 의도하신 범위 안에서 성을 누리고자 한다면 하나님이 얼마나 너그러운 분인지, 또한 시간이 흐를수록 더 아름다워지는 놀라운 선물을 우리에게 주셨음을 알게 될 것이다. 다시 말해 하나님이 결혼한 부부에 한정해 성을 허락하신 것은 우리가 방탕하게 성관계를 하지 않고 최고의 성관계를 누리기 원하시기 때문이다.

성욕을 품어도 죄를 짓는 것인가?

성경은 성적인 죄는 피해야 한다고 분명히 가르친다. 하나님은 사망으로 인도하는 죄 목록에서 이 죄를 상위에 두셨다(참고. 고전 6:18, 엡 5:3, 골 3:5, 살전 4:2-5). 그러나 최근 기독교 문화에서 성에 관한 인식은 큰 혼란에 휩싸여 있다. 예수님이 지상 사역 기간에 강조하신 중요한 교훈이 있다. 죄는 단순히 외적인 행동의 문제일 뿐 아니라 내면의 문제이기도 하다는 것이다. 마태복음 5장 27-28절에서 예수님은 "또 간음하지 말라 하였다는 것을 너희가 들었으나 나는 너희에게 이르노니 음욕을 품고 여자를 보는 자마다 마음에 이미 간음하였느니라"고 말씀하셨다. 훨씬 더 어려운 명령임이 분명하다.

그렇다면 죄에 관해 생각만 해도 다 죄인가? 반드시 그렇지는 않다. 하나님은 늘 이런저런 식으로 죄의 유혹이 넘치는 환경에 우리가 살고 있음을 잘 알고 계신다. 텔레비전을 틀기만 해도 유혹거리가 넘친다. 그러나 유혹 자체는 죄가 아니다. 고린도전서 10장 13절은 이 점을 인정한다. "사람이 감당할 시험밖에는 너희가 당한 것이 없나니 오직 하나님은 미쁘사 너희가 감당하지 못할 시험 당함을 허락하지 아니하시고 시험 당할 즈음에 또한 피할 길을 내사 너희로 능히 감당하게 하시느니라." 그러므로 우연히 옥외 광고판에서 외설적인 사진을 보거나 아름다운 여인을 본다고 죄는 아니다. 그러나 그 사진을 계속 마음에 담거나 걸으면서 다시 돌아본다면 죄다.

어떤 이유에선지 한쪽에서는 그리스도인들마다 받는 유혹이 다르고, 그렇게 다른 유혹을 받는 그리스도인들은 더 악하다는 식의 생각이 보편화되고 있다. 죄라는 질병은 모든 인간에게 영향을 미쳤고, 우리는 모두 동일한 심판을 받아야 할 운명이다. 하지만 이상하게도 이성에게 음욕을 품거나 배우자가 아닌 사람과 즐길 때는 별로 반응을 보이지 않으면서 동성애자에게는 심각할 정도로 분노 어린 반응을 보이는 그리스도인들이 있다. 이성에게만 유혹을 받는다고 '더 나은' 그리스도인이 아니다. 이성애적 성욕이든 동성애적 성욕이든 모든 성적 죄악은 동일한 죄악이다. 따라서 신실한 그리스도인이라면 모든 죄를 심각하게 여겨야 한다. 동성에게 끌린다고 그 사람을 마음대로 더 정죄해서는 안 된다.

하나님은 성을 미워하시지 않는다. 원래 의도된 범위 안에서 마음껏 향유하기를 원하신다. 무엇보다 성욕을 주신 분이 바로 하나님이다.

● 핵심 성구

창세기 2:18, 24	고린도전서 6:18	데살로니가전서 4:2-8
아가 5장	에베소서 5:3	
마태복음 5:27-28	골로새서 3:5	

■ 함께 나누기

1. 그리스도인 부모들은 어떻게 해야 자녀들에게 성이 금지된 은밀한 행위인 듯한 부정적인 인식을 심어주지 않고 올바른 성교육을 할 수 있는가?

2. 성이 좋은 것이라는 사실을 성경에서 어떻게 알 수 있는가?

3. 성적인 유혹을 받는 것이 잘못인가? 그것은 어느 지점에서 죄가 되는가?

4. 동성애적 유혹을 받는 사람은 정죄하면서 혼전 성관계를 한 교인들은 대수롭지 않게 여기는 태도가 위선적인 이유는 무엇인가?

5. 성에 대한 성경의 시각이 한물간 구시대적인 것이라는 데 국민의 90퍼센트가 동의한다면, 그것이 그리스도인들의 시각에 영향을 미치겠는가?

6. 결혼이라는 테두리 안에서 성을 즐기라는 성경의 가르침을 따를 때 얻는 대표적인 유익은 무엇인가?(하나님께 순종하는 것 외에)

43

교회가 돈을 추구해도 되는가?

하나님과 돈

어떤 사람들은 교회가 헌금을 지나치게 강요한다는 인상을 받는다. 실제로 돈을 쫓는다는 인상을 주는 교회들이 있다. 주일마다 헌금을 강조하면서 헌금 주머니를 돌린다. 또한 헌금 봉투가 교회 뒤편 중요한 위치에 비치되어 있고, 이런저런 명목의 선교비와 행사비 마련에 동참해달라는 서신이 발송된다. 더 많은 헌금과 봉사에 희생적으로 참여하도록 독려하는 설교도 빠지지 않는다. 그런 다음 교회 건축 캠페인이 벌어진다. 교회 리더들은 성도들을 만나 작정 헌금을 하라고 재촉한다. 그들은 앞으로도 희생할 각오를 해야 한다고 말한다. 하지만 교인들은 이미 힘들 정도로 헌금을 하고 있다. 그리고 이 모든 설득과 권면은 "하나님의 뜻이다"는 말로 포장된다.

정말 그런가? 하나님은 우리가 가진 전부를 바치라고 하시는가? 실제로 재물에 관한 하나님의 뜻은 무엇인가?

돈에 과도하게 집착하는 교회들이 있다. 내(클린턴)가 신학교에 다닐 때 아내가 지인에게 들었던 말을 지금도 기억한다. 아내의 동료는 아내에게 어떤 일을 하느냐고 물었다. 아내가 사역을 준비하며 신학교에 다닌다고 말하자 그녀는 "와우, 당신들은 앞으로 부자가 되겠네요!"라고 부러운 듯 대답했다. 그런 다음 그녀는 출석하는 교회의 목사와 사모가 타고 다니는 고급 차와 재산에 대해 한참 열을 올리며 이야기했다. 물론 이것은 극단적 경우이며 대다수 사역자의 삶과는 거리가 멀다. 그러나 일부 텔레비전 설교자들은 이것이 정상인 듯한 인상을 준다. 덕분에 많은 사람이 교회를 등진다.

그러나 우리는 대부분 교회가 운영되는 유일한 방법이 성도들이 내는 헌금뿐이라는 사실을 기억할 필요가 있다. 교회는 정부에서 매월 지원금을 받지도 않고 물건을 팔아 이윤을 남기지도 않는다. 교회는 교인들의 헌금으로 교회를 운영한다. 건강한 교회라면 헌금을 내도록 교인들을 닦달해서도 안 되지만 또한 올바른 청지기직에 대한 성경의 원리를 가르칠 의무가 있다.

돈은 때로 드러내어 토론하기에 껄끄러운 주제이다. 누구나 매달 지불해야 할 많은 공과금과 생활비가 있다. 수입의 큰 액수가 주택 대출 상환금으로 매달 빠져나간다. 이 밖에 보험, 자동차 할부금, 식비 그리고 당연히 신용카드 사용액도 만만치 않은 액수이다. 이렇게 다 제하고 남은 비용으로 다른 필요한 물품을 사야 한다. 그 달 번 돈을 모두 지출하고 저축할 여유가 없는 사람들이 태반이다.

주님의 일을 위한 헌금은 어디에 해당하는가? 교회에 얼마를 헌금해야 하는지 어떻게 결정하는가? 이런 문제들은 돈 관리와 관련한 중요한 주제들이다. 신앙생활과 영적 성장에서 중요한 부분이다.

십일조는 의무인가?

대부분 그리스도인은 교회에 매월 수입의 10퍼센트를 내는 것을 하나님이 성도의 의무로 규정하신 것이라고 생각한다. 그러나 성경이 제시하는 증거는 이런 생각이 청지기로서 우리의 의무에 대한 정확한 이해가 아닐 수 있음을 암시한다.

구약은 십일조 규례를 여러 차례 언급한다. '십일조'(ma'aser, 마아세르)로 번역된 히브리어는 개인의 가축과 생산물 혹은 수입의 '10분의 1'이라는 의미가 있다. 율법은 "땅의 십분의 일 곧 그 땅의 곡식이나 나무의 열매는 그 십분의 일은 여호와의 것이니 여호와의 성물이라"(레 27:30)고 지적한다. 그러나 구약은 또한 '절기 십일조'를 요구했고(신 14:22-27), 심지어 가난한 자들을 구제하기 위해 세 번째 십일조를 요구했다(신 14:28-29). 일부 학자는 율법이 구체적으로 명시한 전체 십일조 액수는 10퍼센트가 아니라 무려 23퍼센트에 육박한다고 말한다.¹

중요한 것은 그리스도 안에서 사는 삶이 모세 율법에 얽매이지 않는다는 점이다. 우리는 은혜의 시대에 살고 있다(롬 6:14-15, 10:4, 갈 4:21, 엡 2:15). 신약은 어디에서도 십일조를 명령하지 않는다. 실제로 신약에서 십일조는 예수님이 십일조로 상징되는 자기 의에 빠져 교만한 자들을 비판하시는 맥락에서 유일하게 언급되고 있다.

초대 교회 역사를 살펴보아도 십일조에 대한 언급은 여전히 찾아볼 수 없다.

이렇게 십일조라는 규례에서 자유로운 것을 더 많은 쇼핑을 할 기회라고 해석한다면 그것은 착각이다. 예수님이 돈과 재물에 대해 어떻게 가르치셨는지 기억해야 한다. "삼가 모든 탐심을 물리치라 사람의 생명이 그 소유의 넉넉한 데 있지 아니하니라"(눅 12:15). 신약은 이렇게 말하고 있다.

> 이것이 곧 적게 심는 자는 적게 거두고 많이 심는 자는 많이 거둔다 하는 말이로다 각각 그 마음에 정한 대로 할 것이요 인색함으로나 억지로 하지 말지니 하나님은 즐겨 내는 자를 사랑하시느니라 하나님이 능히 모든 은혜를 너희에게 넘치게 하시나니 이는 너희로 모든 일에 항상 모든 것이 넉넉하여 모든 착한 일을 넘치게 하게 하려 하심이라(고후 9:6-8).

사도 바울은 심지어 재물에 대한 욕심을 우상 숭배라고 경고했다(골 3:5). 그러므로 내야 할 헌금 액수는 정해져 있지 않지만 우리는 실제로 더 중요한 일을 하라는 요청을 받는다. 즉 가능한 많이 내고(돈과 시간), 지상보다 하늘의 보물에 더 가치를 두라는 것이다.

중요한 것에 투자하기

하나님은 우리에게 맡기신 것들에 대해 책임을 물으실 것이다. 왕국을 물려받기 위해 집을 떠나면서 세 명의 종에게 투자할 돈을 맡긴 귀인에 대한 비유의 핵심 주제가 바로 이 책임이다(눅 19:11-27). 두 종은 돈을 부지런히 관리해 처음 받은 돈의 두 배 이상을 불렸다. 세 번째 종은 받은 돈으로 어떤 생산적인 일도 하지 않고 묵혀 두었다가 돌아온 왕의 노여움을 샀다.

다시 오실 왕 예수님도 우리에게 여러 자원을 위탁하셨다. 그리고 그분의 왕국을 우리 인생에서 가장 중요한 우선순위로 삼을 것을 요구하신다(마 6:33). 뿐만 아니라 우리 삶의 필요를 충분히 공급해주겠다고 약속해주신다. 우리 자신을 헌신하라는 이 부르심은 단순히 십일조를 드리는 차원을 넘어선다. 주님은 우리의 전부를 원하신다. 100퍼센트를 원하신다. 사도 바울은 이 점을 잘 이해하고 우리 자신을 하나님께 산 제물로 드리라고 요청한다(롬 12:1-2).

하나님께 자신의 전부를 드릴 수 있는 마음은 단지 좋은 청지기로서 순종하겠다는 열망만으로 생기지 않는다. 우리에게 베푸신 하나님의 놀라운 자비를 깨달을 때 그 마음이 생긴다. 우리는 한때 하나님을 배반한 반역자였지만 이제 하나님의 사랑과 용서의 수혜자로서 그분의 자녀가 되었다. 그러므로 모든 것을 다 바쳐도 아깝지 않은 것이다.

우리는 자기 본위적인 본성과 이기적인 성향이 뿌리 깊이 박힌 존재이다. 그러므로 충분히 고민하고 기도한 후 우리 수입의 일부를 하나님 나라에 투지히겠디고 의도적이고 저극저으로 결단해야 한다. 매월 쓰고 남은 돈을 바치기보다 주님의 일에 먼저 일정액을 바치겠다고 작정할 필요가 있다.

헌금은 어디에 사용되는가?

하나님 나라를 위해 헌금하기로 결정했다면 다음으로 어디에 헌금할지 결정해야 한다. 신약성경은 우리의 헌금을 집중적으로 사용해야 할 여러 곳에 대해 설명한다.

1. **지역 교회**. 교회는 이 땅에서 하나님 나라를 확장하는 주된 수단이므로 교회 사역에 집중 투자하는 것이 마땅하다. 바울은

복음 전파와 가르침으로 수고하는 이들이 "배나 존경"을 받을 자격이 있다고 말한다(딤전 5:17, 참고. 갈 6:6). 교회 예산으로 설교와 가르침을 전적으로 감당하는 이들의 급여를 지불할 뿐 아니라 선교사들을 지원하고, 어려움에 처한 이들을 도와야 한다(과부를 비롯해. 딤전 5:3-16). 그리고 전도를 포함해 다른 많은 사역의 경비도 지불해야 한다.

2. **선교.** 바울은 여러 교회의 지원을 받아 복음을 전하고 다른 지역들에서 교회를 개척할 수 있었다(참고. 빌 4:10-19).

3. **구제.** 바울이 기록한 성경을 보면 기근으로 고통당하는 예루살렘과 유대의 성도들을 돕기 위해 헌금을 모금한 내용이 많이 나온다(롬 15:26, 고후 8-9장). 바울이 성도들에게 인색하지 않게(고후 9:5-7), 자원하는 마음으로(고후 9:7) 드리되 매주 정해진 액수를 따로 떼어놓으라고 권면한 것은 바로 이 가난한 형제자매들을 돕고자 모금하는 상황에서 나온 것이다.

4. **그리스도의 뜻을 이루기 위한 모든 곳.** 하나님의 나라를 확장하기 위한 모든 수고에는 우리의 지원이 필요하다. 여기에는 교회 외부에서 이루어지는 사역들도 포함된다.

교회에 매달 일정액을 헌금하기로 결단하는 것만이 우리를 드리는 유일한 방법은 아니다. 하나님은 우리의 모든 소유를 그리스도를 위해 사용하도록 부르셨다. 여기에는 구역 모임을 위해 햄버거를 사고, 성경 공부를 위해 집을 개방하며, 책과 장비를 빌려주고, 청소년 모임에 간식을 제공하며, 시간으로 봉사하고, 되갚을 능력이 없는 사람에게 돈을 빌려주는 일도 포함된다.

새 언약에 속한 성도로서 우리는 십일조 규례에 얽매이지 않는다.

대신 그리스도가 보이신 모범이 우리 규범이자 동기여야 한다. "우리 주 예수 그리스도의 은혜를 너희가 알거니와 부요하신 이로서 너희를 위하여 가난하게 되심은 그의 가난함으로 말미암아 너희를 부요하게 하려 하심이라"(고후 8:9).

아끼고 인색하게 굴 이유가 무엇인가?

● **핵심 성구**

마태복음 6:21	고린도전서 16:2	빌립보서 4:10-20
마태복음 6:33	고린도후서 8-9장	디모데전서 5:3-16
마태복음 19:16-30(특히 21절)	고린도후서 8:9	디모데전서 5:17
누가복음 19:11-27	갈라디아서 6:6	야고보서 4:13-5:6

■ **함께 나누기**

1 교회가 헌금을 독려한다고 이론적으로 문제가 있는 것은 아니다. 그러나 그것이 지나치나고 느낄 때는 언제인가?

2 소모임에서 헌금에 대해 솔직하고 허심탄회한 대화를 한다고 해보자. 한 젊은 부부가 현재 상태에서는 헌금할 여유가 전혀 없다고 말한다. 대학 등록금, 신용카드 대금, 식비, 월세를 내고 나면 남는 돈이 거의 없다. 어느 정도 기반을 잡으면 헌금을 하겠다고 말한다. 이들의 말을 어떻게 생각하는가? 이런 태도가 올바른가? 아니면 어떻게 해서라도 헌금을 내야 하는가?

3 수입의 10퍼센트가 이상적인 헌금 액수라고 생각하는가? 왜 그런가? 이상적인 헌금은 어느 정도라고 생각하는가? 금액이 사람에 따라 달라질 수 있는가?

4 청지기로서 역할을 잘 수행한다고 생각하는 교회에 일정액의 헌금을 지속적으로 내고 있다고 해보자. 그런데 해외 선교를 나가기로 결심한 한 부부가 정기 후원을 부탁한다. 지금 교회에 내는 헌금 중 절반을 이 부부를 돕는 데 사용해도 괜찮은가? 왜 그런가, 혹은 왜 그렇지 않은가?

5 헌금이 그리스도를 섬기는 유일한 방법은 아니다. 교회와 그리스도의 뜻을 실현하기 위해 당신이 사용할 수 있는 다른 자원은 없는가?

6 한 기독교 지도자가 "사람들의 지출 내역을 5분만 살펴보면 그들의 마음이 어디에 있는지 알 수 있다"고 말했다. 이 말을 어떻게 생각하는가? 카드 명세서가 우리 삶의 우선순위에 대해 무엇을 말해주는가?

44

세상에 있지만 세상에 속하지 않는다는 말은 무슨 뜻인가?

어둠 속에서 빛이 되기

미국의 경우 고속도로를 달릴 때면 거의 어김없이 범퍼나 창문에 '이 세상에 속하지 않음'(Not of This World)이라는 스티커를 단 자동차가 최소한 한 대 이상은 보인다. 마음 한편으로는 내가 어디에 속해 있고, 무엇을 위해 살아야 할지 일깨워주는 유용한 글귀라서 고마운 마음이 든다. 성경은 요한복음 17장 16절과 "이 세대를 본받지 말라"는 로마서 12장 2절을 비롯한 여러 곳에서 이 '세상에 속하지 않음'의 개념을 언급한다. 하지만 또 한편으로는 다소 혼란스러움을 느낀다. 아직 이 세상에 살고 있는데 어떻게 '이 세상에 속하지 않은' 사람처럼 살라는 말인가? 사람들이 이 문제를 대하는 가장 흔한 몇 가지 태도를 살펴보기로 하자.

방어적 자세

이 세상에 속하지 않기를 바라는 그리스도인들은 때로 세상의 공격을 차단하는 방법으로 그들 자신과 자신들의 믿음을 보호하려 애쓴다. 비그리스도인들과 아예 상종하지 않음으로 그들의 비신앙적 영향력을 차단한다. 세상이 교묘하게 혹은 강제로 신앙을 타협하도록 끊임없이 그리스도인들을 종용하기 때문에 언뜻 타당한 방법처럼 보인다. 교회는 이런 사람들에게 주변 문화의 위협에서 믿음을 보호해주는 것을 목표로 삼는다.

이렇게 주변 문화의 위협을 피하는 방법은 개인에 따라 수없이 다양하다. 명확하게 기독교적이지 않은 일은 아예 듣지도 읽지도 보지도 않는 사람도 있다. 비그리스도인들이 많이 모이는 행사나 활동이나 모임에 참석하지 않는 이들도 있다. 자신뿐만 아니라 자녀까지도 비그리스도인들과 아예 만나지 못하게 하는 경우도 있다. 비그리스도인들과 어울리더라도 필요 이상으로 친해지지 않으려고 하는 사람도 있다.

하나님에 대한 믿음을 지킨다는 목표는 좋은 것이다. 하나님은 우리에게 믿음을 지키라고 요구하시며, 우리가 정신을 차리고 깨어 있으려 하지 않으면 믿음을 타협할 수도 있다. 믿음을 타협하는 것은 용납될 수 없다. 그러나 이렇게 방어적으로 살 경우, 그리스도인들은 세상에서 고립될 것이다. 우리는 비그리스도인들을 적으로 보게 되고, 결국 어떤 그리스도인들은 그들과 어떤 의미 있는 관계도 누리지 못한 채 수십 년을 지낼 수도 있다.

이런 상황이 야기하는 또 다른 심각한 문제는 하나님과 교회가 세상을 적대한다는 오해를 줄 수 있다는 것이다. 마태복음 23장과 요한복음 3장은 혐오스러운 표정으로 우리를 외면하시는 하나님이 아니라 우리를 품으시고 모든 사람과 교제하기 원하시는 하나님을 보여준다. 그러므로 세상을 외면하는 것은 세상을 대하는 최선의 방법이 아니다.

세상에 동화됨

세상을 등지는 고립적인 신앙생활을 부정적으로 여기는 그리스도인들이 점점 늘어나는 가운데 이와 정반대의 입장을 취하는 신자들이 있다. 그들은 더 큰 대의를 위해 교회와 세상이 서로 협력해야 한다고 생각하고 사회 정의나 주변 문화가 중시하는 여러 가치와 방식을 수용하고 동참한다.

이 부류의 사람들 역시 선한 동기로 사회 활동에 참여한다. 가난하고 억압당하는 이들에 대한 관심은 성경 전체에서 강조하는 주제이며, 예수님도 중요하게 여기신 일이다. 또한 특별히 마태복음 28장에서 예수님이 하신 대위임 명령을 감안할 때 세상에 관심을 가지려는 자세는 칭찬할 만하다.

그러나 이 접근 역시 문제점이 있다. 그리스도인이 주변 문화와 교류하며 그 우선순위와 방법, 이데올로기를 수용하면 세상과 구분되지 않는다. 성경은 그리스도인들이 세상에 동화될 때 그리스도에 대한 믿음을 타협할 수밖에 없음을 보여준다. '세상의 빛'인 그리스도인들은 세상 문화가 아니라 하나님이 원하시는 기준을 따라야 한다. 로마서 12장 1-2절은 그리스도인이 세상에 동화될 경우 따를 위험성을 경고한다. 세상 문화가 하나님이 요구하시는 수준의 선을 추구하지 않으리라는 것은 분명하다. 따라서 그리스도인은 주변 문화보다 더 고차원적인 것을 추구해야 하고, 세상과 대중에 영합하기보다 그들을 주도하고 선도하는 리더가 되어야 한다. 더욱이 그리스도인이 제시하는 모든 것이 단지 주변 문화를 모방한 '기독교적' 아류에 지나지 않는다면, 불신자들이 그리스도인들의 제안을 인정하고 수용할 이유가 어디 있겠는가? 우리는 훨씬 더 고차원적 소명을 추구한다.

세상을 굴복시켜야 할 대상으로 봄

세상에 대한 또 다른 시각으로 문화 전쟁을 주도하고자 하는 입장이 있다. 이 부류의 그리스도인들은 주변 세상을 피하거나 동화되기보다 그 뜻대로 문화를 주조하고자 시도한다. 주로 정치를 수단으로 삼는다. 성경적인 정치 개혁과 기독교적인 후보 선출을 적극적으로 추진하고 지지함으로써 그리스도인들이 문화 변혁을 이루어 하나님이 기뻐하시는 사람들을 길러낼 수 있다고 생각한다.

이런 시각은 어떤 면에서 상식적이다. 우리는 대부분 이미 원하는 후보에게 투표하고 있다. 또한 그 행위를 할 때 우리 가치를 반영하는 방식으로 투표를 한다. 그 가치는 성경을 토대로 한 것이며, 따라서 우리는 이미 어느 면에서 이 일에 동참하고 있는 것이다. 물론 그리스도인에게 심대한 영향을 미치는 정치적 투쟁이 있다. 특별히 종교의 자유에 관한 투쟁이 대표적이다. 세속 문화가 기독교적 가치나 종교의 자유를 압박하는 수위가 점점 더 거세지는 상황에서 이런 싸움은 대단히 중요하다.

불행하게도 이런 입장 역시 문제가 있다. 세상을 '우리 대 그들'의 시각으로 보게 된다. 그레고리 톰슨(Gregory Thompson)이 지적한 대로 사람들을 '사랑해야 할 대상이 아니라 굴복시켜야 할 대상'으로 보게 된다.¹ 하나님은 우리가 이런 시선으로 세상을 보기를 원하지 않으신다. 성경에서는 시종일관 온유하고 오래 참으며 사랑을 베풀라고 가르친다. 더 중요한 사실은 예수님이 바로 이 가르침의 궁극적 모범을 보이셨다는 것이다. 그분은 사람들을 '대적하는 자들'로 볼 이유가 충분히 있었지만 오히려 그들을 위해 죽는 길을 택하셨다. 앞의 두 입장처럼 이 역시 타당한 측면이 있지만 부정적인 면 역시 없지 않다.

신실한 현존

그리스도인들이 세상을 외면하거나 동화되거나 혹은 세상에 맞서 자신을 방어하도록 부름 받지 않았다면 남은 입장은 무엇인가? 대답은 생각보다 복잡하지 않다. 이 세 입장의 장점만을 받아들이되 단점은 버리고 통합적인 입장에 서는 것이다. 기독교 사회학자 제임스 데이비슨 헌터(James Davison Hunter)가 주장한 '신실한 현존'(faithful presence)에서 그 내용을 찾을 수 있다.²

하나님은 신실한 현존이 무엇인지 모범을 보여주셨다. 헌터의 설명대로 하나님은 우리를 쫓아오셨고, 우리와 하나 되시며, 희생적 사랑으로 우리에게 생명을 주셨다.³ 우리가 하나님처럼 세상을 완벽하게 사랑할 수는 없지만 하나님께 받은 이 축복을 세상에 베풀고자 최선을 다할 수 있다. 마음을 같이하고, 사랑을 베풀며, 하나님과 관계를 맺도록 인도하고, 끝까지 사랑의 수고를 포기하지 않는 사람은 예수님께 받은 대위임 명령에 순종하되 사랑으로 그 일을 감당하는 것이다. 신실한 현존을 목표로 할 때 우리는 세상에서 도피하거나 세상과 맞서 싸울 필요가 없다. 신실한 현존은 타문화권에 우리 사회의 가치를 이식하는 대신 그들의 가치를 인정하고 그들에게 복음을 전한다. 신실한 현존은 교회를 정치적 파당으로 만들지 않고 투표에 참여한다. 세상의 사고방식에 흡수되지 않으면서도 세상과 적극적으로 교류한다. 주변 세상, 특히 믿지 않는 사람들의 선을 추구하며, 주변 모든 사람에게 축복의 통로가 되어준다.

하지만 세상은 넓다. 그렇다면 우리는 세상에 신실한 현존을 즉각 보여주어야 한다는 부담을 느껴야 하는가? 이런 부담을 짊어지면 거대한 압박감에 조바심이 난다. 조바심을 버리고 다음과 같은 세 영역에서 신실한 현존을 표현하는 것으로 시작하라.

소속된 공동체-여기에는 이웃과 교회와 직장이 포함된다. 이 세 곳에 하나님의 신실하신 현존을 반영할 평생의 기회가 주어져 있다.

맡은 책무-신실한 현존으로 부름 받았다고 해서 직장을 그만두라는 의미는 아니다. 집안일을 하든, 건물을 짓거나 직장 상사를 보좌하거나 무슨 일을 하든 간에 성실해야 한다. 골로새서 3장 23절은 "무슨 일을 하든지 마음을 다하여 주께 하듯 하고 사람에게 하듯 하지 말라"고 말한다.

영향을 미칠 수 있는 영역-사람은 누구나 영향을 미치며, 듣기 이상할지 모르지만 여러 환경에서 힘을 행사할 수 있다. 우리 중에는 다른 이들보다 이런 축복을 더 많이 받은 이들이 있다. 그 힘과 영향력을 어떻게 행사할 것인가? 세상 사람들과 조금도 다르지 않게 그 영향력을 사용할 것인가? 아니면 주변 사람들을 찾아가고 마음을 나누며 희생적으로 사랑하는 방법으로 그 영향력을 사용할 것인가?

● 핵심 성구

예레미야 9:23-24
미가 6:8
마태복음 28:19-20

요한복음 3:16
요한복음 17:16
로마서 12:1-2

갈라디아서 6:10
에베소서 5:1-2

▶ 함께 나누기

1 그리스도인이 이 본문의 주제에 접근하는 세 가지 방식의 장단점을 간략히 적어보라.

   - 외면
   - 동화
   - 굴복시킴

2 친구에게 '신실한 현존'을 어떻게 설명해주겠는가?

3 일상에 적용할 수 있는 또 다른 신실한 현존의 방식을 생각해볼 수 있는가?

4 신실한 현존을 실천하기에 복잡하거나 어려운 상황이 있다면 어떤 경우인가?

5 특정한 집단의 사람들에게 축복의 통로가 될 수 있는 길이 있다면 무엇인가?

6 신실한 현존이란 사람들이나 기회가 찾아오기까지 기다린다는 뜻인가? 왜 그런가?

45

완전해야 진정한 그리스도인인가?

성화

예수님은 "그러므로 하늘에 계신 너희 아버지의 온전하심과 같이 너희도 온전하라"(마 5:48)고 말씀하셨다. 당신은 지금 온전한가?

태초부터 하나님은 자기 백성에게 거룩하도록, 다시 말해 그분을 위해 구별되며 성결한 삶을 살도록 부르셨다. 이스라엘 백성에게 "내가 거룩하니 너희도 거룩할지어다"(레 11:44-45, 19:2, 20:7)고 말씀하셨다. 베드로전서 1장 15절은 "오직 너희를 부르신 거룩한 이처럼 너희도 모든 행실에 거룩한 자가 되라"고 말한다.

참으로 두려운 명령이 아닌가. 매일 엉망으로 사는 우리가 어떻게 이 명령에 순종할 수 있는가?

그러나 성경은 또한 이 세상에서는 우리가 절대 온전함에 이르지 못할 것을 인정한다. 사도 바울은 로마서 7장 19절에서 "내가 원하는 바 선은 행하지 아니하고 도리어 원하지 아니하는 바 악을 행하는도다"라고 공개적으로 고백했다. 그리고 이어서 "만일 내가 원하지 아니하는 그것을 하면 이를 행하는 자는 내가 아니요 내 속에 거하는 죄니라"고 말한다. 그렇다면 죄는 우리가 이 타락한 육신을 입고 있는 한 계속 다룰 수밖에 없는 문제임이 분명하다. 다행히 그리스도의 십자가 사역으로 죄 때문에 영생을 박탈당할 일은 없다. 그러나 하나님 나라를 세우는 우리의 능력이 상처를 입거나, 관계가 망가질 수도 있고, 잔인한 사람이 되거나, 자기 아들을 주실 정도로 우리를 사랑하신 하나님을 슬프게 할 수도 있다.

하지만 그리스도 안에서 거듭난 사람들에게 좋은 소식이 있다. 그들이 죄에 휘둘리지 않고 그리스도의 덕을 기를 수 있는 방법을 하나님이 마련해주신 것이다. 성경의 용어로 이것을 성화라고 한다. 이 단어의 개념에는 중요한 두 측면이 있다. 어떤 의미에서 성화는 우리가 하나님의 소유로 구별되었다는 사실을 가리킨다. 또 다른 의미의 성화는 우리가 아버지의 성품을 닮아가고 거룩하며 성결하게 되어가는 과정을 말한다. 전자는 하나님이 주시는 선물이고, 후자는 하나님의 소명을 말한다.

'진정한 그리스도인은 완전한가'라는 질문의 대답은 '그렇다'인 동시에 '아니다'이다.

구별되었다

사도 바울은 고린도 교회(일부 교인이 계모와 동침하는 등 역겨운 짓을 하는)에 편지를 쓰면서 그들을 여전히 "그리스도 예수 안에서 거룩하여지고 성도라 부르심을 받은 자들"(고전 1:2)이라고 부른다. 여전히 죄를 짓고 있는 그들을 어떻게 거룩하다고 할 수 있는가? 바울이 이렇게 말할 수 있었던 것은 성화가 인간의 노력이 아니라 예수님의 사역이기 때문이다. 우리가 그리스도를 믿는 순간 우리의 전과 기록이 그의 피로 말소된다. 우리가 비록 죄를 짓더라도 하나님은 우리를 더는 범죄한 죄인들이 아니라 거룩하고 정결하며 의로운 성도로 보신다(딛 3:5).

이런 거듭남과 죄 씻음으로 우리는 죄에서 분리되어 성결하고 거룩한 하나님과 관계를 누릴 수 있게 되었다. 이런 새로운 신분을 얻게 되면 새로운 열망과 소망이 생긴다. 이제 하나님을 기쁘시게 해드리고, 삶으로 그 형상을 본받고자 하는 마음이 생긴다.

거룩하고 성결해지는 과정

성화의 두 번째 의미는 거룩하고 성결해지는 과정을 말한다. 하나님은 이미 우리를 성결하게 해주셨지만 또한 이것을 실제 삶에서 체현하기를 원하신다. 이제 우리는 "새로운 피조물"(고후 5:17)이며, 그 진리를 삶으로 드러내야 한다. 성경은 "하나님이 우리를 구원하사 거룩하신 소명으로 부르셨다"(딤후 1:9)고 말한다. 예수님이 요구하신 대로 순종하지 않으면서 우리가 어떻게 그분을 주님으로 부를 수 있겠는가?

이 성화는 성도들이 평생 감당해야 할 과정이다. 이 세상에 사는 한 죄와 계속 싸워야 한다. 하나님은 우리가 완전하지 않음을 아신다. 하지만 성령의 도우심을 받아 우리 삶이 변화되도록 힘쓰라고 부르신다(갈 4:19, 골 1:28). 이 세상에서 지금까지 완벽하게 거룩한 삶을 영위한 유일한 사람은 예수 그리스도밖에 없다. 그는 '성자'라는 호칭에 걸맞는 유일한 분이다.

우리가 무엇을 할 수 있는가?

그리스도인이 되면 하나님 앞에서 모든 죄책이 해결되고(칭의) 죄를 용서받는다. 그럼에도 우리를 하나님과 분리되게 만들었던 악한 영향력은 사라지지 않고 그대로 있다. 성경은 이것을 '세상', '육신', '사탄'이라고 표현한다. 죄의 이런 위력적인 영향력으로 그리스도가 우리를 구속해주시기 전까지 우리는 죄의 노예로 살 수밖에 없었다(롬 6:8-11, 엡 2:1-3). 이제 우리는 그리스도 안에 있기 때문에 저항할 수 없는 죄의 속박에서 해방되어 죄를 거부할 능력을 갖게 되었다. 그럼에도 이 힘은 여전히 실재하며 강력한 능력을 발휘한다.

우리 힘으로 성화를 이루고자 하면, 쉽게 말해 우리 힘과 능력으로 그리스도를 닮아가고자 하면 실패할 수밖에 없다. 초자연적인 강력한 힘을 가진 원수들과 싸워야 하기 때문에 초자연적 능력이 필요하다. 하나님의 도우심이 있어야 한다.

진정한 도덕적 변화는 그리스도와의 관계로 가능하다. 단순히 죄를 짓지 않겠다는 노력으로는 이런 변화가 일어나지 않는다(롬 6-8장). 인정하고 싶지 않겠지만 사실이다. 사람들은 스스로 완전해진 다음에야 하나님과 관계를 누릴 수 있다고 착각한다. 하지만 그런 일은 일어나지 않는다. 이 과정은 그리스도가 죄의 권세를 깨뜨리셨기에 변화가 일어날 수 있음을 앎으로써 시작된다. 신자들은 그리스도의 죽음에 참여하기 때문에 자기 자신을 죄의 영향에서 죽은 자로 여길 수 있다(롬 6:11). 그런 다음 그리스도와의 관계가 성장하면서 변화가 일어난다.

또한 이 과정은 우리가 이 싸움을 감당할 새 힘을 받았음을 앎으로써 시작된다. 구원받은 우리는 초자연적 능력을 부여받는다. 바로 우리 안에 사시는 성령이다. 성령은 우리 삶에서 두 가지 중요한 일을 하신다. 첫째, 성령은 우리 안에 하나님의 거룩하심을 닮고 싶다는 갈망을 심어주신다(빌 2:13). 성령이 주시지 않으면 이런 갈망은 생기지 않는다. 둘째, 성령은 죄를 이기고 그리스도의 덕을 덧입을 힘을 주신다. 사도 바울은 "영으로써 몸의 행실을 죽이면 살리니"(롬 8:13)라고 말한다.

그러므로 기도가 성화에 매우 중요하다. 기도란 우리에게 그분의 도우심이 필요하며, 우리 힘으로는 그분이 요구하시는 대로 살 힘이 없음을 하나님께 겸손히 인정하는 행위이다. 하나님 말씀을 규칙적으로 읽고 묵상하는 훈련 역시 중요하다(시 119:11). 하나님과의 관계로 인해 변화가 일어나고, 그분을 아는 중요한 방법이 성경에 기록된 그분의 말씀이라면 우리는 성경 읽기를 가장 중요한 우선순위로 삼아야 한다. "성령의 검"(엡 6:17)인 말씀은 하나님이 우리의 사고방식을 바꾸시고, 거짓을 진리로 대체하시며, 인생을 바라보는 모든 시각을 변화시키시는 수단이다.

하나님이 주시는 또 다른 도움도 잊어서는 안 된다. 바로 그리스도의 몸된 교회의 지체인 형제자매들이다. 하나님은 이 지체들에게 성령을 주시고 또한 고유한 은사를 주셨다. 하나님은 이들을 사용하셔서 우리를 축복하시고 도우실 때가 많다. 개인적인 열심만으로 신앙생활이 가능하다고 생각할지 모르지만 하나님은 우리가 그리스도의 몸된 교회의 지체들에게서 도움을 받아 살도록 계획하셨다. 우리는 혼자서 올바른 신앙생활을 할 수 없다.

이 세상에서 우리는 완전함을 이룰 수 있는가? 절대 불가능하다. 그러나 예수님이 우리의 죗값을 지불하셨으므로 하나님은 우리를 이미 거룩한 자로 보고 계신다. 성화의 첫 부분을 이미 경험했다면 이제 두 번째 측면, 즉 그리스도께 더욱 가까이 나아감으로 그분을 닮아갈 수 있다.

● **핵심 성구**

레위기 11:44-45	고린도전서 1:2	골로새서 3:5-14
레위기 19:2	고린도전서 6:11	히브리서 10:10
레위기 20:7	갈라디아서 4:19	히브리서 10:14
마태복음 5:48	골로새서 1:28	베드로전서 1:15

■ **함께 나누기**

1. 성화를 당신 자신의 말로 어떻게 설명할 수 있는가?

2. 하나님께 거룩하다는 인정을 받기 위해 얼마나 많은 선행을 해야 하는가? 왜 그런가?

3. 죄에만 초점을 맞추고 거룩해지고자 열심히 노력한다고 해서 그리스도를 닮아갈 수 없는 이유는 무엇인가? 그렇다면 올바른 방법은 무엇인가?

4. 그리스도인이 된 후 달라진 점이 있다면 무엇인가? 그리스도와의 관계로 사람들이 어떻게 변화되는지 본 적이 있는가?

5. 성화의 과정에 기도가 필수 요소인 이유는 무엇인가?

6. 성화가 왜 그토록 중요한지 자녀에게 어떻게 설명해주겠는가?

7. 우리 힘으로는 천국에 갈 수 없다는 말을 들으면 사람들은 대부분 "그러면 사람들이 그냥 계속 죄를 지을 텐데요"라고 대답한다. 이런 우려가 틀린 이유는 무엇인가?

Question & Answer

신앙 훈련

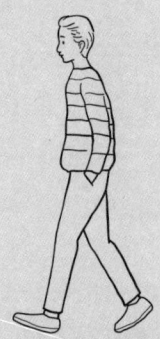

46

눈에 보이지 않는 하나님과 어떻게 소통할 수 있는가?

기도

대통령과 한자리에 앉아 대화를 나눌 기회가 생긴다면 어떻게 하겠는가? 얼마나 감격스럽고 자랑스럽겠는가? 이제 그가 당신이 너무 좋아서 개인 전화번호를 주겠다고 말한다고 생각해보라. 수백만 명에게 영향을 미칠 결정을 내리는 대통령이 언제든지 전화해도 될 중요한 사람으로 당신을 인정했다는 말이다. 정말 꿈 같은 일이 아닐 수 없다.

이 정도가 특별하다면 우주를 그 손바닥에 쥐고 계신 전능자와 대화할 기회가 생기면 얼마나 더 감격스럽고 특별하겠는가. 비록 대통령과 대화할 수 없다 해도 그와는 비교가 되지 않는 분과 대화를 나눌 수 있다. 사실 그리스도인에게는 실제로 그 이상의 특권이 허락되어 있다. 만물을 창조하신 하나님과 대화하고 심경을 나눌 뿐 아니라 그분을 아버지로 부를 수 있다. 그분은 우주 저편에서 일어나는 일을 다 아실 정도로 크신 분이지만, 아버지가 자녀를 돌보듯이 우리 개개인의 삶을 돌보아주신다.

성경은 하나님과 나누는 이런 대화를 기도라고 부른다. 기도는 우리의 창조주와 대화하는 신비하고 놀라우며 적절한 방법이다. 그러나 기도가 무엇인지 갓 배운 사람부터 수십 년 동안 기도해온 이들까지 많은 사람이 보이지 않는 하나님께 기도하면서 여전히 혼란을 느낀다. 사람들이 느끼는 이런 혼란으로 인한 여러 의문을 간략히 살펴보자.

어떤 식으로 하나님께 나아가는가?

내(제프)가 처음 가졌던 성경에는 앞표지에 커다란 예수님 그림이 있었다. 나는 그 그림이 예수님의 실제 모습이라고 생각했고, 그것을 보며 기도를 드렸다. 나중에 하나님의 형상을 만들지 말라(출 20:4)는 십계명 말씀을 보고 당혹감과 혼란스러움이 교차했다. 기도할 가시적 대상이 없다면 어떻게 하나님께 기도한다는 말인가? 세월이 흐르면서 침대 모서리나 하늘의 별, 교회 앞에 걸린 십자가를 보고 기도하고 싶은 유혹이 들 때마다 그것을 극복하는 법을 배워야 했다. 최종적으로 그런 방해물을 피해 어디에나 계시며 우리처럼 육신이 없으신 하나님께 기도하는 법을 배워야 했다.

그러나 기도하기 전에 우리가 하나님과 어떤 관계인지 배우면 도움이 된다. 하나님께 친구처럼 기도하는가? 아니면 왕처럼 기도하는가? 예수님은 신약 여러 곳에서 단서를 주고 계신다. 예수님은 제자들과 무리에게 "어린아이처럼" 되어야 한다고 누누이 말씀하셨다(마 18:3, 막 10:14-15, 눅 10:21). 두 번째 암시는 예수님이 직접 기도를 가르쳐주신 마태복음 6장에서 엿볼 수 있다. 예수님은 하나님을 "하늘에 계신 우리 아버지"(9절)라고 부르신다. 이 짧은 구절은 퍼즐의 중요한 한 조각에 해당한다. 하나님은 만물의 주이시고, 우주의 창조주이시지만 또한 우리의 아버지가 되신다. 이 두 단서를 종합할 때 하나님은 우리 아버지이시고 우리는 자녀로 그분 앞에 서게 된다는 것을 알 수 있다. 하지만 아버지는 단순히 '아빠' 이상의 의미가 있다. 아버지라는 표현에는 권위와 힘과 사랑과 따뜻함이 모두 내포되어 있다. 하나님께 나아갈 때 우리는 아이같이 순진한 마음을 가져야 하지만 또한 존경하고 순종하는 마음도 가져야 한다.

이런 시각은 기도 내용과 하나님에 대한 태도에 크게 영향을 미칠 것이다. 같은 내용을 반복하고 장황하게 기도해야 하나님이 들으신다고 생각하는 사람들이 많다. 그 어느 것도 마음으로 드리는 진심 어린 기도를 대체할 수는 없다. 물론 성해진 기도문이라도 진심으로 드릴 수 있다(찬송가를 진심을 다해 부를 수 있듯이). 다만 우리 마음에서 나오지 않은 무의미하고 형식적이며 무미건조한 기도를 피해야 한다.

불행하게도 이른바 '기독교어'(Christianese)로 기도하는 사람들이 너무나 많다. 그럴 듯한 종교 용어로 가득하지만 실제적인 의미가 결여된 기도를 드리는 것이다. 예수님은 말만 번드르르한 공허한 기도를 원하지 않는다고 분명히 말씀하셨다. 무리를 향해 "또 기도할 때에 이방인과 같이 중언부언하지 말라 그들은 말을 많이 하여야 들으실 줄 생각하느니라"(마 6:7)고 말씀하시며 이 점을 분명히 지적하셨다. 아이가 아버지에게 이런 식으로 이야기하면 얼마나 이상하겠는가? 아버지는 자녀들이 정직하고 솔직하게 이야기하기를 원할 것이다.

우리는 완벽해야 하나님께 나아갈 자격이 생긴다고 생각하는 경향이 있다. 그러나 하나님께 나아갈 때 아버지께 나아가는 것임을 알아야 한다. 잘못을 저질렀거나 할 말이 완벽히 준비되어 있지 않으면 하나님이 우리 기도를 듣지 않으실 것이라 생각한다. 하지만 성경은 우리가 그동안 잘못한 것을 하나님이 이미 잘 알고 계시고, 그럼에도 우리를 사랑하셔서 우리와 교제하기 원하신다는 점을 분명히 한다. 이 세상에 사는 한 우리는 불완전할 수밖에 없다. 좋은 아버지라면 자녀가 성장하는 중임을 알고, 있는 그대로 그들을 사랑한다. 우리의 하늘 아버지는 넘어진 모습 그대로 우리를 사랑하신다. 우리가 아직 죄인이었을 때 자기 아들을 보내셔서 대신 죽게 하실 정도로 그 사랑은 강렬하다. 그러므로 그분은 우리 기도를 분명히 들어주실 수 있다.

하나님께 자녀로 나아가는 데 어려움을 느끼는 사람들이 있다. 쉽게 인정하지 않지만 많은 사람이 교만과 씨름한다. 하나님께 자녀로 나아가기 위해서는 자기 의견과 생각을 내려놓아야 한다. 신앙생활에 기도가 그토록 중요한 많은 이유 중 하나가 바로 여기에 있다. 기도는 하나님과 교제하는 수단이지만 누가 그리고 무엇이 진정 중요한 것인지 끊임없이 일깨워준다.

무슨 내용으로 기도해야 하는가?

하나님께 기도해야 할 목록은 거의 무한하다. 예수님은 마태복음 6장 9-13절에서 기도하는 법에 대해 간략히 가르쳐주셨다. "하늘에 계신 우리 아버지여 이름이 거룩히 여김을 받으시오며 나라가 임하시오며 뜻이 하늘에서 이루어진 것 같이 땅에서도 이루어지이다 오늘 우리에게 일용할 양식을 주시옵고 우리가 우리에게 죄 지은 자를 사하여 준 것 같이 우리 죄를 사하여 주시옵고 우리를 시험에 들게 하지 마시옵고 다만 악에서 구하시옵소서(나라와 권세와 영광이 아버지께 영원히 있사옵나이다 아멘)." 이 기도는 한 글자도 틀리지 않게 반드시 암송해야 하는 공식도 아니고, 하나님께 요구하면 다 들어주셔야 하는 주문도 아니다. 주의 기도문은 어떻게 기도해야 할지를 보여주는 교본이라 할 수 있다.

"하늘에 계신 우리 아버지여"–자녀들이 훌륭한 아버지께 나아가듯이 하나님께 나아간다.

"이름이 거룩히 여김을 받으시오며"–'거룩하다'는 '거룩한 자로 공경하다'는 뜻이다. 우리는 어려운 상황에서든 형통한 상황에서든 크신 하나님을 찬양해야 한다.

"나라가 임하시오며 뜻이 하늘에서 이루어진 것 같이 땅에서도 이루어지이다"–이것은 이 땅에서 사람들의 생각과 마음에 그 왕국이 건설되게 해달라는 요청이다. 우리가 우리 자신의 뜻이 아닌 그분 뜻에 복종하도록 도와달라는 요청이기도 하다. 그러나 하나님이 권능으로 속히 임하셔서 약속하신 대로 여기 이 땅에서 그 왕국을 최종적이고 완전하게 실현해달라는 간청이기도 하다.

"오늘 우리에게 일용할 양식을 주시옵고"–식탁 위의 음식이든, 몸에 걸칠 옷이든, 머리 위의 지붕이든, 그 모든 것을 구입할 수 있는 수입이든, 가족의 필요가 충족되도록 도와달라고 하나님께 기도하는 것은 전혀 문제가 아님을 이 기도문은 보여준다. 하나님은 우리보다 더 빈곤한 사람들의 필요에만 관심을 갖는 속 좁은 분이 아니다.

"우리가 우리에게 죄 지은 자를 사하여 준 것 같이 우리 죄를 사하여 주시옵고"-구원받은 사람들이 용서를 받았지만 이 기도는 우리가 지은 죄에 대해 하나님께 용서의 필요와 회개하는 마음을 여전히 표현해야 함을 보여준다. 그러나 또한 하나님의 용서를 의지하듯이 우리에게 죄지은 사람들을 용서해야 한다는 것을 보여준다. 이 일이 쉽지 않음을 알았다면 하나님께 아뢰어야 할 기도 내용이 이미 있었다는 말이나 같다.

"우리를 시험에 들게 하지 마시옵고 다만 악에서 구하시옵소서"-이 마지막 행은 죄의 유혹에 맞서 싸울 수 있도록 도와달라는 내용이다. 우리는 평생 죄와 싸워야 한다. 하지만 하나님의 능력과 사랑을 의지하고 끊임없이 하나님께 나아가 간절히 기도해야만 진전이 이루어진다. 어떤 목사님은 죄의 유혹을 받을 때 하나님을 피해 달아나지 않고 하나님께 달려가는 사람이 진정 성숙한 그리스도인이라고 말했다.

그렇다면 보이지 않는 하나님과 어떻게 교제하는가? 기도하면 된다. 어린아이처럼 하나님께 나아가면 된다. 그리고 하나님께 기도하는 것마저 어려울 때 성령이 우리를 도와주실 것이라고 성경은 말한다(롬 8:26-27). 완벽한 기도를 드려야 한다고 조바심낼 필요가 없다. 포기하지 말고 적극적으로 기도하면 된다.

● 핵심 성구

역대하 33:12	마태복음 6:7	에베소서 6:18-20
시편 34:17	마태복음 6:9-13	
시편 102:17	로마서 8:26-27	

■ 함께 나누기

1 자녀가 아버지에게 나아가듯이 하나님께 나아갈 때 유익한(그리고 성경적인) 이유는 무엇인가?

2 우리의 필요 외에 하나님께 마땅히 아뢰어야 할 것은 무엇인가?

3 하나님께 솔직하고 정직하기가 어렵다고 생각하는가? 그 이유는 무엇인가?

4 하루를 제대로 살지 못했을 때 하나님을 피하게 되지는 않는가? 그 이유는 무엇인가?

5 주기도문으로 기도할 때 가장 관심이 가는 부분은 무엇인가? 가장 소홀히 하는 부분은 무엇인가?

6 누군가가 대신 쓴 기도문을 사용할 때 부정적인 면과 긍정적인 면은 무엇인가?

47

하나님은 왜 기도에 응답하시지 않는가?

응답받지 못한 기도

(제프의) 한 친구가 하나님에 대한 깊은 분노를 털어놓은 적이 있다. 하나님은 그녀의 기도를 10년 동안 무시하셨다고 한다. 지난 10년 동안 하루도 거르지 않고 가족이 다시 화해하게 해달라고 기도했지만 하나님은 응답해주시지 않았다. 전심을 다해 간절히 기도했다. 하지만 상황은 오히려 악화되었다. 아버지는 어디서 무엇을 하는지 소식이 없었고, 어머니는 어느 날 멀리 떠났다. 아직 학생이었던 그녀는 부모에게 완전히 버림받은 셈이었다. 불행히도 그녀의 이야기는 훈훈한 결말로 마무리되지 않고 상황은 그대로이다.

    그녀와 같은 사연을 가진 사람은 많다. 평생 기도하며 살아온 거의 모두가 이런 경험을 한다. 물론 그 중에는 어리석고 사소한 내용의 기도도 분명 있을 것이다. 나는 농구 경기를 하면서, 수많은 시험을 앞두고, 심지어 차가 막히지 않게 해달라고도 기도했다. 그러나 그런 기도들은 그렇게 절박하지는 않았다. 정말 뜨겁게 확신하며 드린 기도는 할머니가 침상에서 의식이 없는 채 발견되었을 때나 친구가 큰 자동차 사고를 당했을 때 혹은 가족 중 한 사람이 암으로 투병 생활을 할 때였다. 그런 때에 하나님이 침묵하시는 이유는 무엇인가?

우리가 비인격적인 하나님을 섬기고 있다면 이런 사연들은 그리 문제가 되지 않을 것이다. 그러나 예수님은 성경에서 우리를 얼마나 사랑하시는지 여러 차례 강조하셨을 뿐 아니라 우리 기도에 응답해 주겠다고 분명히 약속하셨다. 요한복음 14장(13절)에서 이 약속을 주시고, 15장(16절)에서 이 약속을 반복하신 후 16장(23절)에서 이 약속을 다시 확인해주셨다. 14장 13절에서는 "너희가 내 이름으로 무엇을 구하든지 내가 행하리니 이는 아버지로 하여금 아들로 말미암아 영광을 받으시게 하려 함이라"고 말씀하셨다. 기도 응답에 대한 확실한 약속 아닌가?

그러나 우리는 실제로 이 약속이 항상 이루어지는 것은 아님을 알고 있다. 우리는 구한 대로 다 응답받지 않는다. 그렇다면 주님의 이 약속을 어떻게 이해해야 하는가?

하나님은 우리 기도를 왜 들어주시지 않는가?

물론 사람들이 기도 응답을 받지 못했다고 말할 때 실제로는 아직까지 그 기도가 응답받지 못했다는 의미이다. 그렇다면 구하면 응답해주겠다고 약속하셨음에도 하나님은 왜 백 퍼센트 다 응답해주시지 않는가 하는 문제가 생긴다. 우리에게 문제가 있기 때문인가? 아니면 하나님이 약속을 지키시지 않기 때문인가?

흥미롭게도 성경에는 응답받지 못한 기도의 사례들이 기록되어 있다. 고린도후서 12장이 대표적이다. 사도 바울은 육신의 '가시'를 제거해달라고 세 번이나 간구했다. 그 육신의 가시가 무엇인지는 정확히 알 수 없지만 하나님이 그 기도를 들어주시지 않았다는 사실은 분명하다. 오히려 하나님은 "내 은혜가 네게 족하도다 이는 내 능력이 약한 데서 온전하여짐이라 하신지라"(고후 12:9)고 대답해주셨다.

이것을 예수님이 거짓말하신 증거라고 할 수 있는가? 물론 아니다. 예수님이 "내 이름으로 무엇을 구하든지 내가 행하리니"라고 하신 말씀은 무성의하게 "예수님의 이름으로 기도합니다"라는 기도를 말하지 않는다. 예수님처럼 기도해야 함을 의미한다. 우리 뜻을 그분 뜻에 맞추고, 우리 소원을 그분의 소원에 일치시키며, 예수님이 구하신 대로 하나님께 구해야 한다는 뜻이다. 예수님은 "그러나 내 원대로 마시옵고 아버지의 원대로 되기를 원하나이다"(눅 22:42)라고 기도하심으로 다가오는 죽음을 받아들이시고, 자신의 뜻을 아버지의 뜻에 맞추셨다는 사실을 기억해야 한다. "그를 향하여 우리가 가진 바 담대함이 이것이니 그의 뜻대로 무엇을 구하면 들으심이라"(요일 5:14)는 사도 요한의 지적이 바로 정확히 이런 뜻이다.

거절도 기도 응답으로 보아야 할 다른 실제적인 이유들이 있다.

모든 기도에 '예스'라고 응답하신다면 심각한 문제가 생길 것이다. "브루스 올마이티"(Bruce Almighty)라는 영화에서 하나님 역을 맡은 모건 프리먼은 짐 캐리가 연기한 브루스에게 자신의 모든 신적 능력과 책무를 맡기기로 결정한다. 브루스는 엄청난 기도의 양에 금방 압도당해 무조건 기도에 응답해주기로 결정한다. 그 결과 복권에 당첨된 사람들이 너무 많아 겨우 17달러씩밖에 배당되지 않는다. 하나님이 모든 기도에 응답해주신다면 더 심각한 성격의 수많은 문제와 관련해 어떤 일이 벌어질지 상상해보라. 핵심은 이렇다. 하나님이 모든 기도에 응답해주시는 세상에 우리조차 살고 싶어하지 않으리라는 것이다. 때로 하나님이 기도를 거절하신다는 사실이 우리 모두에게 유익이 된다. 단지 그 응답의 당사자가 될 때 힘들 뿐이다.

사람들이 서로 상반되는 기도를 드리기 때문에 하나님은 모든 기도에 '예스'라고 응답하실 수 없다. 신앙심이 깊은 두 청년이 같은 여성을 두고 사귀게 해달라고 기도한다고 해보자. 하나님은 어떤 청년에게 응답해주셔야 하는가? 혹은 한 교회의 목회자 청빙 공고에 지원서를 낸 20명의 후보생이 모두 다 그 교회에 가게 해달라고 기도한다고 해보자. 불행히도 그 중 19명은 거절당할 것이다. 서로 상충되는 것을 구했기 때문이다.

하나님은 우리에게 무엇이 필요한지 정확히 아신다. 우리가 아는 우리의 최선과 하나님이 생각하시는 우리의 최선이 종종 다르다. 고통스러운 결별과 거절을 반복하다가 이전에 만났던 이들과 비교가 안 될 정도로 완벽에 가까운 배우자와 결혼한 사람들이 얼마나 많은가? 그 당시에는 이별을 막아달라고 기도했지만 하나님이 우리를 위해 훨씬 더 좋은 계획을 갖고 계시다는 사실을 알지 못했다. 우리 기도에 다 응답해주시지 않은 하나님께 감사드린다.

그러나 하나님이 특정한 기도에 왜 부정적 응답을 하시는지 알더라도 도움이 되지 않을 때가 있다. 누군가가 예상치 않게 어려운 일을 당하거나 불의의 사고로 죽을 때 대개 그 분명한 이유가 곧바로 드러나지는 않는다. 바로 이런 때 하나님의 또 다른 약속을 기억하고 신뢰해야 한다. "하나님을 사랑하는 자 곧 그의 뜻대로 부르심을 입은 자들에게는 모든 것이 합력하여 선을 이루느니라"(롬 8:28).

우리가 잘못된 일을 하고 있는가?

이 질문은 상당히 직설적이다. 그러나 좌절감과 혼란을 줄 수 있는 기도 응답에 관한 이 설명에는 또 다른 부분이 있다. 우리가 저지르고 있는 잘못 때문에 기도가 응답되지 않는다는 것이다. 우리의 행동 때문에 하나님이 기도에 부정적인 응답을 하실 가능성이 있는가?

그렇다. 성경은 기도 응답에 영향을 미칠 수 있는 몇 가지 일을 분명하게 지적한다. 그러나 또한 기도가 응답받기 위해서는 완벽해야 한다거나, 하나님이 기도에 응답해주시지 않는 정확한 이유를 아는 양 착각하는 실수를 하지 않도록 조심해야 한다. 어떤 사람들은 하나님이 기도에 응답하시지 않는 이유를 전혀 모르면서 성급하게 "믿음을 더 가져"라거나 "더 열심히 기도해"라고 충고한다. 이런 대화를 할 때 하나님이 기도에 응답해주시지 않는 이유를 확실히 알 수 없음을 인정해야 한다. 우리는 그분을 신뢰하고, 성경이 가르치는 대로 기도하고자 최선의 노력을 하며, 힘을 다해 그리스도께 신실함을 지키기만 하면 된다.

성경은 우리의 기도에 영향을 미칠 수 있는 몇 가지를 소개한다.

그릇된 동기. 이기적인 기도를 드려본 적이 있는가? 나는 있다. 그리고 그런 나 자신을 늘 본다. 성경은 하나님의 뜻을 구하는 것과 우리 뜻을 구하는 것은 큰 차이가 있다고 설명한다. 야고보서 4장 3절은 이것이 기도에 어떤 영향을 미치는지 설명한다. "구하여도 받지 못함은 정욕으로 쓰려고 잘못 구하기 때문이라." 그러므로 하나님은 그분의 영광을 구하지 않는 이기적인 기도에 응답하시지 않을 경우가 있다.

이 문제는 기도의 핵심과 연관이 있다. 기도는 산타 할아버지에게 우리가 원하는 목록을 작성하는 것과 다르다. 무슨 일이든 기도로 구할 수 있지만 이기적인 동기로 기도하면 기도의 본질을 놓치게 된다. 우리는 하나님께 영광을 돌리고 주변 사람들에게 유익한 것을 구하도록 부르심을 받았다. 물론 당연히 우리의 필요를 위해 기도해야 한다. 다만 우리의 필요에 대해 하나님과 우리 생각이 다를 수 있음을 기억해야 한다.

교회에서 선교 여행을 갔다가 돌아온 팀들은 늘 직접적인 기도 응답을 받았다는 수많은 간증을 들려준다. 그 기도 응답이 단지 우연일 뿐인가? 아니면 그들이 구한 대다수 기도가 하나님의 영광과 뜻과 일치하기 때문인가?

믿음의 부족. 야고보서 1장 6-8절은 우리가 구한 대로 다 응답받지 못하는 이유에 대해 또 다른 이유를 소개한다. "오직 믿음으로 구하고 조금도 의심하지 말라 의심하는 자는 마치 바람에 밀려 요동하는 바다 물결 같으니 이런 사람은 무엇이든지 주께 얻기를 생각하지 말라 두 마음을 품어 모든 일에 정함이 없는 자로다." 12장에서 설명한 대로 믿음은 신뢰이다. 기도에 응답하실 수 있는 능력이 하나님께 있음을 신뢰하는가? 가장 기본적인 사실조차 신뢰하지 않을 때도 있다. 그분이 진짜 살아계시다는 것을 믿는가 하는 것이다.

우리가 짓는 죄. 베드로전서 3장 7절은 남편이 아내를 존중하지 않으면 하나님이 기도를 들어주시지 않을 것이라고 경고한다. 이것은 더 포괄적인 원리, 즉 죄는 "우리 기도를 방해한다"는 사실과 연결된다. 그러나 매일 모든 사람이 여러 가지 죄를 짓고 살아간다는 사실 때문에 이 문제는 복잡해진다. 이 절은 아마 죄의 패턴을 지적하는 것일 가능성이 높다. 다시 말해 남편이 지속적으로 아내를 학대하는 경우를 가리킬 가능성이 높은 것이다. 이런 극단적 행위가 우리 기도에 어떤 영향을 미치는지 쉽게 알 수 있다. 이 정도로 심각한 죄를 짓는 사람이라면 또한 이기적 동기로 믿음 없이 기도한다고 보아야 상식적이다.

그렇다면 왜 기도가 응답받지 못하는가? 이 질문에 대해 많은 대답이 있을 수 있고, 이 장에서는 대략 6가지 이유를 소개했다. 그러나 하나님은 여전히 우리를 돌보실 계획을 포기하시지 않는다는 사실을 꼭 기억해야 한다. 마태복음 7장 9-11절에서 예수님은 이렇게 말씀하셨다. "너희 중에 누가 아들이 떡을 달라 하는데 돌을 주며 생선을 달라 하는데 뱀을 줄 사람이 있겠느냐 너희가 악한 자라도 좋은 것으로 자식에게 줄 줄 알거든 하물며 하늘에 계신 너희 아버지께서 구하는 자에게 좋은 것으로 주시지 않겠느냐."

● 핵심 성구

마태복음 7:9-11	야고보서 1:6-8	요한일서 5:14
마가복음 11:24	야고보서 4:3	
요한복음 14:13	베드로전서 3:7	

■ 함께 나누기

1. 하나님께 오랫동안 기도했지만 여전히 응답이 없는 기도는 무엇인가?

2. 5살 난 딸이 울면서 뛰어와 하나님이 왜 강아지를 주시지 않느냐고 묻는다고 해보자. 무엇이라고 설명해주겠는가?

3. 하나님이 당신의 기도에 '아니'라고 응답하셨고, 그것이 결국 유익했던 적이 있었는가?

4. 하나님이 천국에 가서야 이해될 수 있는 이유로 기도에 응답해주시지 않았던 적이 있는가?

5. 누군가가 이런 문제로 고민할 때 도움이 되지 않을 조언은 무엇이겠는가?

6. 이기적 동기로 기도한 적이 있는가? 무엇을 위해 기도했는가?

48

그리스도인이라면 반드시 교회에 다녀야 하는가?

교회의 존립 목적

교회에 꼭 다녀야 하는가? 스스로 성경을 읽고 기도 생활을 하면 되지 않는가? 대학생이던 나(제프)는 이런 의문들로 오랫동안 고민했다. 내가 다닌 대학은 일주일에 두세 번은 꼭 채플에 출석하고 사역 활동을 해야 하는 기독교 대학이었다. 특별히 눈코 뜰 새 없이 바쁠 때는 이미 학교에서 일주일에 몇 차례나 찬송가를 부르고 설교를 듣는데, 굳이 교회에 다녀야 하는지 회의가 들었다. 이런 고민을 한 내 생각이 얼마나 짧았는지 깨닫기까지 몇 년이 걸렸다.

이 질문에는 교회를 단순히 일요일에 가는 장소로만 생각하는 오해가 내포되어 있다. 반대로 교회는 건물도 아니고 주일 예배도 아니며, 단순히 우리의 선행을 말하지도 않는다. 자신의 책 『조직 신학』(Systematic Theology)에서 웨인 그루뎀(Wayne Grudem)은 교회에 대한 간단한 정의를 소개함으로 이번 장에서 제기한 중요한 질문에 유익한 답변을 제공한다. "교회란 모든 참된 신자의 공동체를 말한다."[1]

그래서 꼭 교회에 다녀야 하는지 질문하던 스무 살의 고민은 교회가 하는 작은 한 가지 역할, 즉 주일 예배에만 한정된 것이었다. 내가 고민했어야 하는 더 중요한 질문은 예배에 출석할 것인가가 아니라 교회 공동체의 일원이 될 필요가 있는가였다. 요즘은 반드시 교회 공동체의 일원으로 참여할 필요가 없다고 믿는 사람들이 점점 증가하는 추세에 있다. 그들은 스스로 성경을 읽고 유명한 설교자들의 팟캐스트를 들을 수 있기 때문에 교회에 다닐 필요가 없다고 생각한다. 하지만 이것은 틀린 생각이다. 성경, 특히 신약 성경은 교회의 일원이 되는 것이 그리스도인의 의무라고 명시한다. 그 이유를 알아보기로 하자.

그리스도인이 교회 공동체에 참여해야 하는 이유

성경이 우리를 교회의 지체라고 가르치기 때문이다

간략히 살펴보겠지만 교회의 일원이 될 때 많은 놀라운 보상이 기다리고 있다. 그렇다고 해서 그 보상이 우리가 교회의 일원이 되어야 할 주된 이유는 아니다. 우리가 교회의 일원이 되어야 할 이유는 하나님의 뜻이기 때문이다. 하나님이 우리에게 무엇인가를 명령하시면 우리는 "왜요? 제게 무슨 이득이 있죠?"라고 묻지 않는다. 그분의 길이 항상 더 낫기 때문에 그 명령에 순종하고 계시하시는 대로 준행한다. 이 밖에 다른 이유가 필요하지 않다.

이렇게 말하면 사람들은 흔히 이렇게 반응한다. "그리스도인이라면 응당 교회의 지체이지요. 저는 다만 교회에 출석하고 싶지 않을 뿐입니다." 이 말도 어느 면에서 일리가 있다. 하지만 여전히 심각한 결함이 있다. 우리는 그리스도를 믿게 되면 그 즉시 하나님의 우주적이고 세계적인 교회의 일원이 된다. 어디로 가든지 만나는 모든 그리스도인은 동일한 보편적 교회의 일원이다(고전 12:13). 그리스도의 피로 구원받은 사람은 누구나 한 가족을 이루는 형제자매이기 때문이다. 그러나 성경은 또한 우리가 지역 교회의 일원이 되도록 부름 받았다고 알려준다.

성경의 목차를 잘 보라. 예수님이 승천하신 후 설립된 수많은 지역 교회의 이름이 등장한다. 고린도전후서, 갈라디아서, 에베소서와 같은 서신서는 사도 바울과 예수님의 제자들이 개척하고 헌신적으로 지원한 지역 교회의 지명이다. 애초에 교회는 모든 그리스도인의 삶에 필수 요소였다. 교회가 생긴 초창기 몇십 년 동안 지역 교회에 참석하지 않은 그리스도인은 없었다.

사도행전 2장에서 더 구체적인 증거를 찾을 수 있다. 4절은 초대 교회의 모습을 이렇게 묘사한다. 신자들이 "사도의 가르침을 받아 서로 교제하고 떡을 떼며 오로지 기도하기를 힘쓰니라." 또한 히브리서 저자는 교회에 출석하지 않는 이들을 직접 거론하며 "모이기를 폐하는 어떤 사람들의 습관과 같이"(10:25) 하지 말라고 훈계한다. 요한일서 1장 3절은 신자들이 서로 교제하고 하나님과 교제해야 한다고 분명히 말한다. 같은 장소에 함께 모이지 않으면 교제가 이루어질 수 없다.

교회 공동체의 일원이 될 때 많은 유익이 있기 때문이다

하지만 교회를 따분하고 지루한 곳으로 생각해서는 안 된다. 우주에서 가장 창의적이고 사랑이 많으신 하나님이 교회를 만드시고 우리 삶에서 온갖 좋은 것의 근원이 되도록 하셨다.

고린도전서 12장은 교회가 몸과 아주 비슷하다고 설명한다. 몸은 많은 지체로 구성되며, 이 중 어느 한 지체도 다른 지체보다 더 중요하거나 하찮게 취급될 수 없다(21절). 몸의 지체라는 말은 우리가 서로를 지탱해준다는 뜻이다. 나의 장점이 다른 누군가의 약점을 보완해줄 수 있고, 반대로 누군가가 그의 장점으로 나의 약점을 보완해줄 수 있다. 또한 고난당할 때 의지할 수 있고, 승리했을 때 함께 기뻐해줄 형제들이 있다는 뜻이다(26절).

성경은 또한 교회를 가족에 비유한다. 하나님은 우리의 아버지가 되시고(엡 3:14-15), 우리는 아들과 딸이 된다(딤전 5:1-2). 우리 중에는 가정이 깨진 아픔을 겪은 이들이 적지 않다. 가족 없이 홀로 살거나 아예 가족이 무엇인지 모르는 이들도 있다. 그러나 이제 하나님의 가족으로 입양된 우리는 다시 진정한 소속감을 느낄 가족이 생겼다. 피를 나눈 가족보다 훨씬 더 강력하게 결속된 가족이다. 이 가족에게서 우리는 위로와 격려를 얻는다(살전 4:18). 또한 건강하고 사랑이 넘치는 가족의 일원이 되는 순수한 기쁨을 누릴 수 있다.

서로를 세워주기 때문이다

우리 가족이자 교회인 그리스도의 몸에서 우리는 서로를 세우고 책임지는 사역을 하며 그리스도를 더 닮아간다. 새로운 가족인 교회에서 우리는 서로를 더 나은 예수님의 제자로 세워줌으로 피를 나눈 가족처럼 사랑하고 지지하며 독려할 책임이 있다. 사도 바울은 다른 성도들을 "그리스도 안에서 완전한 자로 세우"는 것(골 1:28)이 자신의 목표라고 했다.

서로를 '그리스도 안에서 세우는' 한 가지 방법은 서로에 대해 책임을 지는 것이다. 마태복음 18장 15-20절은 성도들이 서로의 죄를 어떻게 처리해야 하는지 모델을 제시하고 기대 수준을 제공한다. "네 형제가 죄를 범하거든 가서 너와 그 사람과만 상대하여 권고하라…만일 듣지 않거든 한두 사람을 데리고 가서…만일 그들의 말도 듣지 않거든 교회에 말하고." 이것은 교회의 중요한 특징이다. 그리스도인이 되었으나 우리가 아직 완전함과 거리가 멀다는 사실을 감안할 때 반드시 필요한 특징이다. 야고보서 5장 16절 역시 성도들이 서로에게 죄를 고백해야 한다고 확인해준다.

이렇게 서로를 책임지며 죄를 고백해야 하는 이유는 무엇인가? 잠언 27장 17절이 그 이유를 잘 알려준다. "철이 철을 날카롭게 하는 것 같이 사람이 그의 친구의 얼굴을 빛나게 하느니라." 서로에게 책임을 짐으로 "너희는 죄가 너희 죽을 몸을 지배하지 못하게 하여 몸의 사욕에 순종하"는(롬 6:12) 최악의 결과를 예방할 수 있다.

주일 예배 시간에는 이런 일이 일어나기 어렵다는 사실을 생각보라. 이것이 교회가 단지 주일 예배가 아닌 생활 방식으로서 공동체를 이루어야 하는 이유이다.

주일 예배에 꼭 참석해야 하는가?

그리스도인이 교회에 참여하지 않아도 된다는 주장은 비논리적이고 이상한 말이다. 그리스도인이 된다는 것은 그리스도의 몸을 구성하는 능동적 지체가 된다는 뜻이다. 따라서 교회에 속하지 않아도 된다는 말은 마치 프로 축구 선수가 소속 팀이 없거나 경기에 출전하지 않는 것과 같다. 핸들만 있고 몸체는 없는 자전거를 타는 것과 같다.

교회 가족이라고 하면서 왜 지체로 참여하지 않으려 하는가? 우리 가족의 경우 누나와 여동생이 결혼하기는 했지만 우리는 주일 오후가 되면 함께 모여 가족 모임을 갖는다. 일주일 내내 서로 연락하고 지내지만 명확한 이유 없이 이 모임에 참석하지 않으면 이상하게 생각한다. 가족과 함께하는 시간이 싫다는 표시일지 모른다.

또 다른 극단적 생각은 일주일에 한 시간 정도 참석하는 것으로 교회의 일원이 될 수 있다는 생각이다. 일주일은 168시간이다. 일주일에 한 시간만 교회에 출석하고 나머지 시간은 교회의 누구와도 연락하거나 만나지 않는다면 본래적 의미의 교회를 경험할 수 없다.

"좋아요. 시간을 더 내도록 하지요"라고 대답하는 사람이 있다면 이 또한 여전히 본질을 벗어나는 것이다. 단순히 가족과 함께 있다고 다가 아니다. 자신의 삶을 나눔으로 친밀해져야 한다. 가족은 무엇이든지 함께한다. 교회 가족 역시 마찬가지이다. 성도의 공동체인 교회의 일원이 된다는 것은 단지 주일 예배에 참석하는 차원에서 끝나지 않는다. 그래서 더욱 교회에 가야 한다. 교회는 일주일에 한 번 있는 행사가 아니라 가족이 서로 만나는 것이기 때문이다.

● **핵심 성구**

잠언 27:17	고린도전서 12:12-31	히브리서 10:25
사도행전 2:42	에베소서 4:11-16	
로마서 12:4-8	골로새서 1:28	

📘 함께 나누기

1. 지난 2년 동안 한 친구가 교회에 자주 결석하는 것을 보았다. 그래서 그 사실을 지적하자 친구는 "나는 아무 교회나 나가도 된다고 생각해"라고 대답한다. 무엇이라고 대답해주겠는가?

2. 어느 날 이웃과 대화를 나누던 중 교회에 대한 이야기가 나왔다. 그는 "교회에 나가지 않은 지 오래되었어요. 교회 음악이 너무 시끄러워요"라고 말한다. 이 생각에는 어떤 문제가 있으며, 어떤 조언을 해 줄 수 있겠는가?

3. 알고 지내던 어느 학생이 대학에 진학하기 전까지 교회를 다녔지만 지금은 나가지 않는다. 그는 고향에 있는 교회가 자신의 교회라고 말한다. 그에게 어떤 조언을 해주겠는가?

4. 교회 교인 중 스포츠 선수인 자녀를 둔 부부가 있다고 하자. 그들은 주일날 경기 일정이 잡히는 경우가 많아 고민하고 있다. 이 문제를 어떻게 처리할 수 있겠는가?

5. 교회의 지체가 될 때 누릴 수 있는 가장 즐겁고 만족스러운 유익은 무엇인가?

6. 일주일에 한 번 교회에 얼굴을 내미는 것으로 충분하지 않은 이유는 무엇인가? 교회에 더 자주 출석해야 한다는 뜻인가?

7. 어떤 이웃을 교회로 초청하자 하나님은 믿지만 '조직화된 종교'는 믿지 않으며, 따라서 교회에 다니지 않겠다고 말한다. 어떻게 대답해줄 수 있겠는가?

49

세례를 받아야 천국에 가는가?

세례의 역할

나는 십대에 그리스도를 영접하고 세례를 받았다. 하지만 나의 세례식은 정석대로 진행되지 않았다. 나는 지레 겁을 먹었다. 목사님이 몸이 잠기도록 나를 물속으로 밀어넣자 그가 팔을 빼는 것 같다는 생각이 들었다. 두려움을 느낀 나는 물에 빠져 허우적거릴까 봐 벌떡 일어서고 말았다. 그 탓에 머리까지 입수할 수가 없었다.

나중에 제대로 세례를 받은 것인지 목사님에게 여쭈어보았다. 죄를 다 용서받지 못했을 것 같은 두려움과 최악의 경우 그 일로 천국에 가지 못할지도 모른다는 걱정으로 가슴이 두근거렸다. 목사님은 충분하다고 안심시켜주셨다. 세례 자체로 내 죄가 깨끗해지는 것이 아니라는 친절한 설명도 곁들여주셨다. 세례식은 내가 예수님을 영접할 때 그분이 이미 이루신 죄 씻음을 재현하는 그림에 불과하다고 말해주셨다.

십자가에 달린 한 강도가 예수님을 믿자 예수님은 그에게 "오늘 네가 나와 함께 낙원에 있으리라"(눅 23:43)고 말씀해주셨다. 이 사람은 세례를 받지 않았지만 천국에 갔다. 그러므로 세례는 그리스도와 함께 영생을 누리기 위한 필수 조건이 아니다. 그러나 세례가 정말 중요한 이유가 있다. 예수님은 제자로서 세례를 받는 것이 필요하다고 강조하셨다. "그러므로 너희는 가서 모든 민족을 제자로 삼아 아버지와 아들과 성령의 이름으로 세례를 베풀고"(마 28:19). 그러므로 성경이 가르치는 세례에 담긴 교훈을 이해하는 일 역시 그리스도인이 해야 할 중요한 숙제이다.

세례의 의미와 중요성

'세례'(baptism)라는 단어는 헬라어 '밥티조'(baptizō)에서 파생한 것으로 '담그다, 적시다'는 뜻이다. 고대 그리스 작가들은 천을 물그릇에 담구어 염색하는 것을 '밥티즘'(baptism)이라고 표현했다. 물이 들어와 배가 빠질 때 '세례'받는다고 말했다. 심지어 물에 빠져 허우적거리는 사람을 가리켜 '세례'를 겪는다고 표현했다. 밥티조가 목욕을 하거나 씻는 행위를 가리키는 경우는 상대적으로 흔하지 않았다.

신약은 모든 그리스도인이 세례를 받는 것을 전제로 한다. 예수님이 제자들에게 그들이 제자로서 이 세례 의식을 행하도록 가르치셨음을 볼 때 이 사실은 그리 놀랍지 않다. 그렇다면 이 의식의 의미와 목적은 무엇인가?

세례는 그리스도의 죽음과 부활에 우리가 하나 된다는 의미가 있다. 세례의 의미를 설명하는 중요한 구절은 로마서 6장 3-4절이다.

> 무릇 그리스도 예수와 합하여 세례를 받은 우리는 그의 죽으심과 합하여 세례를 받은 줄 알지 못하느냐 그러므로 우리가 그의 죽으심과 합하여 세례를 받음으로 그와 함께 장사되었나니 이는 아버지의 영광으로 말미암아 그리스도를 죽은 자 가운데서 살리심과 같이 우리로 또한 새 생명 가운데서 행하게 하려 함이라.

이 구절은 세례가 예수 그리스도와 우리의 하나 됨을 상징한다고 가르친다. 우리는 그분의 죽음과 부활에 하나가 된다. 그러나 물 세례로 인하여 우리 죄가 씻긴다고 언급하지 않는 것을 주목해야 한다. 이 구절 앞에서 바울은 "이제 우리가 그의 피로 말미암아 의롭다 하심을 받았"다는 점(롬 5:9)과 "값없이 주는 선물"(롬 5:17)로 의롭게 되었음을 분명히 밝히고 있다. 그러므로 세례는 예수님이 우리를 위해 이루신 사역에 그분과 하나 되었음을 보여주는 일종의 그림이다. 다시 말해 우리가 죽고 부활했다는 말이 성립될 정도로 예수님과 완벽하게 동일시된다는 말이다. 물론 우리가 실제로 이런 일을 겪지는 않았다. 하지만 그리스도와 우리의 관계로 이 일이 현실이 되었다.

세례에 대한 또 다른 중요한 구절인 골로새서 2장 11-13절 역시 이와 동일한 진리를 강조한다.

> 또 그 안에서 너희가 손으로 하지 아니한 할례를 받았으니 곧 육의 몸을 벗는 것이요 그리스도의 할례니라 너희가 세례로 그리스도와 함께 장사되고 또 죽은 자들 가운데서 그

를 일으키신 하나님의 역사를 믿음으로 말미암아 그 안에서 함께 일으키심을 받았느니라 또 범죄와 육체의 무할례로 죽었던 너희를 하나님이 그와 함께 살리시고 우리의 모든 죄를 사하시고.

우리는 실제로 그리스도와 함께 장사되지 않았지만 "세례로 그리스도와 함께 장사"되었다. 세례는 우리가 예수님과 완전히 한 몸이 되어 우리를 구원하시는 예수님의 죽음에 실제로 참여했다는 의미를 담고 있다. 그리스도와 우리의 관계는 우리가 현재 그분과 관계가 있을 뿐 아니라 그분이 과거에 우리를 위해 행하신 구원 사역에도 관계가 있음을 의미한다.

세례의 물이 우리를 구원하거나 천국행을 보장해주지 않는다. 중요한 것은 예수님과 우리의 관계이다. 하나님은 그리스도가 우리 대신 행하신 사역을 근거로 우리를 용서해주신다. 세례 의식은 더러운 죄를 씻어주는 수단이 아니다.

세례로 구원을 받는다고 말하는 성경 구절이 실제로 없는가?

베드로전서 3장 20-21절은 이렇게 말한다.

> 그들은 전에 노아의 날 방주를 준비할 동안 하나님이 오래 참고 기다리실 때에 복종하지 아니하던 자들이라 방주에서 물로 말미암아 구원을 얻은 자가 몇 명뿐이니 겨우 여덟 명이라 물은 예수 그리스도께서 부활하심으로 말미암아 이제 너희를 구원하는 표니 곧 세례라 이는 육체의 더러운 것을 제하여 버림이 아니요 하나님을 향한 선한 양심의 간구니라.

이 구절을 표면적으로 보면 세례가 구원에 필요한 것처럼 말하는 것 같다. "너희를 구원하는 표니 곧 세례라." 그러나 그다음 행은 우리를 깨끗하게 하는 것이 물이 아니라 "하나님을 향한 선한 양심의 간구"라고 밝힌다. 다시 말해 죄를 용서받기 위해 하나님을 믿어야 한다고 말한다. 세례 의식은 단순히 그리스도를 믿고 "그리스도 예수 우리 주 안에 있는 영생"(롬 6:23)이라는 하나님의 은사를 받을 때 이미 일어났던 일을 상징하는 것일 뿐이다.

또 다른 구절을 보면 죄를 용서받으려면 반드시 세례를 받아야 하는 것처럼 주장한다. 베드로는 예루살렘에서 복음을 전하던 끝에 "너희가 회개하여 각각 예수 그리스도의 이름으로 세례를 받고 죄 사함을 받으라 그리하면 성령의 선물을 받으리니"(행 2:38)라고 선언했다. 그러나 이것은 세례가 죄 용서의 이유라고 말하는 것이 아니다. 베드로의 설교는 전체적으로 예수 그리스도가 하나님이 약속하신 메시아로서 "하나님께서 정하신 뜻과 미리 아신 대로 내준 바 되었"던 분(행 2:23)이며, "하나님이 살리시고"(행 2:32), "하나님이 오른손으로…높이신"(행 2:33) 분임을 강조하는 데 집중한다. 그들은 회개하고 베드로의 설교를 받아들여 그리스도에 대한 회의적 시각을 거두고 그분을 메시아와 주님으로 믿었다. 그들은 세례가 아니라 믿음으로 구원받았다. 세례 의식은 새롭게 시작된 예수님과의 관계와 연합을 상징하는 행위였다. 베드로의 말을 달리 풀어쓰면 "회개하고 예수 그리스도를 믿음으로 그의 구원 사역에 하나 되어 죄를 용서받으라"고 요약할 수 있다. 이 단계에서 세례 의식은 그리스도를 믿는 믿음을 고백한 직후 진행되므로 회심이라는 사건의 일부로 볼 수 있다.

그렇다면 우리는 왜 세례를 받아야 하는가?

몸을 반쯤 물에 담그든 물을 머리에 뿌리거나 붓든 물세례는 상징적인 행위임이 분명하다. 이것은 우리가 예수 그리스도와 하나 되었음을, 특히 그분의 죽음과 부활에 하나 되었음을 상징한다. 세례가 중요한 이유는 이것이 예수님의 명령이고 또한 교회가 시작되었을 때부터 중요한 관습이었기 때문이다. 오순절에 사도 베드로의 설교를 듣고 예수님을 믿은 초대 그리스도인들은 믿음을 고백한 즉시 세례를 받았다(행 2:41). 사도 바울이 고린도에서 복음을 전하자 "수많은 고린도 사람도 듣고 믿어 세례를"(행 18:8) 받았다. 복음이 전해지는 곳마다 이런 패턴이 반복되었고, 따라서 이 패턴은 오늘날도 유효하다.

● **핵심 성구**

마태복음 28:19-20	사도행전 8:35-39	골로새서 2:11-12
사도행전 2:41	사도행전 10:44-48	디도서 3:5
사도행전 8:12	로마서 6:1-11(특히 3-4절)	베드로전서 3:20-21

■ **함께 나누기**

1 당신이 교회 주일학교에서 중학생을 가르치고 있다고 생각해보라. 학생 중 한 명이 주일에 세례를 받기로 했다. "왜 세례를 받으려고 하니?"라고 묻자 "저의 모든 더러움과 잘못을 씻음받아야 하니까요"라고 대답한다고 해보자. 이 생각에서 잘못된 점은 무엇인가?

2 세례받을 준비가 되었는지 혹은 세례를 받고 싶은지 확신이 없는 사람에게 세례를 베풀어야 하는가, 아니면 다음으로 미루어야 하는가? 왜 그런가?

3 당신이 세례를 받았다면 세례받을 당시 세례의 의미를 어떻게 이해했는가? 그 생각에 변화가 있었는가?

4 주일 아침에 교회에서 누군가가 신앙을 고백했다고 하자. 그리스도인이 된 바로 그날 세례를 받아도 되는가? 왜 그런가?

5 세례를 받기 위해 어느 정도의 신앙 훈련이 필요하다고 생각하는가? 반드시 알아야 할 최소한의 사항은 무엇인가?

50

성찬에 참여해야 죄를 용서받는가?

성찬의 역할

기독교 신앙의 핵심에는 예수님의 죽음이 있다. 그리스도의 피로 우리는 죄에서 깨끗해진다. 그러나 어떻게 해야 용서받을 수 있는가? 그동안 지은 죄에서 깨끗해지려면 성찬 예식에서 떡과 잔을 먹고 마셔야 하는가? 그리고 다시 범죄하면 어떻게 되는가? 다시 성찬에 참여해야 그 죄가 가려질 수 있는가?

기억하는 시간, 성찬

예수님은 제자들과 최후의 만찬을 나누시며 "이를 행하여 나를 기념하라"(눅 22:19)고 가르치셨다. 사도 바울은 교회가 주의 만찬을 정기적으로 기념하도록 가르치면서 주님의 이 명령을 반복했다(고전 11:24-25).

주의 만찬을 기념하는 핵심이자 본질은 그리스도가 당하신 죽음의 의미를 기억하는 것이다. 그리스도의 상한 몸과 흘린 피로 우리는 하나님과 화목하게 되었다. 모든 인간은 범죄함으로 하나님과 분리되었기 때문에 하나님과 관계를 회복해야 한다. 하지만 선을 행하거나 하나님을 섬김으로 혹은 어떤 의식을 실행함으로 하나님께 나아갈 길이 열리지는 않는다. 유일한 해결책은 우리 죄를 온전히 씻을 수 있는 희생 제사이다. 하나님은 자신의 아들 예수 그리스도로 그 희생 제물을 삼으셨다.

그러므로 예수님이 우리에게 모일 때 정기적으로 자신의 죽음을 기념하라고 제자들에게 지시하신 이유가 이해가 된다. 이 사건을 기념하도록 예수님은 떡과 포도주라는 두 가지 중요한 상징물을 주셨다. 우리는 떡(그리스도의 몸을 상징)을 먹고 잔(그리스도의 피를 상징)을 마심으로 우리가 죄를 용서받고 하나님과 친밀한 교제를 누릴 수 있도록 피 흘려 희생하신 예수님의 죽음을 기념해야 한다.

예수님은 자신을 기념해 먹는 떡을 가리켜 "이것은 내 몸이니라"고 말씀하셨지만(마 26:26, 막 14:22, 눅 22:19, 고전 11:24), 그 떡이 실제로 자신의 육신을 가리키는 것이 아니라 자기 몸을 상징한다고 말씀하신 것이었다. "나는 양의 문이라"(요 10:7)는 말씀도 비슷하다. 예수님이 우리가 모르는 신비한 방법으로 문이 되어 그 문 안에 있는 재산을 공유한다는 의미로 이 말씀을 하신 것이 아니다. 여기서 문은 단순히 우리가 예수님을 통해 하나님과의 관계를 시작해야 한다는 것을 가리킨다. 떡과 포도주는 그분의 상한 육신과 흘리신 피를 묵상하도록 돕는 중요한 상징이다.

그러므로 성찬 의식으로 우리 죄가 용서받는 효력은 발생하지 않는다. 성경은 그리스도를 믿음으로 정결해지고, 죄를 용서받으며, 구원을 받는다고 명시한다. 요한복음 6장 40절은 이 점을 분명히 지적한다. "내 아버지의 뜻은 아들을 보고 믿는 자마다 영생을 얻는 이 것이니." 사도 바울 역시 로마서 3장 25절에서 이렇게 말했다. "이 예수를 하나님이 그의 피로써 믿음으로 말미암는 화목제물로 세우셨으니 이는 하나님께서 길이 참으시는 중에 전에 지은 죄를 간과하심으로 자기의 의로우심을 나타내려 하심이니." 성찬 의식은 그리스도가 우리를 위해 행하신 일을 기념하고 감사드리는 기회이다. 성도들이 공동체로 이 사건을 정기적으로 기념하는 일이 중요하므로 이 의식에 대한 성경의 교훈을 제대로 이해해야 한다.

세례 의식을 구성하는 주요 요소

예수님은 이 땅에서 보내시는 마지막 며칠을 남겨둔 어느 날 저녁, 제자들과 함께 예루살렘의 한 다락방에서 유월절 절기를 지키셨다. 빵 한 덩어리와 포도주 한 잔을 손에 드신 예수님은 이 빵과 포도주에 담긴 특별한 의미를 말씀해주셨다. 첫 세 복음서는 이 유월절 식사와 예수님이 하신 말씀을 비중 있게 다룬다(마 26:17-30, 막 14:12-26, 눅 22:7-23). 나중에 사도 바울 역시 예수님이 자신의 죽음을 기념하시며 제정하신 이 식사의 의미와 목적을 상세히 설명한다(고전 11:17-34). 예수님은 자신의 죽음이 인류를 향한 하나님의 계획에서 새 언약의 시작을 알리는 사건이라고 가르치셨다. 우리를 위한 희생 제물이 되심으로 그분을 영접하는 모든 사람의 죄가 용서받게 된 것이다. 성찬과 관련하여 특별히 주의해야 할 몇 가지 중요한 사실을 소개한다.

성찬은 신자만 참여할 수 있다. 성찬의 식사는 주님의 몸과 피를 기념하는 의식이므로 이 사건이 지니는 의미를 인정하는 사람들만 이 의식에 참여할 수 있다. 신약성경은 예수님을 믿지 않는 사람들이 성찬에 참여하는 상황을 인정하지 않는다. 성경은 "주의 몸을 분별하지 못하고 먹고 마시는 자"(고전 11:29)에게 심판이 임할 것이라고 경고한다.

예수님은 이 특별한 의식을 정기적으로 지키라고 가르치신다. 예수님은 떡과 포도주의 의미를 설명하시면서 제자들에게 그 의식을 정기적으로 지키라고 당부하셨다(눅 22:19). 초대 교회는 모일 때마다 주의 만찬을 함께 지켰다(행 2:42).

성찬은 새 언약을 기념한다. 하나님의 백성은 그리스도가 오시기 전까지 하나님이 시내 산에서 제정하신 율법의 언약 아래 살았다. 흔히 '옛 언약'으로 불리는 언약이다. 하나님과 자기 백성 사이에 제정된 이 언약에 따르면 개인의 죄는 율법(출애굽기, 레위기, 민수기, 신명기)에서 명시한 제사 제도로 처리될 수 있었다. 그러나 예수님은 제자들과 최후의 만찬을 기념하시면서 "이 잔은 내 피로 세우는 새 언약이니 곧 너희를 위하여 붓는 것이라"(눅 22:20)고 선언하셨다. 그러므로 주님의 만찬은 우리가 더는 염소나 소를 제물로 드려서 제사장이 도살할 필요가 없음을 일깨워준다. 그리스도가 단번에 제사를 드리심으로 우리 죄를 완전히 용서받았다.

성찬은 또한 미래를 가리킨다. 이 만찬은 기념의 의미가 있을 뿐 아니라 예수님이 지금 살아계시며 자기 백성을 위해 재림하신다는 선포이기도 하다. 예수님은 말씀하셨다. "너희에게 이르노니 내가 포도나무에서 난 것을 이제부터 내 아버지의 나라에서 새것으로 너희와 함께 마시는 날까지 마시지 아니하리라"(마 26:29). 마찬가지로 사도 바울도 고린도 교인들에게 이렇게 말했다. "너희가 이 떡을 먹으며 이 잔을 마실 때마다 주의 죽으심을 그가 오실 때까지 전하는 것이니라"(고전 11:26).

성찬은 교회의 하나 됨에 대한 근거를 기념한다. 십자가에서 예수님의 생명을 희생 제물로 드린 이 제사로 우리는 죄가 씻기고 구원받았으며, 이로 인해 하나님과 그리고 우리 서로가 화목할 수 있게 되었다. 우리는 이 사건을 기념함으로 성도로서 하나가 된다. 사도 바울이 성찬을 정기적으로 기념하도록 강조한 이유가 이 때문이다. 또한 고린도 교회에서 지체들이 서로 심각하게 분열했을 때 바울이 그토록 괴로워한 까닭도 이 때문이다(고전 11:17-22). 오늘날 교파와 교회를 불문하고 전 세계 모든 교회가 지금까지 성찬을 기념하는 것은 고무적이다. 서로 반목하고 의견이 달라도 교회가 하나 되도록 묶어 줄 의식이 바로 이 성찬 의식이다.

성찬으로 자기를 돌아보는 시간을 갖는다. 사도 바울은 "사람이 자기를 살피고 그 후에야 이 떡을 먹고 이 잔을 마실지니"(고전 11:28)라고 말한다. 자신의 삶에서 하나님이 원하시지 않는 모습과 죄를 고백해야 할 일은 없는지 기도하며 살피는 시간이 되어야 한다. 이 일을 소홀히 하면 하나님의 심판을 받을 수 있다(고전 11:27-32).

기뻐하는 시간이 된다. 성찬이 비록 누군가의 죽음을 기념하는 시간이지만 또한 기뻐하고 찬양하는 시간이기도 하다. 주님의 성만찬은 찬양을 부르는 것으로 마무리되었다. 이때 장송곡을 부르지는 않았을 것이다. 우리는 이 의식을 지키면서 예수님이 영광을 받으시며 자기 백성과 함께 참여하실 잔치를 고대할 수 있다. 물론 그분이 십자가에서 우리를 위해 죽으신 일을 꼭 기억해야 한다.

교회가 주의 만찬을 정기적으로 기념할 때 우리는 자비로우신 사랑의 하나님을 예배하는 뜻깊은 시간을 갖는 것이다. 우리는 성찬 의식을 지킴으로 하나님이 자기 백성과 맺으신 새로운 관계의 문을 연 중요한 사건을 생각하며 하나님을 찬양한다. 성찬의 시간에 우리는 자신의 내면을 살피고 죄를 고백한다. 또한 죄를 용서해주시고 우리 주 예수 그리스도와 함께할 미래의 소망을 주신 하나님께 기쁨으로 감사한다.

● 핵심 성구

| 마태복음 26:17-30 | 누가복음 22:7-23 |
| 마가복음 14:12-26 | 고린도전서 11:17-34 |

■ 함께 나누기

1 예수님을 믿고, 또 그분이 우리 죄를 용서하시려고 십자가에서 죽으셨음을 믿는다면 왜 성찬이 필요한가? 성찬은 내게 어떤 효력이 있는가?

2 당신은 성찬을 몇 번이나 지키는가? 매주마다? 한 달에 한 번? 일 년에 한 번? 그렇게 결정한 근거는 무엇인가?

3 대부분 교회는 성만찬에서 포도주나 포도 주스를 사용한다. 성찬과 관련된 성경 구절들은 어떤 음료를 사용해야 하는지 구체적으로 명시하지 않는다. 이런 규정이 필요하다고 생각하는가? 왜 그런가?

4 교회의 고등부 학생들이 수련회를 갔다가 막 돌아왔다. 이들은 주일 아침에 행한 성찬 의식에 대해 자랑한다. 담당 목사님이 빵과 포도 주스를 챙겨가지 못해 토르티야 칩과 소다수로 대신했다는 말을 듣는다. 이렇게 해도 상관이 없는가? 왜 그런가?

5 성찬 의식은 우리 삶을 돌아보고 그리스도가 우리를 위해 행하신 일을 묵상하는 중요한 시간이다. 이 점을 깊이 생각하고 유익한 시간이 되도록 자신을 어떻게 준비할 수 있는가?

나오는 글

이 책으로 하나님과 성경, 기독교에 대한 의문이 다소나마 해결되었기를 기대한다.

하나님은 살아계신다. 그분은 단지 우주의 창조주가 아니라 우리와 마찬가지로 교제와 친밀한 관계를 갈망하는 인격체이시다. 우리가 관계, 사랑, 삶의 목적에 대해 갈증을 느끼는 것은 우리가 그분의 형상을 따라 만들어졌기 때문이다. 하나님 없이 이런 깊은 갈증은 절대 해결되지 않는다. 하나님은 특별히 우리가 하나님과의 친밀한 관계를 갈망하도록 우리를 창조하셨다. 하나님이 온전히 신뢰할 수 있는 분이어서 얼마나 좋은지 모른다. 우리가 어느 날 문득 잠에서 깨어 하나님의 어두운 부분을 보게 되는 일은 없을 것이다. 그분은 모든 일에 절대적으로 의롭고 거룩하시다. 사실 믿어지지 않을 정도이다.

우리는 특별히 하나님이 우리에게 주신 기록된 말씀인 성경으로 그분을 알 수 있다. 우리 영혼의 내면을 탐험하거나 높은 산이나 거룩한 성지를 여행한다고 해서 하나님을 만나지 못한다. 성경을 볼 때에야 하나님을 발견할 수 있다. 하나님은 그곳에서 우리를 만나주시고 자신을 계시해주신다. 성경은 신뢰할 수 있는 말씀이다. 정확하고 믿을 수 있다. 또한 하나님의 성령이 말씀을 통해 역사하시기 때문에 우리 삶이 완전히 변화될 수 있다.

하나님이 주신 수단으로 그분을 쫓아가다보면 필연적으로 예수 그리스도와 만나게 된다. 그는 육신을 입으신 하나님이시다. 또한 사랑이시다. 죽음으로 자신을 희생하심으로 우리를 향한 사랑을 입증하셨다. 그분이 피 흘려 우리를 구원하시지 않았다면 우리는 하나님과의 관계를 누릴 수 없었다. 또한 그분이 죽은 자 가운데서 부활하셨기에 우리에게 미래의 소망이 있는 것이다. 우리는 하나님과 함께 영원한 삶을 누릴 수 있다.

예수 그리스도는 기독교의 핵심이다. 기독교는 사랑의 하나님과 친밀한 관계를 누리는 법을 알려준다. 하나님과 깊은 교제를 추구할 때 끊임없이 질문을 던지고 답을 찾는 노력을 절대 포기하지 않는 여러분이 되기를 바란다. 이 책이 질문의 끝이 아니라 시작이 되기를 바란다.

더 읽어볼 만한 책들

성경

Clinton E. Arnold. *How We Got the Bible: A Visual Journey*. Grand Rapids: Zondervan, 2008.

Craig Blomberg. *Can We Still Believe the Bible? An Evangelical Engagement with Contemporary Questions*. Grand Rapids: Brazos, 2014. (『복음주의 성경론』 CLC)

J. Scott Duvall and J. Daniel Hays. *Grasping God's Word: A Hands-On Approach to Reading, Interpreting, and Applying the Bible*. 제2차 개정판. Grand Raipds: Zondervan, 2005. (『성경 해석』 성서유니온)

J. Warner Wallace. *Cold-Case Christianity: A Homicide Detective Investigates the Claims of the Gospels*. Colorado Springs: David C. Cook, 2013. (『베테랑 형사 복음서 난제를 수사하다』 새물결플러스)

Paul D. Wegner. *The Journey from Texts to Translations: The Origin and Development of the Bible*. Grand Rapids: Baker Academic, 1999.

신앙의 난제들

William Lane Craig. *Reasonable Faith: Christian Truth and Apologetics*. 제3판. Wheaton, Crossway, 2008.

John C. Lennox. *God's Undertaker: Has Science Buried God?* Oxford: Lion, 2009. (『신을 죽이려는 사람들』 두란노)

____. *Gunning for God: Why the New Atheists Are Missing the Target*. Oxford: Lion, 2011.

Sean McDowell and Jonathan Morrow. *Is God a Human Invention? And Seventeen Other Questions Raised by the New Atheists*. Grand Rapids: Kregel, 2010.

Scott Rae. *Doing the Right Thing: Making Moral Choices in a World Full of Options*. Grand Rapids: Zondervan, 2013.

초자연적 영역

Clinton E. Arnold. *3 Crucial Questions about Spiritual Warfare*. Grand Rapids: Baker, 1997.

Craig Keener. *Miracles: The Credibility of the New Testament Accounts*. 2 vols. Grand Rapids: Baker Academic, 2011.

Karl Payne. *Spiritual Warfare: Christian, Demonization, and Deliverance*. Washington, DC: WND Books, 2011.

죽음 이후의 삶

Randy Alcorn. *Heaven*. Carol Stream, IL: Tyndale, 2004. (『헤븐』 요단출판사)

C. S. Lewis. *The Great Divorce*. San Francisco: HarperSanFrancisco, 2003. 1946년 첫 출간. (『천국과 지옥의 이혼』 홍성사)

Anne Graham Lotz. *Heaven: My Father's House*. Rev. And exp. ed. Nashville: Thomas Nelson, 2014.

하나님

Paul Davies. *The Cosmic Jackpot: Why Our Universe Is Just Right for Life*. New York: Houghton Mifflin Harcourt, 2007.

Timothy Keller. *The Reason for God: Belief in an Age Of Skepticism*. New York: Dutton, 2008. (『팀 켈러, 하나님을 말하다』 두란노)

J. I. Packer. *Knowing God*. Downers Grove, IL: InterVarsity, 1993. 1973년 첫 출간. (『하나님을 아는 지식』 IVP)

Hugh Ross. *The Creator and the Cosmos: How the Greatest Scientific Discoveries of the Century Reveal God*. 3rd exp. ed. Colorado Springs: NavPress, 2001.

Fred Sanders. *The Deep Things of God: How the Trinity Changes Everything*. Wheaton: Crossway, 2010. (『삼위일체 하나님이 복음이다』 부흥과 개혁사)

Bruce A. Ware. *Father, Son, And Holy Spirit: Relationships, Roles, and Relevance*. Wheaton: Crossway, 2005.

예수님과 성령

Gordon Fee. *Paul, the Spirit, and the People of God*. Peabody. MA: Hendrickson, 1996.

Timothy Keller. *Jesus the King: Understanding the Life and Death of the Son of*

God. New York: Riverhead, 2011.
J. I. Packer. *Keep in Step with the Spirit: Finding Fullness in Our Walk with God*. Rev. and enl. ed. Grand Rapids: Baker Books, 2005.
John R. W. Stott. *Baptism and Fullness: The Work of the Holy Spirit Today*. 제3차 개정판. Downers Grove, IL: InterVarsity, 2006.
Bruce A. Ware. *The Man Christ Jesus: Theological Reflections on the Humanity of Christ*. Wheaton: Crossway, 2013.
N. T. Wright. *The Resurrection of the Son of God. Christian Origins and the Questions of God*, 3권. Minneapolis: Fortress, 2003.

하나님을 아는 방법

Jamin Goggin and Kyle Strobel. *Beloved Dust: Drawing Close to God by Discovering the Truth about Yourself*. Nashville: Thomas Nelson, 2014.
J. D. Greear. *Gospel: Recovering the Power That Made Christianity Revolutionary*. Nashville: B&H, 2011. (『복음 본색』 새물결플러스)
Timothy Keller. *Prayer: Experiencing Awe and Intimacy with God*. New York: Dutton, 2014. (『팀 켈러의 기도』 두란노)
Paul E. A. Miller. *Praying Life: Connecting with God in a Distracting World*. Colorado Springs: NavPress, 2009. (『일상기도』 CUP)
Robert L. Saucy. *Minding the Heart: The Way of Spiritual Transformation*. Grand Rapids: Kregel, 2013.

신앙생활

Craig L. Blomberg. *Christians in an Age of Wealth: A Biblical Theology of Stewardship*. Biblical Theology for Life. Grand Rapids: Zondervan, 2013.
Francis Chan. *Crazy Love: Overwhelmed by a Relentless God*. Rev. and upd. ed. Colorado Springs: David C. Cook, 2013.
James Davison Hunter. *To Change the World: The Irony, Tragedy, and Possibility of Christianity in the Late Modern World*. New York: Oxford University Press, 2010. (『기독교는 세상을 어떻게 변화시키는가』 새물결플러스)
John Piper. *Don't Waste Your Life*. Wheaton: Crossway, 2003. (『삶을 허비하지 말라』 생명의 말씀사)
John Piper and Justin Taylor 편집. *Sex and the Supremacy of Christ*. Wheaton: Crossway, 2005.

Kay Warren. *Choose Joy: Because Happiness Isn't Enough*. Grand Rapids: Revell, 2012. (『행복보다 기쁨을 선택하라』 너의 오월)

Rick Warren. *The Purpose Driven Life: What On Earth Am I Here For?* Exp. ed. Grand Rapids: Zondervan, 2012. (『목적이 이끄는 삶』 디모데)

Dallas Willard. *Living in Christ's Presence: Final Words on Heaven and the Kingdom of God*. Downers Grove, IL: InerVarsity, 2014.

신앙 훈련

Francis Chan. *Multiply: Disciples Making Disciples*. Colorado Spring: David C. Cook, 2012.

Mark Dever. *What Is a Healthy Church?* Wheaton: Crossway, 2007.

Root, Jerry, and Stan Guthrie. *The Sacrament of Evangelism*. Chicago: Moody, 2011.

Ben Witherington III. *Making a Meal of It: Rethinking the Theology of the Lord's Supper*. Waco: Baylor University Press, 2007.

기독교 교리와 신앙(중급 토의용)

Millard A. Erickson. *Introducing Christian Doctrine*. 제3차 개정판. Grand Rapids: Baker Academic, 2015.

Wayne A. Grudem, and Eliot Grudem. *Christian Beliefs: Twenty Basics Every Christian Should Know*. Grand Rapids: Zondervan, 2005. (『꼭 알아야 할 기독교 핵심 진리 20』 부흥과 개혁사)

John R. W. Stott. *Basic Christianity*. Downers Grove, IL: InterVarsity, 2012. (『기독교의 기본 진리』 생명의 말씀사)

Erik Thoennes. *Life's Biggest Questions: What the Bible Says about the Thing That Matter Most*. Wheaton: Crossway, 2011.

기독교 교리와 신앙(심층 토론용)

Gregg Allison. *Historical Theology: An Introduction to Christian Doctrine*. Grand Rapids: Zondervan, 2011.

Millard J. Erickson. *Christian Theology*. 제3차 개정판. Grand Rapids: Baker Academic, 2013.

Wayne A. Grudem. *Systemic Theology: An Introduction to Biblical Doctrine*. Grand Rapids: Zondervan, 1995.

주

2장

1. Augustine, *Letters of St. Augustine* 82.3, 존 우드브리지의 "Evangelical Self-Identity and the Doctrine of Biblical Inerrancy", *Understanding the Times: New Testament Studies in the 21st Century*(Wheaton: Crossway, 2011), 112에 인용됨.

3장

1. Dan Brown, *The DaVinci Code*(New York: Doubleday, 2003), 231. (『다빈치코드』 문학수첩)
2. 같은 책 1.

4장

1. 이 인용문은 *Sotah* 20a이라는 소책자의 바벨론 탈무드에서 인용됨. *The Babylonian Talmud: Translation and Commentary*(Peabody, MA: Hendrickson, 2006.)는 전자 출판되었고 제이콥 뉴스너가 번역함.

5장

1. "Contradictions in the Bible", Project Reason, http://www.project-reason.org/bibleContra_big.pdf

6장

1. Irenaeus, *Against Heresies* 1.20.1.
2. Bruce Metzger, *The Canon of the New Testament: Its Origin, Development, and Significance*(Oxford: Clarendon, 1987), 99.
3. 같은 책 285.

9장

1. 1948년 영국 BBC에서 방송된 Reith Lectures에서 버트런트 러셀이 이 유명한 말을 남겼다.

10장

1. Victor Stenger, "Why Science and Religion Are Incompatible", *HuffPost*, June 27, 2011, http://www.huffingtonpost.com/victor-stenger/why-science-and-religion-_1_b_879022.html.
2. Barna Group, "Six Reasons Young Christians Leave Church", 2011년 9월, https://www.barna.org/teens-next-gen-articles/528-six-reasons-young-christians-leave-church.
3. 메리엄 웹스터 온라인 사전, s.v. "science", http://www.merriam-webster.com/dictionary/science.
4. Stenger, "Why Science and Religion."
5. Alister McGrath and Joanna Collicutt McGrath, *The Dawkins Delusion? Atheist Fundamentalism and the Denial of the Divine*(Downers Grove, IL: InterVarsity, 2007), 46. (『도킨스의 망상』살림)
6. Sean McDowell and Jonathan Morrow, *Is God a Human Invention? And Seventeen Other Questions Raised by the New Atheists*(Grand Rapids: Kregel, 2010), 37.
7. Paul Davies, *Cosmic Jackpot: Why Our Universe Is Just Right for Life*(New York: Houghton Mifflin Harcourt, 2007), 143-145.
8. Gregory Koukl, "In the Current Rift between Science and Religion, a Single Error in Thinking Has Created the Gap", *Solid Ground*, July-August 2005, http://www.str.org/Media/Default/Publications/7-8%202005%20Solid%20Ground-Science-1.pdf.

12장

1. F. W. Danker, W. Bauer, W. F. Arndt, and F. W. Gingrich, *A Greek-English Lexicon of the New Testament and Other Early Christian Literature*, 3차 개정판. (Chicago: University of Chicago Press, 2000), s.v. pistis.

13장

1. 메리엄 웹스터 온라인 사전, "hypocrite", http://www.merriam-

webster.com/dictionary/hypocrite.
2. 같은 책.

14장

1. 2012년 10월 30일 the 2012 Public Policy Polling results: "Halloween Viewed Favorably by Most Americans"을 참고하라. http://www.publicpolicypolling.com/pdf/2011/HalloweenRelease,+Results.pdf.

16장

1. Barna Group, "Most Americans Take Well-Known Bible Stories at Face Value", 2007년 10월 21일, https://www.barna.org/barna-update/congregations/92-most-americans-take-well-known-bible-stories-at-face-value#.U5Y0e_mwJcQ.
2. David Hume, *An Enquiry Concerning Human Understanding*(Chicago: Open Court, 1907), 120.
3. 같은 책 131.
4. Craig Keener, *Miracles: The Credibility of the New Testament Accounts*, 2 vols. (Grand Rapids: Baker Academic, 2011).
5. Craig Keener, "Are Miracles Real", *Huff Post*, February 15, 2012, http://www.huffingtonpost.com/craig-s-keener/miracles-in-the-bible-and-today_b_12 74775.html.

18장

1. John Piper, "God's Wrath: 'Vengeance Is Mine, I Will Repay,' Says the Lord"(Rom. 12:19—21), 2005년 2월 27일 미네아폴리스 베들레헴 침례교회에서 한 설교.
2. C. S. Lewis, *The Great Divorce*(New York: Macmillan, 1946), 127. (『천국과 지옥의 이혼』 홍성사)
3. Timothy Keller, *The Reason for God: Belief in an Age of Skepticism* (New York: Penguin, 2008), 80. (『팀 켈러, 하나님을 말하다』 두란노 서원)
4. 같은 책 82.
5. John Milton, Paradise Lost, 제1권 263행, *The John Milton Reading Room: Paradise Lost*, http://www.dartmouth.edu/~milton/reading_room/pl/book_1/. (『실낙원』 문학동네)

19장

1. Erickson J. Millard, *Christian Theology*, 제3차 개정판(Grand Rapids: Baker Academic, 2013), 1127.
2. Randy Alcorn, *Heaven*(Wheaton: Tyndale, 2004), 299.
3. 같은 책 273.

21장

1. J. I. Packer, *Knowing God*(Downers Grove, IL: InterVarsity, 1973), 32. (『하나님을 아는 지식』 IVP)

23장

1. "The Cosmological Argument," Reasonable Faith, http://www.reasonablefaith.org/kalam.

24장

1. 2011년 8월 11일 Business Insider에 실린 빈센트 트리빗의 "'Lucky' Woman Who Won Lottery Four Times Outed as Stanford University Statistics PhD"를 참고하라. http://www.businessinsider.com/4-time-lottery-winner-not-exactly-lucky-2011-8.
2. Hugh Ross, *The Creator and the Cosmos*(Colorado Springs: NavPress, 1995), 154-157.
3. 1998년 9월 1일자 Discovery Institute에서 발표된 로빈 콜린스의 "The Fine-Tuning Design Argument: A Scientific Argument for the Existence of God"을 참고하라. http:// www.discovery.org/a/91.
4. Mark Whorton and Hill Roberts, *Holman Quicksource Guide to Understanding Creation* (Nashville: B&H, 2008), 308.
5. Collins, "Fine-Tuning Design Argument"를 참고하라.
6. William Lane Craig, "The New Atheism and Five Arguments for God," Reasonable Faith, http://www.reasonablefaith.org/the-new-atheism-and-five-arguments-for-god.
7. Voltaire, *Elements of the Philosophy of Newton, in Oeuvres complétes de Voltaire*, 15:755, 니콜라스 크롱크가 편집한 The Cambridge Companion to Voltaire의 데이비드 비손과 니콜라스 크롱크의 "Voltaire: Philosopher or Philosophe" 편 49에서 인용됨(Cambridge: Cambridge

University Press, 2009).

25장

1. Homer, *The Iliad*, 사무엘 버틀러 번역(London: Longmans, Green, 1898), bk. 15, 240쪽.

28장

1. John Stott, *Basic Christianity*, 제3차 개정판(Grand Rapids: Eerdmans, 2008), 70. (『기독교의 기본 진리』생명의 말씀사)
2. Thomas Arnold, *Christian Life: Its Hopes, Its Fears, and Its Close*, 제6차 개정판(London: T. Fellowes, 1859), 15-16.

31장

1. Jerry Root and Stan Guthrie, *The Sacrament of Evangelism*(Chicago: Moody, 2011), 216.

36장

1. 2008년 2월 Pew Forum의 Religion and Public Life, *LIS Religious Landscape Survey: Religious Affiliation; Diverse and Dynamic*을 참고하라. http://religions.pewforum.org/pdf/report-religious-landscape-study-full.pdf.
2. *Oprah Winfrey Show*, 2007년 2월 15일 폴 코펀의 *True for You but Not for Me*, rev. ed.(Minneapolis: Bethany House, 2009), 109에서 인용됨.
3. Rob Bell, Love *Wins: At the Heart of Life's Big Questions*(New York: Harper Collins, 2011), viii.

39장

1. Bertrand Russell, 릭 워렌의 *The Purpose Driven Life: What on Earth Am I Here For?*(Grand Rapids: Zondervan, 2002), 17에서 인용. (『목적이 이끄는 삶』디모데)
2. Warren, *Purpose Driven Life*. (『목적이 이끄는 삶』디모데)
3. 웨스터민스터 대요리문답 제1문.

42장

1. C. S. Lewis, *Mere Christianity*(New York: Harper Collins, 1952), 98. (『순전한 기독교』 홍성사)

43장

1. Craig L. Blomberg, *Neither Poverty nor Riches*(Downers Grove, IL: InterVarsity, 2000), 89를 참고하라. (『가난하게도 마옵시고 부하게도 마옵소서』 IVP) 또한 Andreas Köstenberger and David A. Croteau, "'Will a Man Rob God?'(Mal. 3:8): A Study of Tithing in the Old and New Testaments", *Bulletin for Biblical Research* 16, no. 1(2006): 63-64을 참고하라.

44장

1. Greg Thompson, 2012년 7월 10일자 *The Aquila Report*, "Renewing the Church in Our Time(Part 2)", http://theaquilareport.com/renewing-the-church-in-our-time-part-2/.
2. Jame Davison Hunter, *To Change the World*(New York: Oxford University Press, 2010), 238-254, DOI: 10.1093/acprof:oso/9780199730803.001.0001.
3. 같은 책.

48장

1. Wayne Grudem, *Systematic Theology*(Grand Rapids: Zondervan, 1994), 853. (『웨인 그루뎀의 조직신학』 은성)